Kurt Nagel

Datensicherung in der Unternehmung

Dr. Kurt Nagel

Datensicherung in der Unternehmung

Bestimmungsfaktoren für den Aufbau eines Datensicherungssystems

Springer Fachmedien Wiesbaden GmbH

ISBN 978-3-409-31514-2 ISBN 978-3-663-13621-7 (eBook)
DOI 10.1007/978-3-663-13621-7

Ursprünglich erschienen bei Betriebswirtschaftlicher Verlag Dr. Th. Gabler GmbH, Wiesbaden 1977.

Vorwort

Die Fragen des Datenschutzes und der Datensicherung werden heute in Wirtschaft und Verwaltung sehr stark diskutiert. Im Vordergrund der Diskussion steht dabei die Realisation des Datenschutzes, also der Aufbau von Datensicherungssystemen. Man erkennt in den Unternehmungen und Verwaltungseinheiten immer mehr, daß nur eine systematische Vorgehensweise bei der Festlegung von Datensicherungsmaßnahmen Erfolg bringen kann. Zweck der Datensicherung ist dabei die Erfüllung der gesetzlichen Forderungen und die optimale Gewährleistung der internen Verarbeitungssicherheit.

Das vorliegende Buch versucht die Frage zu beantworten, wie Datensicherungssysteme planmäßig gebaut werden können und zwar so, daß sie sowohl den gesetzlichen Vorschriften als auch dem eigenen Sicherheitsbedürfnis genügen. Es wird der Versuch gemacht, die wesentlichen Bestimmungsfaktoren für den Aufbau von Datensicherungssystemen zu beschreiben und hinsichtlich der Praktikabilität zu analysieren.

Sindelfingen　　　　Dr. K. Nagel

Vorwort

Die Fragen des [illegible] zur Datensicherung werden [illegible] in Wirtschaft und Verwaltung [illegible] [illegible]. In [illegible] die [illegible] die Realisation der Datenschutzes [illegible] von Datensicherungssystemen. [illegible] [illegible] und Zeit [illegible] eine systematische [illegible] von Datensicherungsmaßnahmen [illegible] Datensicherung ist dabei [illegible] Forderungen und die optimale [illegible] Verarbeitungs[illegible].

Das vorliegende Buch versucht die Frage zu beantworten, wie Datensicherungssysteme [illegible] werden können und zwar so, dass sie sowohl den [illegible] [illegible] genügen. Es wird der Versuch gemacht, die wesentlichen [illegible] Sicherungsfaktoren [illegible] zu beschreiben und [illegible] analysieren.

[illegible] Dr. [illegible]

Inhaltsverzeichnis

Seite

Seite

Seite

1 Datensicherung und automatisierte Datenverarbeitung

1.1 Einführung

1.1.1 Problemstellung und Gang der Untersuchung

Seit einigen Jahren versuchen Wirtschaftsunternehmen und Verwaltungseinheiten in verstärktem Umfang mit Hilfe der automatisierten Datenverarbeitung große Informations- und Steuerungssysteme aufzubauen. Wesentliche Voraussetzungen für die Realisierung solcher Systeme sind, daß die einzelnen Dateien, die früher meist gesondert bearbeitet und ausgewertet wurden, zu einer gemeinsamen Datenbank zusammengefaßt werden, die Verständigung zwischen dem Benutzer und der Datenbank durch einfach zu erlernende und leicht zu handhabende Sprachen möglich ist und die räumliche Entfernung zwischen Benutzer und der Datenbank durch Datenfernverarbeitungs-Einrichtungen überbrückt wird.

Mit der schnellen Verfügbarkeit des Gesamtdatenbildes wurde die Grundlage für eine optimale Informationsgewinnung geschaffen. Gleichzeitig initiierte diese Entwicklung aber auch die Diskussion zum Thema Datenschutz und Datensicherung, da jetzt in hohem Umfang die Tatbestände transparent wurden. In der breiten Öffentlichkeit entstand der Eindruck, insbesondere durch die Veröffentlichungen spektakulärer Fälle zum Computer-Mißbrauch und den Aufbau von Datenbanken auf Landes- und Bundesebene, als werde George Orwells "großer Bruder" nicht erst im Jahre 1984 zur Realität, sondern schon wesentlich früher und als wäre der Mißbrauch von Daten und Programmen bei computergestützten Systemen relativ einfach. Auch in den Fachkreisen hat man heute klar erkannt, daß die Realisierung von Datensicherungsmaßnahmen zu einer wesentlichen organisatorischen Aufgabe geworden ist. Man kann die Datensicherung nicht mehr der improvisierten Absprache der im System agierenden Personen überlassen und sich vorwiegend mit einzelnen, punktuellen Maßnahmen zufriedengeben. Echter Schutz läßt sich nur durch den Aufbau eines umfassend integrierten Datensicherungssystems erreichen.

Ziel dieser Arbeit ist es, die wesentlichsten Einflußgrößen für den Bau solcher Systeme zu beschreiben und der Praxis in Wirtschaft und Verwaltung Lösungsmöglichkeiten für die Realisierung aufzuzeigen.

Im ersten Kapitel werden zunächst die der Arbeit zugrunde liegenden Quellen dargestellt und die wichtigsten Begriffe untersucht und definiert. Anschließend wird auf die Notwendigkeit des Aufbaus von Datensicherungssystemen eingegangen. Zweck der Datensicherung ist dabei sowohl die Erfüllung der gesetzlichen Forderungen als auch die optimale Gewährleistung der internen Verarbeitungssicherheit. Die Einhaltung der gesetzlichen Normen bedeutet zum einen den Schutz von Personen und Institutionen vor rechtswidrigen Eingriffen in ihre Privatsphäre (das Problem des Datenschutzes) und zum anderen eine vollständige und schlüssige Nachweisführung der Rechnungslegung (das Problem der Ordnungsmäßigkeit). Diese beiden Problemkreise werden im zweiten Kapitel behandelt.

Da es auch im Ausland schon gesetzliche Bemühungen zum Datenschutz gibt, wird zunächst der Stand in einigen Ländern skizziert und die vorliegenden Gesetze bzw. Entwürfe werden beschrieben. Es folgt ein Überblick über die Bemühungen der Länder und der Bundesregierung in Deutschland. Da verschiedene Problemkreise im Rahmen der internationalen Datenschutzgesetzgebung noch stark in der Diskussion sind, werden sie in der Arbeit entsprechend gewürdigt. Die Auswahl der behandelten Probleme erfolgt unter besonderer Berücksichtigung des Bundes-Datenschutzgesetzes mit den möglichen technischen und organisatorischen Auswirkungen auf die Konzeption von Datensicherungssystemen. Fragen, in denen der juristische Aspekt im Vordergrund steht, sind bewußt ausgeklammert.

Im zweiten Teil dieses Kapitels wird auf die Normen der Rechnungslegung eingegangen. Bei den Diskussionen um die Datensicherung werden oft die Fragen der Rechnungslegung ausgeklammert oder nur als Randprobleme behandelt. Man muß aber deutlich sehen, daß hier ein Kernproblem liegt. Der weitaus größte Teil aller Daten sowohl in der Wirtschaft als auch in der Verwaltung sind die buchhalterischen Daten. Gleichermaßen organisiert sind die Daten der Informationssysteme, angefangen von Planung und Plankontrolle (einschließlich der personenbezogenen Daten) bis zu Simulationsmodellen mit dem Ziel, zu Innovationen zu kommen und daraus Grundsatzplanungen und Grundsatzentscheidungen abzuleiten. Das Gebiet also, das unter dem Gesichtspunkt der Rechnungslegung zu behandeln ist, umfaßt den weitaus größten Teil der zu sichernden Daten. Entsprechend bedeutsam ist daher die Ordnungsmäßigkeit der Rechnungslegung als Bestimmungsgrund für die Datensicherung. Jedes Datensicherungssystem hat auf den bestehenden Systemen, welche die Grundmodelle unserer Wirksysteme darstellen, zu basieren. Vor allem ist die Prüffähigkeit die Grundvoraussetzung für jede organisierte Datensicherung. Ein gut organisiertes computergestütztes System hat seinen Zweck verfehlt und dürfte in der Zukunft von den externen Prüfern in verstärktem Umfang "verworfen" werden, wenn es nicht prüfbar ist. Deshalb müssen bereits beim Aufbau eines Datensicherungssystems die Anforderungen, die an die Nachweisführung zu stellen sind, berücksichtigt werden. Diese sind in hohem Umfang von der Buchführungstechnik abhängig. Form und Inhalt einer ordnungsgerechten Rechnungslegung werden von den Grundsätzen ordnungsmäßiger Buchführung (GoB) bestimmt. Um die Rechnungslegung bei computergestützten Systemen beurteilen zu können, ist daher zunächst zu klären, was unter den Grundsätzen ordnungsmäßiger Buchführung zu verstehen ist. Anschließend wird dargestellt, wie die Grundsätze ordnungsmäßiger Buchführung bei solchen Systemen realisiert werden können. Hieraus ergeben sich für den Aufbau von Datensicherungssystemen eine Reihe von Konsequenzen.

Das zweite generelle Ziel der Datensicherung, die optimale Gewährleistung der internen Verarbeitungssicherheit, dürfte für die Wirtschafts- und Verwaltungspraxis noch wesentlich größere Bedeutung haben als das erste Ziel. So viel auch über die Realisierung von Datensicherungssystemen gesprochen wird, so wenig sind den meisten die Bestimmungsfaktoren für ein solches System bekannt. Eine wesentliche Voraussetzung ist zunächst das Sicherheitsbewußtsein. Nur wenn dieses bei den Mitarbeitern und insbesondere bei den Führungskräften entsprechend vorhanden ist, bietet sich eine gute Grundlage für die Einführung von Datensicherungsmaßnahmen. Daher sollten alle Faktoren, die auf das Sicherheitsbewußtsein einwirken, möglichst weitgehend beachtet werden. Um Klarheit über den Sicherheitsgrad im jeweiligen Informationssystem zu erhalten, müssen sowohl die Risiken mit den jeweils zurechenbaren Wirkungen als auch die vorhandenen Sicherungsmaßnahmen bei der Hard- und Software sowie in der Organisation offengelegt werden. Die Auswahl der Sicherungsmaßnahmen dürfte in Wirtschaft und Verwaltung vorrangig unter dem Aspekt der Wirtschaftlichkeit gesehen werden, sollte doch der Sicherungsaufwand in einem angemessenen Verhältnis zum Wert der zu schützenden Tatbestände stehen. Da es keine absolute Datensicherheit gibt, geht es letztlich um die Bestimmung der adäquaten Maßnahme bzw. Kombination von Maßnahmen zur Sicherung der schutzbedürftigen Tatbestände. Bei Wirtschaftlichkeitserwägungen muß auch die Möglichkeit der Übertragung des vollen bzw. verbleibenden finanziellen Risikos auf Fremdunternehmen untersucht werden. Daher wird in einem Kapitel auch die Versicherung als Instrument der Datensicherung behandelt. Der Aufbau eines Datensicherungssystems bedarf einer systematischen Planung. Je umfassender die durchzuführenden Maßnahmen sind, desto wesentlicher wird das Wissen um die Vorgehensweise für den Erfolg des Systems. Im letzten Abschnitt wird dieser Aspekt grundsätzlich behandelt.

1.1.2 Quellenmaterial

In der englischsprachigen Literatur findet man seit Mitte der 60er Jahre Darstellungen einzelner bekanntgewordener Fälle von Computer-Mißbrauch und generelle

Hinweise für deren Verhinderung[1] sowie Beiträge zum Problemkreis des Datenschutzes[2]. Die zunehmende Diskussion um die Datenschutzgesetzgebung läßt, insbesondere in den USA, die englischsprachige Literatur zum Thema Datensicherung seit 1970 lawinenartig ansteigen. Dabei kann festgestellt werden, daß die meisten Veröffentlichungen sich auf die jeweils besonders aktuellen Punkte der Datensicherung beschränken. Darstellungen, die die gesamte grundlegende Problematik dieses Themas behandeln, sind selten.

In der Bundesrepublik kann man seit 1971 ein verstärktes Erscheinen von Beiträgen über die Probleme des Datenschutzes und der Datensicherung feststellen. Im Vordergrund der Ausarbeitungen stehen dabei die Stellungnahmen zu den Diskussionen über die Datenschutzgesetzgebung unter dem Aspekt der technischen und organisatorischen Realisierbarkeit. Nur vereinzelt versucht man für Teilbereiche theoretische Grundlagen zu entwickeln und Hinweise für einen systematischen Lösungsansatz zu geben. So findet man z.B. zu den organisatorischen Sicherungsvorkehrungen relativ zahlreiche Ausarbeitungen, die einzelne Maßnahmen (z.B. Funktionstrennung, Abstimm-

---

1) Vgl. z.B. Haas, R. S.: Controlling Computer Operations. In: Datamation, Vol. 12, No. 2, 1966, S. 53 ff.; Bigelow, Robert P.: Legal and Security Issues Posed by Computer Utilities. In: Harvard Business Review, Vol. 45, No. 5, 1967, S. 150 ff.; Ware, Willis H.: Security and Privacy: Similarities and Differences. In: AFIPS Conference Proceedings. Chicago 1967, S. 287 ff.; Allen, Brandt R.: Danger Ahead! Safeguard your Computer. In: Harvard Business Review, Vol. 46, No. 6, 1968, S. 97 ff.

2) Siehe hierzu u.a. Brenton, Myron: The Privacy Invaders. New York 1964; Fanwick, Charles: Maintaining Privacy of Computerized Data. Santa Monica 1966; Bain, Harry: Privacy: What's Happening to a Fundamental Right? In: SDC Magazine, Vol. 7/8, 1967, S. 1 ff.

summen, Rekonstruktionsverfahren, Dokumentation) mehr oder weniger ausführlich behandeln, aber der Versuch, die verschiedenen Maßnahmen systematisch einzuordnen und zu bewerten, wurde kaum unternommen[1].

Der Verfasser hat die einschlägige Literatur zur Datensicherung durchgesehen[2] und zum größten Teil verarbeitet. Soweit es zur Klärung der in dieser Arbeit aufgeworfenen Fragen notwendig war, wurde auch die entsprechende Literatur zu den Themen Datenschutz bzw. Revision und Ordnungsmäßigkeit[3] mit herangezogen und ausgewertet.

Um das vielschichtige Problem aber wirklichkeitsnah bearbeiten zu können, ist eine breite empirische Grundlage notwendig. Da diese für die Bundesrepublik Deutschland nicht vorlag, führte der Verfasser eine eigene Erhebung durch. Ziel dieser Erhebung war es, einen Überblick über den Stand der Datensicherungsmaßnahmen in der Bundesrepublik zu gewinnen. Die Fragen betrafen u.a. die schutzbedürftigen Tatbestände in Wirtschaft und Verwaltung, getroffene und geplante Vorkehrungen zur Datensicherung, Schulungsaktivitäten sowie Verantwortlichkeit für den Aufbau von Datensicherungsmaßnahmen. Insgesamt liegen Ergebnisse von 402 Unternehmen und Verwaltungseinheiten vor. Die Ermittlung der Aussagen erfolgte auf der Grundlage eines Fragebogens. Abgeschlossen wurde die Erhebung im Frühjahr 1975. Die nachfolgenden Tabellen geben einen Überblick über die befragten Unternehmen bzw. Verwaltungseinheiten.

---

1) Vgl. Nagel, Kurt: Literaturwegweiser zum Thema 'Datensicherung'. In: Datenverarbeitung in Steuer, Wirtschaft und Recht, 3. Jg., Heft 1, 1974, S. 13 ff.
2) Vgl. Nagel, Kurt: Bibliographie zum Fachgebiet Datenschutz und Datensicherung. Neuwied und Berlin 1974.
3) Vgl. Nagel, Kurt: Bibliographie zum Fachgebiet Revision und Kontrolle bei EDV. Neuwied und Berlin 1970 (Nachtrag 1973, vervielfältigtes Manuskript).

Tabelle 1: Zusammenstellung nach Branchen

Branchenzugehörigkeit	Unternehmen bzw. Verwaltungseinheiten absolut	in Prozent
- Industrie	221	55
- Banken, Sparkasssen, Vers.	70	18
- Handel	53	13
- Verwaltung	34	8
- Sonstige	24	6
Gesamt:	402	100

Tabelle 2: Zusammenstellung nach Betriebsgrößen

Anzahl der Beschäftigten	Unternehmen bzw. Verwaltungseinheiten absolut	in Prozent
bis 499 Beschäftigte	130	32
500 bis 999 Beschäftigte	88	22
1000 bis 1999 Beschäftigte	65	16
2000 bis 4999 Beschäftigte	42	10
5000 bis 9999 Beschäftigte	27	7
10000 bis 19999 Beschäftigte	23	6
über 20000 Beschäftigte	27	7
Gesamt:	402	100

Neben der eigenen Untersuchung wurden zusätzlich einige der bisher in den USA und in Deutschland zu diesem Themenkreis durchgeführten Erhebungen ausgewertet. Besondere Beachtung verdient die von der IBM Corporation durchgeführte Studie über Probleme der Datensicherung, an der sich beteiligten:

- das Massachusetts Institute of Technology (MIT),
- das Department of Finance des Staates Illinois,
- die TRW Inc. (Thompson Ramo-Wooldridge),
- das Federal Systems Center (FSC) der IBM Corporation.

Die Ergebnisse dieser im Mai 1972 auf der Spring Joint Computer Conference angekündigten Studie wurden in einem insgesamt 1.254 Seiten umfassenden Erfahrungsbericht wiedergegeben, der 1974 in sieben Bänden erschienen ist[1]. Diese Studie, zu der IBM einen Beitrag von zwei Millionen Dollar[2] leistete, ist ein Bestand-

---

1) Im einzelnen handelt es sich um die folgenden Ausarbeitungen, die von der IBM Corp. herausgegeben wurden: Data Security and Data Processing, Vol. 1: Introduction and Overview. IBM-Form G320-1370. White Plains 1974; Data Security and Data Processing, Vol. 2: Study Summary. IBM-Form G320-1371. White Plains 1974; Data Security and Data Processing, Vol. 3, Part 1: State of Illinois: Executive Overview. IBM-Form G320-1372. White Plains 1974; Data Security and Data Processing, Vol. 3, Part 2: Study Results: State of Illinois. IBM-Form G320-1373. White Plains 1974; Data Security and Data Processing, Vol. 4: Study Results: Massachusetts Institute of Technology. IBM-Form G320-1374. White Plains 1974; Data Security and Data Processing, Vol. 5: Study Results: TRW Systems, Inc. IBM-Form G320-1375. White Plains 1974; Data Security and Data Processing, Vol. 6: Evaluations and Study Experiences: Resource Security System. IBM-Form G320-1376. White Plains 1974.

2) Vgl. Seymour, Richard: Data Security Doesn't Just Happen. In: Data Processor, Vol. 17, No. 4, 1974, S. 12.

teil des 40 Millionen Dollar-Budgets, das die IBM Corporation über einen Zeitraum von fünf Jahren für die Verbesserung der Komponenten eines Datensicherungssystems ausgeben will. Die an der Studie Beteiligten befaßten sich in erster Linie mit den Fragen der computergestützten Sicherung von Daten und Programmen gegen potentielle Gefahren. Zur Beantwortung dieser Fragen nahmen sich die Studienträger insbesondere vor[1)],

- die wirtschaftlichen, organisatorischen und personellen Auswirkungen beim Einsatz eines Datensicherungssystems zu untersuchen (State of Illinois),

- festzustellen, ob und in welchem Umfang der Grad der Datensicherheit in einem ADV-System gemessen werden kann (TRW),

- in Erfahrung zu bringen, wie in einem System am besten die Zugriffsberechtigung zu bestimmten Daten geregelt werden kann (MIT) und

- die Einflüsse auf die bestehenden Verarbeitungsabläufe bei einer Umstellung auf ein Sicherungssystem zu messen (IBM FSC).

Neben den von den Beteiligten gemachten Erfahrungen sowie den von ihnen entwickelten Methoden der Datensicherung werden in diese Ausarbeitung auch die Auswertungen der Umfrageergebnisse des Massachusetts Institute of Technology eingehen. Das MIT, das als eines der füh-

---

1) Vgl. o.V.: Protecting Valuable Data. In: EDP Analyzer, Vol. 11, No. 12, 1973, S. 1 ff.; Danner, Lee: Management Aspects of the IBM Data Security Study. In: Data Management, Vol. 12, No. 9, 1974, S. 39 ff.; Kraus, Wolfgang und Nagel, Kurt: IBM-Studie zur Datensicherung. In: IBM-Nachrichten, 25. Jg., Heft 225, 1975, S. 122 ff.

renden Universitätsinstitute auf dem Gebiet der Computer-Technologie 6.000 Studenten und Fakultätsmitgliedern einen Time-Sharing-Service bietet, befragte 42 Manager[1] aus Banken und Versicherungsgesellschaften insbesondere zu den Problemen der Zugangskontrolle und Zugriffsberechtigung zu Daten. Von diesen 42 Managern waren 17 verantwortlich für Aufgaben im Zusammenhang mit der Datenverarbeitung wie Systementwicklung, Programmierung oder Ausbildung der Mitarbeiter in der Datenverarbeitung. In den Studien wurden die Ergebnisse für diese Führungskräfte unter der Rubrik "Technische Manager" separat ausgewiesen. Die anderen 25 Manager waren verantwortlich für Funktionen wie Finanzen, Personal, Versicherung und Revision. In den empirischen Ergebnissen wird hier von "Nicht-technischen Managern" gesprochen. Die Antworten, die auf einem Fragebogen erfaßt wurden, konnten durch 5 Skalenwerte angegeben werden, die im einzelnen - je nach der Frage - folgende Bedeutung haben konnten:

1 = mangelhaft oder gar nicht
2 = ausreichend / ein wenig
3 = befriedigend / geht
4 = gut / eine Menge
5 = sehr gut / sehr viel

Da die Revision ein wesentliches Instrument der Datensicherung ist, finden in der Ausarbeitung auch Untersuchungsergebnisse über den Stand der Revision bei ADV-Systemen ihren Niederschlag. Der Verfasser hat im Jahre 1972 in einer Fragebogenaktion von 75 Unternehmen Antworten erhalten zu Fragen über die vorhandenen Dokumentationsunterlagen, Mitwirkung des Revisors bei der Kon-

---

1) Vgl. IBM Corp. (Hrsg.): Data Security and Data Processing, Vol. 4, a.a.O., S. 118 und S. 128 ff.

zeption und Einführung von ADV-Systemen, angewandten Prüfungstechniken, organisatorischen Kontrollen, Nachweismittel und Ausbildungsgrundlagen des Revisors[1).]

Tabelle 3: Zusammenstellung nach Betriebsgrößen

Anzahl der Beschäftigten	Unternehmen absolut	Unternehmen in Prozent
bis 499 Beschäftigte	14	19
500 bis 999 Beschäftigte	6	8
1000 bis 1999 Beschäftigte	7	9
2000 bis 4999 Beschäftigte	26	34
5000 bis 9999 Beschäftigte	11	15
Mehr als 10000 Beschäftigte	11	15
Gesamt:	75	100

1) Verschiedene Ergebnisse dieser Untersuchung wurden bereits veröffentlicht. Vgl. z.B. Nagel, Kurt: Interne Revision und Systemprüfung bei EDV-Organisationen. In: Zeitschrift Interne Revision, 8. Jg., Heft 2, 1973, S. 67 ff.

Tabelle 4: Zusammenstellung nach Branchen

Branchenzugehörigkeit	Unternehmen absolut	Unternehmen in Prozent
- Industrie	44	59
- Banken, Sparkassen, Versich.	10	13
- Handel	17	23
- Sonstige	4	5
Gesamt:	75	100

Für sämtliche empirische Daten kann kein Anspruch auf statistische Signifikanz erhoben werden. Es wurde aus diesem Grunde auch bewußt nicht der Versuch unternommen, mit Hilfe der gängigen statistischen Prüfverfahren das Vorhandensein bestimmter Abhängigkeiten und Zusammenhänge zu "beweisen". Versuche solcher Beweise werden von der Wissenschaft zum Teil in Zweifel gezogen[1]. Aus den empirischen Werten können deshalb bestenfalls Tendenzen abgeleitet werden, die zur Untermauerung der in den entsprechenden Kapiteln gemachten Aussagen dienen. Die dargestellten Ergebnisse der Umfrage sind also nicht zu sehen im Sinne einer "Extremform des Empirismus, bei der eine auf ein Zufallsproblem bezogene Datensammlung durch ad hoc-Hypothesen notdürftig unterbaut wird"[2].

1) Zur theoretischen und praktischen Fruchtbarkeit des empirischen Forschungsansatzes siehe insbesondere Schanz, Günther: Zwei Arten des Empirismus. In: Zeitschrift für betriebswirtschaftliche Forschung, 27. Jg., Heft 5, 1975, S. 307 ff.

2) Albert, Hans: Einführende Bemerkungen zur deutschen Ausgabe (Vorwort). In: Malewski, Andrzej: Verhalten und Interaktion. Tübingen 1967, S. IX.

1.2 Inhalt und Abgrenzung der Begriffe

Bei den Begriffen "Datenschutz" und "Datensicherung" erkennt man in der Literatur klar die Tendenz, daß der Begriff Datenschutz vorwiegend in Relation zu juristisch interpretierbaren Sachverhalten und der Begriff Datensicherung für die betriebswirtschaftlich-organisatorische Problemstellung verwendet wird[1]. Beim Datenschutz werden nach Ansicht der meisten Autoren Rechtsträger und ihre Privatsphäre sowie rechtliche Institutionen und ihre verfassungsrechtliche Position geschützt[2]. Hier wird das komplexe Gefüge von Rechten und Pflichten zwischen Datengrund (dem Betroffenen), dem Bestandsführer (dem Verantwortlichen für

---

1) Vgl. Grochla, Erwin: Datensicherung und Datenschutz als organisatorisches Problem. In: Betriebsseminar "Datenschutz und Datensicherung", veranstaltet vom Betriebswirtschaftlichen Institut für Organisation und Automation an der Universität zu Köln (BIFOA). Köln 1974 (17. 12.), S. 3.

2) Vgl. hierzu u.a. Auernhammer, Herbert: Schutz der Privatsphäre - Aufgabe für den Juristen. Veröffentlichtes Vortragsmanuskript im Rahmen des IBM-Seminars "Informationssysteme in Regierung und Verwaltung - Datenverarbeitung und Recht" vom 3. - 5. 11. 1971 in Bad Liebenzell, S. 80; Schneider, Jochen: Datenschutz-Datensicherung. Beiträge zur integrierten Datenverarbeitung in der öffentlichen Verwaltung, hrsg. von der Siemens AG, Heft 5. München 1971, S. 27; Garstka, Hansjürgen: Grundbegriffe für den Datenschutz. In: Datenschutz, hrsg. von W. Kilian, K. Lenk und W. Steinmüller. Frankfurt 1973, S. 210; Fischgräbe, Horst und Bönig, Michael: Datenschutz und Datensicherung. In: Wirtschaftswissenschaftliches Studium, 3. Jg., Heft 9, 1974, S. 441; Wittkämper, Gerhard W.: Datenschutz in der Bundesrepublik Deutschland - Das Systemkonzept des Gesetzgebers. Veröffentlichtes Vortragsmanuskript im Rahmen des IBM-Seminars "Datenschutz und Datensicherheit" vom 16. - 18. 4. 1975 in Bad Liebenzell, S. 3.

das Datenverarbeitungssystem) und dem Benutzer (dem Empfänger und Verwender von Daten) angesprochen[1]. In Worten der Umgangssprache ausgedrückt faßt man daher den Problemkreis des "Was ist zu schützen" unter Datenschutz zusammen. Dabei muß aber klar erkannt werden, daß der Begriff "Datenschutz", wie er vom Gesetzgeber[2] verwendet wird und wie die Definitionen in der Literatur fast ausschließlich zeigen, nur einen Teil des "Was ist zu schützen", nämlich den Schutz der personenbezogenen Daten abdeckt. In der englischsprachigen Literatur hat sich hierfür der Begriff der "Privacy" durchgesetzt[3]. Die anderen zu schützenden Tatbestände wie z.B. Produktionsdaten werden aber damit nicht erfaßt. Es erschien daher zweckmäßig, die Unterscheidung zwischen einer allgemeinen Definition des Datenschutzes (Datenschutz im weiteren Sinne) und einem "personenbezogenen" Datenschutz (Datenschutz im engeren Sinne) zu machen[4]. Während der Datenschutz im weiteren Sinne die Daten über alle schutzbedürftigen Tatbestände bei manueller und maschineller Datenverarbeitung umfaßt, deckt der personenbezogene Datenschutz nur die Privatsphäre natürlicher und juristischer Personen ab. Diese Definitionen, die

---

1) Vgl. Grochla, Erwin: Datensicherung und Datenschutz als organisatorisches Problem, a.a.O., S. 3.
2) Vgl. z.B. "Entwurf eines Gesetzes zum Schutz vor Mißbrauch personenbezogener Daten bei der Datenverarbeitung (Bundes-Datenschutzgesetz - BDSG)", Bundestagsdrucksache 7/1027, vom 21. 8. 1973.
3) Vgl. Davis, Ruth M.: Privacy and Security in Data Systems. In: Computers and People, Vol. 23, No. 3, 1974, S. 20 ff.
4) Vgl. Lindemann, Peter, Nagel, Kurt und Herrmann, Günter: Organisation des Datenschutzes. Neuwied und Berlin 1973, S. 10.

inzwischen von verschiedenen Autoren[1] übernommen wurden, sollen den weiteren Ausführungen zugrunde gelegt werden. Dabei wird im wesentlichen der Datenschutzbegriff im weiteren Sinne verwendet, da jede Unternehmung ein wirtschaftliches Interesse am Schutz seiner auch außerhalb der Privatsphäre liegenden Daten gegen Einblick, Eingriff und Zerstörung hat.

Im Mittelpunkt der Datensicherung sehen die meisten Autoren die Erhaltung und Sicherung des computergestützten Systems, einschließlich aller Dateien und Programme. Zahlreiche Definitionen[2] zeichnen sich dadurch aus, daß sie sowohl die zu schützenden Objekte, die Sicherungsmethoden und die möglichen Risiken einzeln aufzählen. Sie werden dadurch sehr stark aufgebläht und erreichen durch die zugrunde liegende Kasuistik meist keine Vollständigkeit. Daher erscheint eine Definition in Form einer generellen

---

1) Vgl. hierzu u.a. Angermeyer, Hans Christoph: Datensicherung und IMS, hrsg. von der IBM Deutschland, IBM-Form F12-1594. Stuttgart 1974, S. 6; Faßbinder, Elmar: Datensicherung mit IMS beim Aufbau computerorientierter Informationssysteme in der Medizin, hrsg. von der IBM Deutschland, IBM-Form F12-1595. Stuttgart 1974, S. 9; Hentschel, Bernd, Gliss, Hans, Bayer, Rudolf und Dierstein, Rüdiger: Datenschutzfibel - unter besonderer Berücksichtigung des Personalwesens. Köln 1974, S. 11 und 13; Minz, Günter: Besprechung des Buches von Lindemann, Peter, Nagel, Kurt und Herrmann, Günter: Organisation des Datenschutzes. In: Die Wirtschaftsprüfung, 28. Jg., Heft 9, 1975, S. 253.

2) Vgl. z.B. Horn, Günter: Datensicherung. In: Öffentliche Verwaltung und Datenverarbeitung, 1. Jg., Heft 3, 1971, S. 100; Hauter, Adolf: Datensicherung: Eine Bestandsaufnahme der praktischen Möglichkeiten zum Schutze und zur Sicherung von Informationen, hrsg. vom Ausschuß für wirtschaftliche Verwaltung e.V. (AWV). Frankfurt 1972, S. 4; Steinbuch, K. und Wacker, H.: Überlegungen zu technischen Möglichkeiten des Datenschutzes im Hinblick auf das Bundesdatenschutzgesetz. In: Grundfragen des Datenschutzes, hrsg. vom Bundesministerium des Innern. Bonn 1972, Drucksache VI/3826, S. 216; Katzan, Harry: Computer Data Security. New York, Cincinnati, Toronto, London und Melbourne 1973, S. 4.

Aussage klarer, da sie nicht abhängig von den zu schützenden Objekten, der technischen Entwicklung und den sehr unterschiedlichen Risiken ist. Im folgenden verstehen wir unter Datensicherung die Summe aller Vorkehrungen und Methoden, mit denen sowohl die Tatbestände der Privatsphäre natürlicher und juristischer Personen als auch die nicht zur Privatsphäre zählenden zu schützenden Tatbestände gesichert werden. Es wird bei dieser Definition bewußt Wert darauf gelegt, daß nicht nur Daten zu sichern sind, sondern das gesamte Organisationssystem: also Dateien, Programme, Maschinen und die Mitarbeiter. Was nützen z.B. einem Unternehmen umfassend gesicherte Personaldateien, wenn nicht auch die Personalprogramme entsprechend gesichert sind. Die Datensicherung umfaßt somit den Problemkreis des "Wie ist zu schützen".

Das Ziel, das mit der Datensicherung erreicht werden soll, ist die Datensicherheit. Es zeigt sich, daß der Begriff "Daten", auf den Schutz und Sicherung anzuwenden sind, nur einen Teil der zu schützenden und zu sichernden Tatbestände abdeckt. Informations-und Steuerungssysteme arbeiten zwar mit Daten, die die Realität beschreiben, sind aber selbst wieder reale Systeme, die mit all ihren Systemelementen gesichert werden müssen. Obwohl also der Begriff der Datensicherung vom Sprachgebrauch her zu eng ist, wird er, da er sowohl in die Literatur als auch in der Umgangssprache generell aufgenommen wurde, verwandt. Es ist jedoch eindeutig festzuhalten, daß der Begriff des Datensicherungssystems sich sowohl auf das Wirksystem, das aus einer Ordnung realer Dinge besteht, als auch auf das Informations- und Steuerungssystem bezieht, das als Modell des Wirksystems begriffen werden muß. Der Schwerpunkt beim Aufbau eines Datensicherungssystems liegt heute im Bereich des Informations- und Steuerungssystems. Hier liegen im Gegensatz zum Wirksystem, für das in der Praxis schon sehr häufig eine institutionelle Sicherung, die Werksicherung, etabliert wurde, kaum Erfahrungen vor. Wie Lindemann[1] jedoch klar zum Ausdruck bringt, nimmt die Interdependenz zwischen Wirksystem und Informations- und Steuerungssystem laufend zu. Vielfach können die Wirksysteme und die Informations- und Steuerungssysteme sowohl sachlich als auch räumlich nicht mehr getrennt werden.

Für eine sinnvolle Sprachregelung innerhalb der Diskussion über Datenschutz und Datensicherung ist es auch notwendig, klare Unterscheidungen zwischen Daten und Informationen zu treffen[2]. Daten beschreiben Realitäten, sie sind eine formalisierte Darstellung des Seins[3]. Die Darstellung

---

1) Vgl. Lindemann, Peter: Datenschutz-Organisation-Revision. In: Datenschutz und Datensicherung - Organisationsprobleme. Heft 6 der IBM-Beiträge zur Datenverarbeitung, Methoden und Techniken, hrsg. von G. Herrmann, P. Lindemann und K. Nagel. IBM-Form F12-0007. Stuttgart 1975, S. 23.

2) Zur ausführlichen Diskussion des Informationsbegriffes siehe u.a. Wittmann, Waldemar: Unternehmung und unvollkommene Information. Köln und Opladen 1959, insbes. S. 14; Zimmermann Dieter: Strukturgerechte Datenorganisation. Neuwied und Berlin 1971, S. 59 ff.; Szyperski, Norbert: Gegenwärtiger Stand und Tendenzen der Entwicklung betrieblicher Informationssysteme. In: Probleme beim Aufbau betrieblicher Informationssysteme, hrsg. von H. R. Hansen und M. P. Wahl. München 1973, S. 33 ff.; Lindemann, Peter: Unternehmensführung und Wirtschaftskybernetik. Neuwied und Berlin 1970, S. 75 ff.; Wenzel, Frank: Entscheidungsorientierte Informationsbewertung. Opladen 1975, S. 2 ff.

3) Vgl. z. B. Wahl, Manfred P.: Grundlagen eines Management-Informationssystems. Neuwied und Berlin 1970, S. 15.

der Daten erfolgt in Form von Zeichen bzw. Zeichenfolgen[1]. In der Fachterminologie wird der Begriff der Daten vorherrschend für Aufzeichnungen von Einzelfakten ("Ausgangsdaten", "Basisdaten" und "Angaben") verwendet. So sind z.B. Kunden-Nummer, Bestellmenge und Rechnungsbetrag, die die "Realität" der Kunden im Rechnungswesen spiegeln, jeweils Daten. Das Ziel der Informationen ist es, dem Entscheider Kenntnis über diejenigen Sachverhalte zu vermitteln, die für seine Entscheidungen relevant sein können[2]. Die Vermittlung dieser Sachverhalte ist nur möglich in Form von Aussagen, die bestimmten syntaktischen Mindestanforderungen genügen müssen. Daten erfüllen diese Anforderungen im allgemeinen nicht, da sie - linguistisch gesehen - nur Satzelemente darstellen. Verknüpft man Daten nach syntaktischen Regeln zu sinnvollen Aussagen, entstehen Sätze. Die Tätigkeit des Verknüpfens von Daten nach bestimmten logischen Vorschriften bezeichnet man als Datenverarbeitung. Sie vollzieht sich dabei als formaler Prozeß völlig losgelöst von der Bedeutung des in den Daten Dargestellten[3].

---

1) Dies kommt auch in der Definition nach DIN 44300 zum Ausdruck, wonach Daten Zeichen oder kontinuierliche Funktionen sind, die zum Zweck der Verarbeitung Information darstellen. Vgl. Deutscher Normenausschuß e.V. (Hrsg.): Normen über Informationsverarbeitung. Frankfurt 1975, S. 59.

2) Vgl. Bundesministerium der Justiz (Hrsg.): Das juristische Informationssystem. Analyse, Planung, Vorschläge. Karlsruhe 1972, S. 278 ff.; Garstka, Hansjürgen: a.a.O., S. 211; Chadler, E. W. und Mazzawi, A. N.: Toward Integrated MIS. In: Information Processing 74. Proceedings of IFIP Congress 74, hrsg. von J. R. Rosenfeld. New York 1974, S. 952; Karhausen, Mark O.: Datenschutz bei Datenbanken für Umfragen. In: Datenbanken und Datenschutz, hrsg. von A. Bellebaum. Frankfurt und New York 1974, S. 93.

3) Vgl. Schmitz, Paul und Seibt, Dietrich: Einführung in die anwendungsorientierte Informatik. München 1975, S. 22.

Während der Begriff der Datenverarbeitung unabhängig von der dabei angewandten Technik ist, setzen die Ausdrücke "automatisierte", "elektronische" und "maschinelle" Datenverarbeitung technische Hilfsmittel voraus. Im folgenden wird von automatisierter Datenverarbeitung dann gesprochen, wenn die Datenverarbeitung mit Anlagen erfolgt, die durch Programme gesteuert werden[1)]. Informationen sind also in der Regel das Ergebnis der Datenverarbeitung, wobei wesentlich ist, daß sie das Erreichen der jeweils gesetzten Ziele fördern oder gefährden[2)]. Die Begriffe Datenschutz und Datensicherung umfassen immer auch die Ergebnisse von Datenverarbeitungsprozessen, also Schutz und Sicherung von Informationen. Nach Hellfors[3)] wäre es daher terminologisch genauer und umfassender, von "Informationsschutz" und "Informationssicherung" zu sprechen. Da jedoch die Begriffe Datenschutz und Datensicherung heute im deutschen Sprachgebrauch fest verankert sind, soll es bei der Vorstellungskorrektur belassen sein.

Die Maßnahmen der Datensicherung unterteilt man nach Organisations-, Programm- und Maschinen-Sicherungen. Die organisatorischen Sicherungen umfassen alle Vorkehrungen, die in die Aufbau- und Ablauforganisation ein-

---

1) Vgl. Lindemann, Peter: Die Organisation des Rechnungswesens bei automatisierter Datenverarbeitung. In: IBM-Nachrichten, 18. Jg., Heft 189, 1968, S. 177; Nagel, Kurt, Herzog, Reinhart und Schiro, Helmut: Lexikon EDV und Rechnungswesen. Ludwigshafen 1971, S. 55 und S. 70.

2) Vgl. Nürck, Robert: Informationsverarbeitung in der Wirtschaft. In: Zeitschrift für Betriebswirtschaft, 33. Jg., Heft 1, 1963, S. 3.

3) Vgl. Hellfors, Sven: Datenschutz und Datensicherung. In: Praxis des Rechnungswesens. Heft 4, 1973, Gruppe 12, S. 47.

gebaut sind. Von einigen Autoren werden die organisatorischen Maßnahmen vorwiegend auf die Ablauforganisation bezogen[1]. Einer solchen Interpretation kann jedoch nicht zugestimmt werden, da es nicht damit getan ist, nur prozeßbezogene Kontrollen zu organisieren. Ein entscheidender Fehler in der Vergangenheit war, daß man es versäumt hat, auch beim Aufbau eines Organisationssystems klare Kontrollpunkte zu setzen[2]. Unter Programm-Sicherungen, die mehr und mehr als Software-Sicherungen bezeichnet werden[3], versteht man im folgenden alle in Betriebs- und Programmsysteme eingebauten Sicherungsmaßnahmen. Sie lassen sich nicht immer eindeutig von den Hardware-Sicherungen trennen, die alle maschineninternen Kontrollen umfassen. Sowohl in der Praxis als auch in der Literatur verwendet man neben den Begriffen der Hard- und Software-Sicherungen für die organisatorischen Sicherungen zunehmend den Begriff der Orgware-Sicherungen[4].

---

1) Vgl. z.B. Hentschel, Bernd, Gliss, Hans, Bayer, Rudolf und Dierstein, Rüdiger: a.a.O., S. 47.
2) Vgl. Lindemann, Peter, Nagel, Kurt und Herrmann, Günter: a.a.O., S. 31.
3) Vgl. z.B. Bundesministerium für Forschung und Technologie (Hrsg.): Datenschutz. Mittel und Maßnahmen für die Datenverarbeitung. Forschungsbericht DV 74-04, erarbeitet von der Siemens AG. Leopoldshafen 1974, S. 11 und S. 18; Kraus, Wolfgang: Software-Beiträge zur Datensicherung. Veröffentlichtes Vortragsmanuskript im Rahmen des IBM-Seminars "Datenschutz und Datensicherheit" vom 16. - 18. 4. 1975 in Bad Liebenzell.
4) Vgl. u.a. AEG-Telefunken (Hrsg.): Datenverarbeitung, Datensicherung und Datenschutz. Backnang 1974, S. 5; Bundesministerium für Forschung und Technologie (Hrsg.): a.a.O., S. 11; Graus, Werner, Schneider, Jochen, Schoenberger, Josef und Weigand, Karl Heinz: Menschliche Kommunikation in technischen Kommunikationssystemen. In: Öffentliche Verwaltung und Datenverarbeitung, 5. Jg., Heft 1, 1975, S. 5.

1.3 Notwendigkeit und Ziele einer systematischen Datensicherung

Untersucht man Sicherheitsaspekte in computergestützten Systemen, dann lassen sich wichtige Parallelen zu Sicherheitsfragen in anderen komplexen Systemen erkennen. An zahlreichen Beispielen kann festgestellt werden, daß die Sicherheitsfragen um so wichtiger sind, je größer der Grad der Komplexität und Varietät eines Systems ist. So gab es z.B. im Bereich der maschinellen Datenverarbeitung das Problem der Datensicherung schon immer. Es hat aber durch den geplanten oder realisierten Aufbau großer Datenbanken, das Arbeiten im Mehrprogrammbetrieb und durch den verstärkten Einsatz von Datenstationen eine neue Dimension erhalten[1]. Betrachtet man die Notwendigkeit der Datensicherung ausschließlich unter dem Aspekt der maschinellen Komponente, dann könnte bei einer oberflächlichen Betrachtungsweise der Eindruck entstehen, daß das Problem der Datensicherung kaum besteht. Dem aber ist nicht so. Bei allen komplexen Systemen wird Sicherheit nicht durch einseitige Maßnahmen (z.B. technischer Art) erzielt, sondern durch "die ausgewogene Integration einander sich ergänzender Sicherheitsmaßnah-

---

1) Die Notwendigkeit einer systematischen Datensicherung wird in der Literatur vorwiegend auf diese Faktoren zurückgeführt. Vgl. u.a. IBM Deutschland GmbH (Hrsg.): Betrachtungen zur Datensicherheit in Datenverarbeitungssystemen. IBM-Form X12-1005. Stuttgart 1970, S. 6 ff.; Schulze, Jürgen H.: Datenschutz in der Datenverarbeitung. In: IBM-Nachrichten, 21. Jg., Heft 205, 1971, S. 640; Müller, Paul J.: Die Gefährdung der Privatsphäre durch Datenbanken. In: Datenbanken und Datenschutz, hrsg. von A. Bellebaum. Frankfurt und New York 1974, S. 63 ff.; Kraus-Weysser, Folker: Orwell schon da? In: Erfassungsschutz, hrsg. von H. Krauch. Stuttgart 1975, S. 28 ff.

men"[1]. Was nützen die besten Sicherungsvorkehrungen in der Hardware, wenn es an den einfachsten organisatorischen Sicherungsmaßnahmen fehlt?

Neben einer klaren Analyse der Sicherungsmethoden verlangt ein planmäßiges Vorgehen beim Aufbau von Sicherungssystemen die Analyse der zu schützenden Tatbestände. Nur wenn der Wert des zu schützenden Tatbestandes bekannt ist, kann der Sicherungsaufwand entsprechend fixiert werden. Selbstverständlich sollten auch die soziologischen und psychologischen Aspekte derartiger Systeme untersucht werden. Berücksichtigt man diese Gesichtspunkte bei der Realisierung nicht, dann läuft man Gefahr, daß

- die Risiken und deren Wirkungen nicht erkannt bzw. falsch eingeschätzt werden,

- die Sicherungsmaßnahmen nicht vollständig sind,

- die Fragen der Kosten und Wirtschaftlichkeit von einzelnen Sicherungssystemen nicht beantwortet werden können,

- die Systeme bei dem Streben nach einem sehr hohen Sicherheitsgrad die Informations- und Steuerungsfunktion behindern oder sogar lahmlegen und
legen und

- die Mitarbeiter sich nicht mit dem System identifizieren.

---

1) Hentschel, Bernd, Gliss, Hans, Bayer, Rudolf und Dierstein, Rüdiger: a.a.O., S. 69.

Diese Gründe zeigen, daß Wirtschaft und Verwaltung aus Eigeninteresse sich bemühen sollten, die Datensicherung systematisch und planmäßig zu betreiben. Dieses generelle Ziel läßt sich auffächern in eine Reihe von Unterzielen. Zu diesen zählen z.B.:

- den Eintritt bestimmter Risiken zu verhindern;

- eingetretene Risikoereignisse sofort zu erkennen, um die daraus resultierenden Wirkungen rasch beseitigen oder reduzieren zu können, und Hinweise zu erhalten, um artgleiche Risikoereignisse künftig zu verhindern;

- die Schutzrechte der Betroffenen wahrzunehmen und

- die Effektivität der Informations- und Steuerungssysteme zu erhöhen.

Gerade dem letztgenannten Ziel wird sowohl in der Literatur als auch in den Diskussionen um den Aufbau von Datensicherungssystemen viel zu wenig Beachtung geschenkt. Man betrachtet die Fragen der Datensicherung meistens isoliert und nur unter dem Aspekt von zusätzlichen Kosten. Werden die Interdependenzen zwischen der Informations- und Steuerungsfunktion und der Dokumentationsfunktion richtig gesehen, dann wird die Datensicherung in vielen Fällen zur Verbesserung der Wirtschaftlichkeit im Organisationsablauf beitragen. Dies läßt sich z.B. an der Dokumentation, die eine wesentliche Maßnahme der Datensicherung ist, aufzeigen. In der Praxis wird die Dokumentation vielfach aus Wirtschaftlichkeitsgründen abgelehnt. Dieser Einwand ist jedoch nicht haltbar, wenn man den Wert der erhöhten Sicherheit im Entscheidungsprozeß des Managements sieht und die Arbeits- und Schulungsersparnisse der organisierenden und durchführenden Stellen berücksichtigt. Die Interdependenzen zwischen Organisation und Datensicherung zeigen sich darin, daß, je besser die Organisation eines Unternehmens bzw. einer Behörde ist, desto größer ist auch im allgemeinen die erreichte Sicherheit. Praktische Beispiele beweisen, daß das Fehlerrisiko vermindert wird, wenn man komplexe Prozeßzusammenhänge direkt ohne Zwischenschaltung menschlicher Interpretations- und Kontrollinstanzen steuert. Wird dagegen ein Arbeitsprozeß von Menschen kontrolliert, dann dürfte eine solche Kontrollkette wegen der menschlichen Schwächen und Unzulänglichkeiten einen relativ niedrigen Sicherheitsgrad haben[1].

Die Notwendigkeit für den Aufbau von Datensicherungssystemen ergibt sich neben dem Eigeninteresse auch aufgrund gesetzlicher Vorschriften. Diese beziehen sich einmal auf den Schutz personenbezogener Daten vor Mißbrauch bei der Datenverarbeitung und zum anderen auf eine vollständige und schlüssige Nachweisführung. Sowohl das Bundes-Datenschutzgesetz als auch die Neufassungen der Buchführungsvorschriften im Handelsgesetzbuch und in der Abgabenordnung verlangen, wie in Kapitel 2 ausführlich gezeigt wird, eine Reihe von Sicherungsmaßnahmen.

---

1) Vgl. Lindemann, Peter und Nagel, Kurt: Revision und Kontrolle bei automatisierter Datenverarbeitung. 2. Aufl., Neuwied und Berlin 1970, S. 19 f.

2 Externe Bestimmungsfaktoren für den Aufbau von Datensicherungssystemen

2.1 Normen des Datenschutzes und der Datensicherung

2.1.1 Rechtliche Regelung des Datenschutzes im Ausland

2.1.1.1 Stand in den USA

In den U S A läßt sich ab dem Jahre 1966 eine verstärkte Zunahme umfangreicher Hearings und Symposien zum Thema "privacy" feststellen[1]. Als wesentliche Ursachen hierfür werden die 1965 im Ruggels Report vorgeschlagene Einrichtung eines Nationalen Datenzentrums (National Data Center), das nach Miller[2] zum "Blitzableiter für das ganze latente Unbehagen über die Computerrevolution" wurde, und der Übergang der größten Organisationen von Auskunfteien zur computergestützten Informationsspeicherung angesehen[3]. In den Hearings wurde

---

1) Vgl. Hoffman, Lance J.: Computers and Privacy: A Survey. In: Computing Surveys, Vol. 1, No. 2, 1969, S. 85 ff.; Giloi, Wolfgang: Der Computer und die Rechte des einzelnen. In: Datascope, 1. Jg., Heft 2, 1970, S. 9.

2) Miller, Arthur R.: Der Einbruch in die Privatsphäre - Datenbanken und Dossiers. Neuwied und Berlin 1973, S. 70. Das Projekt sah eine zentrale Erfassung statistischer Daten jedes einzelnen Bürgers der USA vor. Die ablehnende Haltung der Öffentlichkeit war nach Miller vor allem darauf zurückzuführen, daß die Vorschläge nur den Nachweis eines "Maximums an Information" erbrachten, das Problem der Privatsphäre jedoch kaum tangierten.

3) Vgl. Tiedemann, Klaus und Sasse, Christoph: Delinquenzprophylaxe, Kreditsicherung und Datenschutz in der Wirtschaft. Köln 1973, S. 71 ff.

insbesondere das Geschäftsgebaren der Auskunfteien[1] unter die Lupe genommen. Dabei stellte man fest, daß in zahlreichen Fällen die Methoden[2] für die Erfassung der persönlichen Daten indiskret und ungenau waren und die Weitergabe der Daten im Grunde genommen an alle diejenigen erfolgte, die dafür bezahlten. Werden die enormen Ausmaße des amerikanischen Auskunfteiwesens betrachtet (so besitzt z.B. die Associated Credit Bureaus of America (ACB of A), ein Kooperationsverband von ca. 2200 unabhängigen Auskunfteien, Dossiers über 110 Millionen Menschen, und entsprechend hoch kann man die Zahl der jährlich erteilten Auskünfte angeben[3]), dann lag die Notwendigkeit einer gesetzlichen Regelung sehr nahe. Am 26. 10. 1970 erging dann der Fair Credit Reporting Act, der ein halbes Jahr später in Kraft trat (25. 4. 1971). Durch dieses Gesetz wurde der Bereich der Auskünfte über die Kreditwürdigkeit auf dem Kredit-, Versicherungs- und Personalbeurteilungssektor geregelt. Dieses Gesetz zwingt die Auskunfteien insbesondere dazu, die gespeicherten Daten zu aktualisieren, zu berichtigen und gegebenenfalls nicht weiterzugeben. So ist es beispielsweise untersagt, Konkurse nach 14 Jahren, Verhaftungen, uneintreibbare Forderungen, Strafen, Anklage-

---

1) Das Problem des Datenschutzes bei Kreditauskunfteien in den USA wurde ausführlich behandelt von Mallmann, Otto: Kreditauskunfteien und Datenschutz in den Vereinigten Staaten. In: Datenschutz, hrsg. von W. Kilian, K. Lenk und W. Steinmüller. Frankfurt 1973, S. 311 ff.

2) Zu diesen Methoden zählen z.B. auch die sog. investigative consumer reports, bei denen Informationen über den Betroffenen von Nachbarn, Mitarbeitern, Vereinsmitgliedern usw. eingeholt wurden.

3) Vgl. Seidel, Ulrich: Das aktuelle Thema: Datenschutz. Teil I: Rechtsgrundlagen und thematischer Aufriß. In: Online, Zeitschrift für Datenverarbeitung, 11. Jg., Heft 3, 1973, S. 145.

erhebungen usw. nach Ablauf von 7 Jahren weiterzumelden[1].

Nach Erlaß des Fair Credit Reporting Act bestand bis Mitte 1973 eine deutliche Zurückhaltung der Bundesregierung gegenüber "Forderungen nach weiteren legislativen Schritten"[2]. Anfang 1974 wurde von Präsident Nixon in der "State of the Union Address" die Bedrohung der Privatsphäre durch Datenbanken herausgestellt und ein Kabinettsausschuß (Domestic Council Committee on the Right of Privacy) unter Vorsitz des damaligen Vizepräsidenten Gerald Ford initiiert, der Vorschläge für legislative Maßnahmen zu entwickeln hatte. "Legislation on the privacy has, however, been promised by the man who probably stands to gain most from it - Richard Nixon"[3].

Seit Ende 1973 liegt dem Kongreß der Entwurf eines Gesetzes zur Kontrolle von Kriminalinformationssystemen auf Staats- und Bundesebene vor. Als erster Bundesstaat hat Massachusetts für sein Kriminalinformationssystem ein Datenschutzgesetz[4] erlassen. Im Gesetz ist detailliert fixiert, welche Daten gespeichert werden dürfen und wer Zugang zu ihnen hat, wobei die Identität und

---

1) Vgl. Leonhard, Heinrich: Datenschutz in den USA. In: Siemens Data Report, 8. Jg., Heft 5, 1973, S. 22.
2) Birkelbach, Willi: Dritter Tätigkeitsbericht des Hessischen Datenschutzbeauftragten. o.O. 1974, S. 38.
3) o.V.: Nobody's Going to Get Excited About Privacy. In: Computing Europe, 24. 5. 1974, S. 15.
4) An Act Providing for the Establishment and Administration of a Criminal Offender Record Information System, July 19, 1972. In: The Commonwealth of Massachusetts, Acts 1972, Chap. 805, S. 813 ff.

Autorisation der anfragenden Stellen bzw. Personen umfassend geprüft werden. Ein Ausschuß, der im wesentlichen aus Mitarbeitern der mit der Verbrechensbekämpfung, der Strafverfolgung und dem Strafvollzug befaßten staatlichen Stellen zusammengesetzt ist, überwacht die Erfassung, Speicherung, Weitergabe, Benutzung und Löschung der Daten. Neben diesem Ausschuß gibt es speziell für Fragen des Datenschutzes und der Datensicherung ein Gremium, in dem vom Gouverneur ernannte Repräsentanten der Öffentlichkeit, der Verwaltung und der Strafverfolgung tätig sind.

Als sehr aufschlußreich für den Klimaumschwung hinsichtlich des Datenschutzes kann man die Auseinandersetzung des Staates Massachusetts mit der Bundesregierung ansehen. Massachusetts lehnte es ab, sich dem National Crime Informations Center (NCIC) des Federal Bureau of Investigation (FBI) in Washington anzuschließen, bevor nicht auch dort die notwendigen Schutz- und Sicherungsmaßnahmen vorhanden seien. Obwohl die Bundesregierung mit der Kürzung von Bundessubventionen drohte und den Staat auf Anschluß an die Datenbank des NCIC verklagte, hielt man an der Entscheidung fest. Die Rücknahme der Klage wurde allgemein als Anhaltspunkt für die neuerliche Einstellung der Bundesregierung zu dem Problemkreis Datenschutz angesehen[1].

Entwürfe für ein umfassendes Bundesgesetz für Datenschutz (Right to Privacy Act) wurden von Goldwater und Koch am 10. 4. 1974[2] und am 23. 1. 1975[3] dem Repräsentantenhaus zugeleitet. Die beiden Entwürfe, die im

---

1) Vgl. Birkelbach, Willi: Dritter Tätigkeitsbericht ... a.a.O., S. 39 f.
2) Vgl. Congress of the United States (Hrsg.): Right to Privacy Act, H.R. 14163. Washington, 10. 4. 1974.
3) Vgl. Congress of the United States (Hrsg.): Comprehensive Right to Privacy Act, H.R. 1984. Washington, 23. 1. 1975.

wesentlichen identisch sind[1], gehen von zehn Grundsätzen aus:

1. Es sollten keine Datenbanken mit personenbezogenen Daten bestehen, deren Existenz geheim ist.

2. Es dürfen keine Daten gespeichert werden, deren Zweckbestimmung nicht im voraus eindeutig festgesetzt wurde.

3. Die Daten sollten dem Zweck entsprechend, für welchen sie erfaßt wurden, verarbeitet werden.

4. Daten und Informationen dürfen nicht für betrügerische oder unehrliche Zwecke erreichbar sein.

5. Daten und Informationen sollten nicht verwendet werden wenn sie nicht genau und zeitnah sind.

6. Es müssen eindeutige Richtlinien bestehen, mit deren Hilfe jedermann erfahren kann, welche Informationen über ihn gespeichert sind und wie sie verwendet werden.

7. Es sollte ein klar vorgeschriebenes Verfahren geben, welches es dem Einzelnen ermöglicht, ungenaue, veraltete oder unzutreffende Daten zu korrigieren oder zu löschen.

8. Jedes Unternehmen, welches personenbezogene Daten besitzt, hat deren Richtigkeit zu gewährleisten und Vorkehrungen gegen Mißbrauch zu treffen.

---

1) Abweichungen sind z.B. bei dem Personenkennzeichen gegeben.

9. Es sollte ein klar vorgeschriebenes Verfahren geben, das verhindert, daß personenbezogene Daten für einen anderen als den vorgesehenen Zweck ohne Zustimmung des Betroffenen verwandt werden.

10. Die amerikanische Bundesregierung darf keine personenbezogenen Daten sammeln, wenn sie nicht ausdrücklich durch ein Gesetz dazu ermächtigt wird.

Die Entwürfe wollen personenbezogene Daten der natürlichen Personen im öffentlichen und nichtöffentlichen Bereich schützen. Der Begriff der Datenverarbeitung umfaßt insbesondere das Sammeln, Speichern, Verarbeiten und Weitergeben von Daten und ist unabhängig vom angewandten Verfahren. In beiden Entwürfen werden verschiedene organisatorische und technische Maßnahmen vorgeschrieben, die beim Aufbau und dem Betrieb von Datenbanken mit personenbezogenen Daten zu realisieren sind. Zu den wichtigsten zählen[1]:

- das Datenmaterial sollte in erster Linie von dem Betroffenen selbst bezogen werden;

- die Daten sind nach dem Vertraulichkeitsgrad zu klassifizieren, damit die adäquaten Sicherungsmaßnahmen getroffen werden können;

- die in der Datenbank enthaltenen personenbezogenen Daten müssen genau, vollständig und auf dem neuesten Stand sein, um dem Betroffenen gerecht zu werden;

1) Vgl. hierzu auch Schomerus, Rudolf: Neue Überlegungen zum Datenschutz in den Vereinigten Staaten. In: Öffentliche Verwaltung und Datenverarbeitung, 4. Jg., Heft 6, 1974, S. 265.

- eine Dokumentation aller Personen, die regelmäßigen Zugang zu einer Datenbank haben, ist zu erstellen;

- jeder außerhalb der normalen Verwendung der Datei liegende Zugriff soll protokolliert werden;

- die Personen, die bei der Planung, dem Aufbau und dem Betrieb der Datenbank tätig sind, müssen mit den Vorschriften des Gesetzes vertraut gemacht werden;

- geeignete Sicherungsmaßnahmen gegen mögliche Gefährdungen und Risiken sind vorzusehen;

- einmal jährlich müssen Datenbanken, die personenbezogene Daten enthalten, an eine Aufsichtsbehörde gemeldet werden;

- für jährliche Veröffentlichungen in der Presse (über Bezeichnung der Datenbank, Zweck, Datenbeschreibung, Quellen der Daten usw.) ist zu sorgen;

- spätestens zwei Jahre nach Inkrafttreten des Gesetzes sind alle Personen, deren Daten in Datenbanken gespeichert sind, über die Daten und deren voraussichtliche Verwendung zu benachrichtigen.

Der Betroffene soll eine Reihe von Rechten erhalten. Hierzu zählen insbesondere:

- jeder, der personenbezogene Daten für eine Datenbank liefert, ist zu verständigen;

- jedermann hat ein Auskunftsrecht, das durch persönliches

Erscheinen oder durch schriftliche Anfragen wahrgenommen werden kann;

- der Betroffene hat das Recht, daß Daten, die unrichtig sind, berichtigt werden;

- die vom Betroffenen veranlaßten Korrekturen, Löschungen und Gegendarstellungen von Daten, sind allen früheren Empfängern der Daten mitzuteilen.

Die Überwachung des Gesetzes soll durch den "Federal Privacy Board" erfolgen, der 5 Mitglieder hat, die vom Präsidenten auf Vorschlag und Zustimmung des Senats ernannt werden. Die Mitgliedschaft ist zunächst auf 3 Jahre vorgesehen. Eine Verlängerung auf weitere 3 Jahre ist möglich. Nicht mehr als 3 Mitglieder dürfen derselben Partei angehören. Die wesentlichen Aufgaben dieses Ausschusses sollen sein:

- ein jährlich neu zu erstellendes Verzeichnis über die personenbezogenen Datenbanken (Adressen, Charakteristiken) zu veröffentlichen;

- Datenbanken zu überprüfen, bei welchen vermutet wird, daß die gesetzlichen Bestimmungen nicht eingehalten werden;

- Richtlinien für die praktische Anwendung dieses Gesetzes zu erstellen;

- Hearings über Fragen der Ausnahmeregelungen, Anwendungen und Rechtsprobleme zu diesem Gesetz durchzuführen. Der Ausschuß soll jedoch nicht die Befugnis haben, z.B. Ausnahmen zu genehmigen. Er kann jedoch geeignete Vorschläge dem Kongreß unterbreiten;

- jährlich einen Tätigkeitsbericht dem Kongreß und dem Präsidenten zu übergeben.

Ein weiterer Entwurf wurde von Ervin[1)] am 1. 5. 1974 dem Senat zugeleitet. Zweck dieses Entwurfes ist es: "To establish a Federal privacy Board to oversee the gathering and disclosure of information concerning individuals, to provide management systems in Federal agencies, State and local governments, and other organizations regarding such information, and for other purposes". Auf der Grundlage des ersten Entwurfes von Goldwater/Koch und dem Entwurf von Ervin wurde ein Gesetzestext erarbeitet, der zunächst nur den Schutz personenbezogener Daten, die in Dateien der Bundesbehörden gespeichert sind, erfaßt. Präsident Ford hat am 1.1. 1975 diesen Entwurf unterzeichnet, nachdem ihn der Kongreß gebilligt hatte. Ziel dieses Gesetzes[2)] ist es, bestimmte Vorkehrungen zum Schutz der Privatsphäre des Einzelnen zu treffen. Der Einzelne hat u.a.

- das Recht, darüber zu bestimmen, welche personenbezogenen Daten von den Bundesbehörden gesammelt, gespeichert, verarbeitet oder weitergegeben werden dürfen;

---

1) Vgl. Congress of the United States (Hrsg.): Federal Privacy Board, S. 3418, Report No. 93-1183. Washington, 1. 5. 1974. Sen. Sam J. Ervin, der sich über Jahre hinweg mit den Fragen des Datenschutzes beschäftigte, stellte in einer Studie, die er in vier Jahren erarbeitete, fest, daß "the US government maintains 858 data banks containing more than 1000 million records on US citizens. Half do not allow people to review or correct their files, and 40 per cent do not even tell people they are in the data bank. Twenty-nine data banks are primarily of derogatory information-black lists and the like". Hanlon, Joseph: Privacy Impact Statements in US? In: New Scientist, Vol. 63, No. 915, 1974, S. 720.

2) Vgl. Public Law 93-579, 93rd Congress, Washington 31. 12. 1974.

- das Recht zu verhindern, daß personenbezogene Daten, die die Bundesbehörden für einen bestimmten Zweck von ihm erhalten haben, ohne seine Zustimmung zweckentfremdet werden;

- die Möglichkeit, die über ihn von Bundesbehörden gespeicherten Daten einzusehen (er kann eine Kopie von allen oder einem Teil der Daten erhalten), sie zu berichtigen oder zu löschen.

In der Kommentierung[1)] dieses Gesetzes wird der Grundsatz der Selbstbestimmung des Einzelnen, der sich aus den obengenannten Rechten ergibt, besonders hervorgehoben. Daneben enthält das Gesetz wesentliche Bestimmungen über die Führung von Datenbanken. Es verlangt u.a., daß

- es keine geheimen Datenbanken innerhalb der öffentlichen Verwaltung geben darf;

- die notwendigen Bemühungen hinsichtlich der Wahrheit und Vollständigkeit der Daten unternommen werden, um eine richtige Entscheidung gegenüber dem Einzelnen zu gewährleisten;

- die adäquaten organisatorischen, technischen und physischen Maßnahmen[2)] zur Realisierung des Datenschutzes ergriffen werden;

---

1) Vgl. z.B. Schindel, Jost: Das amerikanische Datenschutzgesetz von 1974. Heft 3 der Beiträge zum Datenschutzgesetz, hrsg. von W. Birkelbach. Wiesbaden 1975, S. 6.
2) Besondere Beachtung wird hierbei der Protokollierung bei der Weitergabe von Daten geschenkt. Zum Problem der Protokollierung siehe Abschnitt 2.1.3.4.

- wenigstens einmal im Jahr im Bundesanzeiger[1] eine Bekanntmachung[2] über das Bestehen und die Art der Datenbank veröffentlicht wird.

Ausgenommen vom Gesetz sind Dateien, die für die Sicherheit der USA bedeutsam sind, wie z.B. die Datenbestände der Central Intelligence Agency (CIA).

Die wesentliche Aufgabe der "Privacy Protection Study Commission" besteht darin, die Datenbanken, Informationssysteme und Datenverarbeitungsprogramme von Regierungs-, regionalen und privaten Organisationen zu untersuchen, um die in Kraft befindlichen Grundsätze und Verfahren für den Schutz und die Sicherung personenbezogener Daten zu erfassen und zu ermitteln, in welchem Umfang öffentliche und private Datenbanksysteme die Beziehungen zwischen Bund und Bundesstaaten oder den Grundsatz der Gewaltentrennung beeinträchtigen[3]. Hierüber hat die Kommission

---

1) "Federal Register".
2) Die Bekanntmachung enthält im wesentlichen: Name der Datenbank und Ort, wo sie sich befindet; die Personenkategorien, die Benutzungsart und den Zweck der Benutzung; die Dienstbezeichnung und -adresse des Beamten, der in der Behörde für die Datenbank verantwortlich ist; die behördlichen Verfahren, wodurch ein Einzelner auf seinen Antrag hin benachrichtigt werden kann, ob in der Datenbank über ihn Daten gespeichert sind, wie er Zugang zu diesen Daten erhalten kann und wie er deren Inhalt bestreiten kann; die Kategorien der Quellen der in der Datenbank gespeicherten Daten.
3) Nach Ansicht des ersten Hessischen Datenschutzbeauftragten kann die Bedeutung dieser Kommission nicht hoch genug eingeschätzt werden, da sie aufgrund ihrer Befugnisse und Detailkenntnisse in der Lage sein sollte, bereichsspezifische Datenschutzregelungen für die verschiedensten Geräte herbeizuführen. Vgl. Hessischer Landtag (Hrsg.): Vierter Tätigkeitsbericht des Hessischen Datenschutzbeauftragten, vorgelegt zum 31. März 1975. 8. Wahlperiode, Drucksache 8/438, S. 12.

die Regierung und den Kongreß spätestens zwei Jahre nach der Ernennung aller Mitglieder der Kommission zu informieren und zu beraten.

Die Kommission setzt sich aus drei vom Präsidenten der USA, zwei vom Präsidenten des Senats und zwei vom Speaker des Repräsentantenhauses ernannten Mitgliedern zusammen. Aufgrund ihrer weitreichenden Befugnisse kann sie z.B. Zeugen anhören und vereidigen, durch Ordnungsstrafen deren Vorladung oder die Vorlage von Beweismaterial erzwingen und vertragliche Vereinbarungen mit staatlichen Stellen und Körperschaften sowie Firmen abschließen.

2.1.1.2 Stand in Europa

Im folgenden wird ein kurzer Überblick über die in Europa vorhandenen Datenschutzgesetze bzw. die wesentlichsten Entwürfe und Regelungen zu diesem Problemkreis gegeben. Diesen Ausführungen kann man entnehmen, welche Bedeutung dem Schutz der Privatsphäre in den einzelnen Ländern gewidmet wird, und welche Anforderungen sich daraus für den Aufbau von Datensicherungssystemen ergeben. Die umfassenden Aktivitäten auf nationaler Ebene lassen nach Wittkämper den Schluß zu, "daß bis 1980 die meisten entwickelten Staaten der Welt Datenschutzgesetze einführen werden"[1]. Dieser Prognose kann sich der Verfasser voll anschließen. Auch auf internationaler Ebene gibt es inzwischen verschiedene Aktivitäten. Das Minister-Komitee des Europa-Rats hat am 26. 9. 1973 die Entschließung 22 über den Schutz der Privatsphäre natürlicher Personen

1) Wittkämper, Gerhard W.: Datenschutz in Deutschland. In: Neue Züricher Zeitung, 22. 9. 1974, S. 37.

gegenüber elektronischen Datenbanken nichtöffentlichen Charakters verabschiedet. In dieser wird u.a. zum Ausdruck gebracht, daß es - vor der etwaigen Ausarbeitung eines internationalen Abkommens - dringend notwendig ist, schon jetzt Vorkehrungen zu treffen, um die bereits heute vorhandenen Unterschiede in der Gesetzgebung nicht noch zu vergrößern. Die Expertenausschüsse im Rahmen des Europa-Rats und in der Organisation für wirtschaftliche Zusammenarbeit und Entwicklung (OECD) beschäftigen sich seit einer Reihe von Jahren intensiv mit diesem Problem[1]. Die von ihnen entwickelten Grundsätze[2] für die Speicherung und Verarbeitung personenbezogener Daten in Datenbanken dürften bei den meisten europäischen Ländern Beachtung gefunden haben.

S c h w e d e n hat mit Gültigkeit ab 1. Juli 1973 als erstes europäisches Land ein Datenschutzgesetz, das die Errichtung und den Betrieb von Datenbanken mit personenbezogenen Daten ("Register") im privaten und im öffentlichen Bereich eingehend regelt. Der Schutz gilt dabei nur für die persönlichen Daten, die automatisiert verarbeitet und gespeichert werden. Nach Ansicht des Vorsitzenden des Ausschusses[3] für Daten-

---

1) Vgl. Wittkämper, Gerhard W.: Datenschutz in Deutschland, a.a.O., S. 37; siehe auch Seipel, Peter: Legal Controls of the Storage and Use of Personal Data. In: Data, No. 5, 1974, S. 46.

2) Vgl. z.B. den Anhang zur Entschließung 22 "über den Schutz der Privatsphäre natürlicher Personen gegenüber elektronischen Datenbanken nichtöffentlichen Charakters"; vgl. auch Stadler, Gerhard: Datenschutz - Resolution des Europarates. In: Öffentliche Verwaltung und Datenverarbeitung, 5. Jg., Heft 3, 1975, S. 114 f.

3) Vgl. Bloor, Judith: Data Bank Control Begins in Sweden. In: New Scientist, Vol. 63, No. 915, 1974, S. 718; vgl. hierzu auch Skole, Robert: Sweden Enacts Privacy Law. In: Electronics, Vol. 46, No. 15, 1973, S. 73.

schutz Claes-Göran Källner dürfte es in Schweden 5.000 Datenbanken mit personenbezogenen Daten geben, darunter etwa 500, die vom Staat oder den Gemeinden unterhalten werden. Die Verarbeitung und Speicherung von Daten in anderer Form ist in hohem Umfang durch andere Gesetze normiert.

Das schwedische Datenschutzgesetz basiert auf dem Prinzip der Fremdkontrolle. Die Kontrollfunktion wurde einem Ausschuß für Datenschutz übertragen ("Dateninspektion"), der aus einem beamteten Vorsitzenden und acht weiteren Mitgliedern besteht, die von der Regierung ernannt werden. Der Ausschuß hat vorwiegend zwei Aufgaben wahrzunehmen:

1. Die Lizenzerteilung zum Betrieb von Datenbanken mit personenbezogenen Daten (§§ 2-7) und

2. Die Überwachung bereits im Betrieb befindlicher Datenbanken (§§ 15-19)[1].

Die Lizenz wird erteilt, wenn angenommen werden kann, daß keine Voraussetzungen vorhanden sind, die eine unzulässige Beeinträchtigung der "Integrität der aufgeführten Person"[2] vermuten lassen. Soweit der Schutz der Privatsphäre dies erfordert, kann der Ausschuß u.a. Regelungen hinsichtlich des Zweckes der Datenbank, der Art der zu speichernden Daten, der technischen Ausrü-

---

1) Vgl. The Federation of Swedish Industries (Hrsg.): Swedish Data Act. Stockholm 1974, S. 10 ff.

2) Schwedisches Institut (Hrsg.): Das schwedische Datengesetz. In: Aktuelle Informationen aus Schweden, Nr. 4, Juli 1973, S. 3.

stung, der organisatorischen Sicherungsmaßnahmen, der Benachrichtung der Betroffenen und der Weitergabe der Daten treffen. Der Ausschuß ist jedoch nicht nur zum Erlaß von den auf den Einzelfall bezogenen Regelungen ermächtigt, sondern er kann auch Verordnungen erlassen[1]. Für das Speichern sehr sensitiver Daten (z.B. Angaben über Krankheiten, politische und religiöse Ansichten) müssen besondere Gründe vorliegen, wobei dem Datenhalter - im Gesetz "Verantwortlicher" genannt - die Beweislast für die Dringlichkeit des Informationsbedarfes zufällt. Der Datenhalter hat die Verpflichtung, nur richtige Daten zu führen. Sind Angaben nicht richtig, dann müssen diese korrigiert, gelöscht oder ergänzt werden.

Das Gesetz gibt jeder registrierten Person das Recht, einmal jährlich auf Antrag zu erfahren, welche Informationen über sie gespeichert sind. Diese Auskunft, die kostenlos ist, muß so rasch wie möglich gegeben werden. Von dem Recht auf Auskunft machten in den Monaten Juli und August 1973, also kurz nach dem Inkrafttreten des Gesetzes, 8.000 Personen Gebrauch[2]. Verschiedene Angaben sind von der Auskunftspflicht ausgenommen. Einer besonderen Erlaubnis der Dateninspektion bedürfen alle diejenigen Personenangaben, die im Ausland maschinell weiterverarbeitet und gespeichert werden sollen (§ 11). Mit dieser Vorschrift soll der Umgehung des Gesetzes durch Errichtung von Datenbanken im Ausland mit Daten über schwedische Bürger entgegengewirkt werden[3]. Er-

---

1) Vgl. Mallmann, Otto: Datenschutz in Schweden: Das neue Datengesetz. In: Öffentliche Verwaltung und Datenverarbeitung, 4. Jg., Heft 1, 1974, S. 31.
2) Vgl. Bloor, Judith: a.a.O., S. 718.
3) Nach Ansicht namhafter Sachverständiger ist es, solange es an internationalen Datenschutzregelungen fehlt, Aufgabe des nationalen Gesetzgebers, Schutzvorrichtungen zu treffen. Vgl. Mallmann, Otto: Datenschutz in Schweden: Das neue Datengesetz, a.a.O., S. 32.

leidet der Betroffene durch unrichtige Datenweitergabe Schaden, dann ist der verantwortliche Verwalter der Datei schadensersatzpflichtig. Interessant ist, daß in diesem Falle kein Verschulden des Datenhalters vorliegen muß und auch immaterielle Schäden zu ersetzen sind.

Hinsichtlich des unbestimmten Begriffes der Privatsphäre[1] zielt das Gesetz auf eine Abwägung zwischen den erforderlichen Maßnahmen der Wirtschaft und Verwaltung einerseits und den persönlichen Schutzinteressen andererseits. Da diese Beurteilung auf Maßstäben aufbaut, die stark wechseln können, verzichtete man in hohem Umfang auf kasuistische Regelungen. Nach Lidin[2] ist

---

1) Innerhalb der internationalen Datenschutzdiskussion hat das Problem der Bestimmung der Privatsphäre einen hohen Stellenwert. Der Begriff der Privatsphäre wird in der Literatur nicht einheitlich verwendet. Klar dominierend sind die Ansichten, daß die Privatsphäre kein Absolutum ist. Über Inhalt und Funktion der Privatsphäre vgl. u.a. Westin, Alan: Der Mensch und seine Privatsphäre. In: IBM-Nachrichten, 20. Jg., Heft 201, 1970, S. 189 ff. und Heft 202, S. 289 ff.; Mallmann, Christoph: Das Problem der Privatsphäre innerhalb des Datenschutzes. In: Datenschutz - Datensicherung, Heft 5 der Beiträge zur integrierten Datenverarbeitung in der öffentlichen Verwaltung, hrsg. von der Siemens AG. München 1971, S. 19 ff.; Podlech, Adalbert: Verfassungsrechtliche Probleme öffentlicher Informationssysteme. In: Datenverarbeitung im Recht, 1. Jg., Heft 2/3, 1972, S. 154 ff.; Müller, Christa: Inhalt und Funktion der Privatsphäre - eine kritische Darstellung. In: Datenverarbeitung in Steuer, Wirtschaft und Recht, 2. Jg., Heft 17, 1973, S. 50 ff.; Steinmüller, Wilhelm: Objektbereich "Verwaltungsautomation und Prinzipien des Datenschutzes". In: Datenschutz, hrsg. von W. Kilian, K. Lenk und W. Steinmüller. Frankfurt 1973, S. 67.

2) Vgl. Lidin, Karl Olaf: Das schwedische Datengesetz. Veröffentlichtes Manuskript im Rahmen der vom ADL-Verband für Informationsverarbeitung e.V. veranstalteten Tagung "Datenschutz in Theorie und Praxis - Beispiele aus Europa". Kiel, 28. - 30. 6. 1973, S. 3.

das Gesetz ein Instrument, "um die Entwicklung auf dem Gebiet der DV zu überwachen". Die adäquate Anwendung dieses Instrumentes ist die zweite wesentliche Aufgabe der Dateninspektion. Zur Wahrnehmung ihrer Überwachungsaufgabe hat sie das Recht, die für die Kontrolle notwendigen Einsichten in die Dokumentation der Verfahrensabläufe und Programme zu erhalten und alle Räumlichkeiten, in denen die maschinelle Datenverarbeitung erfolgt, zu betreten. Dabei sind die durch die Überwachung hervorgerufenen Kosten und Umstände auf das Erforderliche zu beschränken. Sind unerlaubte Tatbestände gegeben, dann kann der Ausschuß ergänzende Vorschriften erlassen, die Erlaubnis zurückziehen oder den für die Datei Verantwortlichen zu einer Geldstrafe verklagen[1]. Die Entscheidungen der Dateninspektion können im Einzelfall von der Regierung überprüft werden. Die Dateninspektion wird von einer Direktion geführt, deren Mitglieder die Regierung unter dem Aspekt der erforderlichen Sachkenntnis benennt.

Für Auskünfte im Kreditbereich ist ein Spezialgesetz vorgesehen. Der Entwurf enthält u.a.[2]:

- die Betätigung auf dem Gebiet der Kreditauskunft ist genehmigungsbedürftig;

- der Betroffene darf durch die weitergegebenen Daten nicht ungebührlich in seiner persönlichen Integrität beeinträchtigt werden;

- bei besonders sensitiven Daten (wie z.B. Daten über Krankheiten, Kriminalität oder Alkoholmißbrauch),

---

1) Bemerkenswert ist die Prägung des neuen strafrechtlichen Begriffes "dataintrång". Ein entsprechender deutscher Begriff ist noch nicht gefunden.
2) Vgl. hierzu: Birkelbach, Willi: Dritter Tätigkeitsbericht ... a.a.O., S. 41 f.

die älter als drei Jahre sind, dürfen keine Mitteilungen mehr erfolgen;

- das Recht des einzelnen, Kreditauskünfte über seine Person generell zu verbieten;
- die kostenlose Benachrichtigung des Betroffenen, wenn negative Auskünfte über ihn erteilt wurden;
- ein Auskunftsrecht über eigene Daten und über erteilte Auskünfte;
- ein Berichtigungsanspruch bei Speicherung und Weitergabe falscher Daten;
- Haftungs- und Strafvorschriften.

In D ä n e m a r k basieren die Überlegungen zur Schaffung einer umfassenden gesetzlichen Regelung des Datenschutzes auf den bereits vorhandenen Bestimmungen über den Schutz der Privatsphäre in einzelnen Gesetzen. Während datenschutzrechtliche Fragen aus dem Grundgesetz nicht beantwortet werden können, wie in den meisten europäischen Ländern, enthalten z.B. das Strafgesetz, das Gesetz über die Öffentlichkeit der Verwaltung, das Gesetz über das Meldewesen sowie verschiedene Verwaltungsvorschriften Bestimmungen über Schutzmaßnahmen bei der Erfassung, Verarbeitung und Weitergabe personenbezogener Daten[1]. Im dänischen Strafgesetz finden sich

---

1) Vgl. Elbaek-Jörgensen, K. und Lassen, B.: Datenschutz in Dänemark. Veröffentlichtes Manuskript im Rahmen der vom ADL-Verband für Informationsverarbeitung e.V. veranstalteten Tagung "Datenschutz in Theorie und Praxis - Beispiele aus Europa". Kiel, 28. - 30. 6. 1973, S. 1 ff.; Segert, Paul: International problematischer Datenschutz. In: VDI-Nachrichten, 27. Jg., 8. 8. 1973, S. 1.

u.a. Bestimmungen über den Schutz der Privatsphäre wie z.B. die unberechtigte Weitergabe von personenbezogenen Daten und die Verschwiegenheitspflicht von Beamten und Angestellten des öffentlichen Dienstes. Seit 1972 werden die Bestimmungen über die Verschwiegenheitspflicht auch auf solche Personen in privaten Dienstverhältnissen angewandt, die ohne Zustimmung der betroffenen Behörde Informationen ausnutzen oder an Dritte weitergeben, soweit diese Informationen von einer öffentlichen Behörde herrühren und der Zugang zu diesen Informationen aus Anlaß einer automatisierten Verarbeitung oder Aufbewahrung im Auftrag einer Behörde erfolgt ist. Das 1970 in Kraft getretene Gesetz über die Öffentlichkeit der Verwaltung bestimmt, daß der Bürger Zugang zu allen ihn selbst betreffenden öffentlichen Registrierungen hat und der Zugang zu solchen über "persönliche und finanzielle Verhältnisse anderer" ausgeschlossen ist. Das Gesetz über das Meldewesen regelt die Verwaltung der personenbezogenen Daten im zentralen Einwohnerregister.

Bereits 1968 wurde ohne große Diskussion der Öffentlichkeit ein Personenkennzeichen eingeführt. Die Daten der kommunalen Melderegister hat man unter dem Suchbegriff des Personenkennzeichens auf Magnetbänder übertragen. Ein Satz umfaßt im wesentlichen folgende Daten: Personenkennzeichen, Name, Wohnort, Datum des Zuzuges in die Gemeinde, Geburtsort, Eheschließung (Datum, Ort, Behörde), Konfession, Staatsbürgerschaft, Entmündigung, Beruf, Wehrpflicht und besondere Verhältnisse. Jedes Auskunftsersuchen muß von einem besonderen Ausschuß beim Innenministerium entschieden werden. Bei der heute gegebenen sequentiellen Bestandsführung sind beim wöchentlichen Änderungsdienst und bei der Aufbewahrung der Daten verschiedene organisatorische

Kontrollen wie closed-shop-Betrieb, Anwesenheit von mindestens zwei Maschinenbedienern, Regelungen für die Entnahme von Magnetbändern aus dem Archiv gegeben. Ab 1976 soll das Einwohnerregister auf direkten Zugriff über Datenstationen umgestellt werden. Da der Zugriff zu den Daten dann über alle Melderegister Dänemarks (277) möglich ist, wird man mittels komplexer Schutztabellen die Identifikation und Autorisation der Benutzer überprüfen[1]. In einer Reihe von Verwaltungsvorschriften wird die Weitergabe von Auskünften an Privatpersonen, in einzelnen Fällen auch an Behörden, untersagt. Diese Vorschriften beziehen sich z.B. auf das Strafregister, Einwohnerregister und Kraftfahrzeugregister.

In Großbritannien wurde 1971 von dem Abgeordneten Huckfield der "Control of Personal Information Act" ins Unterhaus eingebracht[2]. Dieser Entwurf hatte den Schutz personenbezogener Daten beim Aufbau und Betrieb von Datenbanken zum Ziel. Die Erlaubnis für den Betrieb von Datenbanken sollte von einem mit richterlicher Unabhängigkeit ausgestatteten "Data Bank Tribunal" erteilt werden. Von größerer Bedeutung für die Datenschutzdiskussion ist der 1972 von einer von der britischen Regierung eingesetzten Untersuchungskommission veröffentlichte Bericht über die Notwendigkeit gesetzgeberischer Maßnahmen zum Schutz der Privatsphäre.

---

1) Vgl. Elbaek-Jörgensen, K. und Lassen, B.: a.a.O., S. 4 f.

2) Zum Stand der Diskussion vor 1971 siehe u.a. Baker, Kenneth: A Bill to Prevent the Invasion of Privacy Through the Misuse of Computer Information. In: Computers and Automation, Vol. 18, No. 8, 1969, S. 13 f.; Campbell, Alan und Woods, Alan: Computers and Freedom. In: Law and Computer Technology, Vol. 2, No. 6, 1969, S. 3 ff.; o.V. Lord Halsbury Speaks on Computer Privacy. In: Computers and Automation, Vol. 19, No. 7, 1970, S. 42 f.

Die Studienergebnisse basieren auf einer zweijährigen Untersuchung der Datenschutzprobleme im privaten Bereich. Auf Grund der vorhandenen Regelungen hält man die datenschutzrelevanten Gefahren in der öffentlichen Verwaltung nicht für kritisch. Die Studie, die ihre Aussagen durch empirisches Material untermauert, bringt u.a. zum Ausdruck[1]:

- der Begriff "privacy" sollte sich nicht nur auf ein Reservat privater Intimität beschränken, sondern umfassend im Sinne des Anspruches auf Sicherung persönlicher Autonomie im Bereich des öffentlichen Lebens interpretiert werden;

- ein alle Bereiche umfassendes Gesetz erscheint nicht sinnvoll, da die rechtlichen und praktischen Konsequenzen nur zum Teil überschaubar seien;

- es wird die Errichtung einer Aufsichtsbehörde ("standing commission") gefordert, die unabhängig ist und über eigene Datenverarbeitungssysteme verfügt;

- die wesentliche Aufgabe der Aufsichtsbehörde besteht darin, die Entwicklung des Einsatzes automatisierter Datenverarbeitungsverfahren bei der Verarbeitung personenbezogener Daten zu beobachten und geeignete Sicherungsmaßnahmen für die einzelnen Gefahrenbereiche vorzuschlagen.

---

1) Vgl. hierzu auch Thiedemann, Klaus und Sasse, Christoph: a.a.O., S. 86 f.; Madgwick, Donald und Smythe, Tony: The Invasion of Privacy. London 1974, S. 37 ff.; Schimmel, Wolfgang und Steinmüller, Wilhelm: Rechtspolitische Problemstellung des Datenschutzes. In: Datenbanken und Datenschutz, hrsg. von A. Bellebaum. Frankfurt und New York 1974, S. 120 f.

In Österreich wurde 1971 im Rahmen des Koordinationskomitees für die ADV im Bereiche des Bundes unter dem Vorsitz des Bundeskanzleramtes-Verfassungsdienst eine Arbeitsgruppe 'Datenschutz' eingesetzt. Diese Arbeitsgruppe erstellte am 20. 2. 1973 einen ersten Vorentwurf für ein Datenschutzgesetz, der eine verfassungsrechtliche Absicherung des Rechtes auf Schutz der Privatsphäre vorsah. Nach Anhörung der unmittelbar berührten Bundesministerien für Finanzen, für Handel, Gewerbe und Industrie, für Justiz, für Landesverteidigung und für soziale Verwaltung hat das Bundeskanzleramt-Verfassungsdienst am 1. 8. 1973 einen zweiten Referentenentwurf einem allgemeinen Begutachtungsverfahren zugeleitet[1]. Dieser Referentenentwurf für ein "Bundesgesetz über den Datenschutz bei Einrichtungen des Bundes"[2] beschränkte sich auf die Verarbeitung personenbezogener Daten der natürlichen oder juristischen Person in Dateien, die von Einrichtungen des Bundes errichtet werden (§ 1). Dazu zählen insbesondere auch die Dateien von Körperschaften des öffentlichen Rechts, Stiftungen, Anstalten und Fonds des Bundes. Der Begriff der Datenverarbeitung, der wie die anderen Definitionen zu den Begriffen der Datenverarbeitung Parallelen zu dem deutschen Entwurf zeigte, sollte losgelöst vom Verfahren sein. Deshalb beschränkte sich der Gesetzentwurf nicht auf eine Regelung nur der automatisierten Datenverarbeitung. Für die Durchführung des Datenschutzes wurde für jede Datei eine Datei-Betriebsordnung (§ 4)

---

1) Vgl. die Erläuterungen zum 3. Entwurf eines "Bundesgesetzes über den Datenschutz bei öffentlichen Datenbanken (Bundes-Datenschutzgesetz)", Beilage B zu GZ 51.500-2d/74, S. 5.

2) Vgl. Bundeskanzleramt der Republik Österreich: Referentenentwurf für ein "Bundesgesetz über den Datenschutz bei Einrichtungen des Bundes", 1. 8. 1973, GZ 33.969-2d/73.

und die Bestellung eines Datenschutzbeauftragten (§ 5) vorgeschlagen. Die Datei-Betriebsordnung sah die Sicherung jeder Datei durch geeignete organisatorische, personelle und technische Maßnahmen vor, so daß personenbezogene Daten durch Dritte weder eingesehen noch verändert oder gelöscht werden konnten. Außerdem wurde in der Datei-Betriebsordnung die Weitergabe personenbezogener Daten geregelt. Der Datenschutzbeauftragte, der für jede Einrichtung des Bundes, bei der eine oder mehrere Dateien errichtet sind, zu ernennen war, sollte die Einhaltung dieses Bundesgesetzes überwachen und der Volksanwartschaft jährlich einmal über den Aufbau und den Einsatz der Dateien berichten. Dem Betroffenen wurde das Recht auf Bekanntgabe der ihn betreffenden gespeicherten Daten eingeräumt. Dieser Rechtsanspruch sollte nur dann ausgeschlossen sein, wenn es sich um Daten handelte, die auf Grund einer gesetzlichen Anordnung auch ihm gegenüber geheimzuhalten sind.

Die Ergebnisse eines Begutachtungsverfahrens[1)] sowie das gegebene parlamentarische Interesse führten im Mai 1974 zu einem dritten Entwurf eines "Bundesgesetzes über den Datenschutz bei öffentlichen Datenbanken (Bun-

---

1) Die Gutachten zielten u.a. darauf ab, auch die Datenbanken der Länder, der Gemeinden und der Selbstverwaltungskörper mit einzubeziehen, den Datenschutzbeauftragten der gesetzgebenden Gewalt zuzuordnen und das Auskunftsrecht für Abgeordnete über Individualdaten abzulehnen. Vgl. Erläuterungen zum 3. Entwurf ... a.a.O., S. 5 f.

des-Datenschutzgesetz)"[1]. Auch in diesem Entwurf wurde auf eine Einbeziehung von privaten Datenbanken verzichtet, da, wie es in den erläuternden Bemerkungen[2] heißt, "die hierfür zu erlassenden Bestimmungen wesentlich anderen Inhalt haben müßten als die für öffentliche Datenbanken vorgesehenen und mit dem Recht der Wirtschaftsaufsicht im Zusammenhang stehen". Der dritte Entwurf erfaßte nun die Datenbanken des Bundes und Datenbanken juristischer Personen des öffentlichen Rechts, die durch Bundesgesetz errichtet sind. Datenbanken der Länder und Gemeinden sollten bis zum Inkrafttreten von Landesgesetzen, die den Schutz personenbezogener Daten in Datenbanken gewährleisten, unter das Gesetz fallen (§ 4). Der Entwurf ging von folgenden Grundsätzen aus:

- die Verarbeitung personenbezogener Daten erfordert eine ausdrückliche gesetzliche Ermächtigung (§ 6);
- für jede Datenbank ist durch Verordnung des zuständigen Bundesministers eine Betriebsordnung zu erlassen (§ 7,1);
- personenbezogene Daten einer Datenbank dürfen mit in anderen Datenbanken gespeicherten Daten nur insoweit verbunden werden, als dies gesetzlich ausdrücklich vorgesehen ist (§ 9);

---

1) Vgl. Bundeskanzleramt der Republik Österreich: Referentenentwurf für ein "Bundesgesetz über den Datenschutz bei öffentlichen Datenbanken" (Bundes-Datenschutzgesetz), Mai 1974, GZ 51.500-2d/74. Detaillierte Analysen dieses Entwurfes finden sich in Dohr, Walter: Datenschutz in Österreich. In: Öffentliche Verwaltung und Datenverarbeitung, 4. Jg., Heft 11, 1974, S. 513 ff.; Stadler, Gerhard: Zum Entwurf eines österreichischen Bundes-Datenschutzgesetzes. In: Öffentliche Verwaltung und Datenverarbeitung, 4. Jg., Heft 9, 1974, S. 439 ff.; Österreichische Gesellschaft für Politik: Der Bürger in der Informationsgesellschaft. Materialien zum Datenschutz in Österreich. Wien o.J.

2) Erläuterungen zum 3. Entwurf ... a.a.O., S. 9.

- das Recht des Betroffenen auf Auskunft (§ 10) und Berichtigung bzw. Löschung unrichtiger, unvollständiger oder entgegen der Bestimmung des § 6 verarbeiteter personenbezogener Daten von Amts wegen (§ 11);
- Einrichtung einer Bundes-Datenschutzkommission, die die Einhaltung der Bestimmungen zu gewährleisten hat.

Im Juli 1974 wurde von der großen Oppositionspartei (ÖVP) ein ergänzender Initiativantrag [1] für ein Bundesverfassungsgesetz eingebracht. Die wesentlichsten Ergänzungen zum Referentenentwurf sind die Einbeziehung des privaten Sektors und die Möglichkeit, daß die betroffenen Bürger ihre Rechte verfassungsgesetzlich geschützt wissen sollten. Von den Initiatoren wird ein Verfassungsgesetz für notwendig erachtet, um einen wirkungsvollen Datenschutz zu gewährleisten. Hinsichtlich des Datenschutzinstrumentariums (Recht auf Auskunft, Berichtigung usw.) weist der Initiativantrag im wesentlichen Übereinstimmung mit dem dritten Regierungsentwurf auf. Dieser dritte Entwurf wurde einem weiteren Begutachtungsverfahren unterworfen, in dem sich die Bundesministerien, die Landesregierungen, die Interessenvertretungen u.a. zum Aufbau und Inhalt des Entwurfes äußern konnten. Wesentliche Ergebnisse dieses Begutachtungsverfahrens waren[2]:

---

1) Vgl. Initiativantrag der Abgeordneten Dr. Ermacora, Dr. Hauser, Dr. Blenk, Dr. Gruber, Dr. Pelikan und Genossen betreffend ein Bundesverfassungsgesetz über Datenschutz und Datensicherung vom 10. 7. 1974, Nr. 125/A.

2) Vgl. Österreichische Bundesregierung: Regierungsvorlage für ein "Bundesgesetz über den Schutz personenbezogener Daten" (Datenschutzgesetz-DSG). 1423 der Beilagen zu den stenographischen Protokollen des Nationalrates, XIII. Gesetzgebungsperiode, 18. 12. 1974, Erläuterungen, S. 13 ff.; Stadler, Gerhard: Die Regierungsvorlage des österreichischen Datenschutzgesetzes. In: Öffentliche Verwaltung und Datenverarbeitung, 5.Jg., Heft 2, 1975, S. 81 ff.

- von fast allen Stellen wurde die Nichteinbeziehung der privaten Datenbanken als wesentlicher Mangel des Entwurfes angesehen;
- gegen den Schutz auch juristischer Personen wurde nicht Stellung genommen;
- die Notwendigkeit der Erlassung von Datenbank-Betriebsordnungen wurde allgemein begrüßt. Man forderte aber schon im Gesetz nähere inhaltliche Determinierungen;
- die Einrichtung von Datenschutzkommissionen wurde gegegenüber Datenschutzbeauftragten, die im dritten Entwurf vorgesehen waren, für zweckmäßiger erachtet;
- die Anwendung des Datenschutzgesetzes auch auf manuell geführte Datenbanken wurde unterschiedlich kommentiert;
- die Bundeswirtschaftskammer forderte ein Verbot der Verwendung ausländischer Datenbanken.

Einige der aufgeführten Punkte wurden darauf in die erste Regierungsvorlage vom 18. 12. 1974 aufgenommen. Diese unterscheidet sich somit vom dritten Entwurf vor allem dadurch, daß private Datenbanken einbezogen, die Begriffsbestimmungen überarbeitet, detaillierte Bestimmungen über die Datenbank-Verordnungen aufgenommen und nur ADV-Datenbanken angesprochen wurden.

Die Regierungsvorlage 1974 wurde im Nationalrat beraten und einem Expertenhearing unterzogen, aber in der vorigen Gesetzgebungsperiode nicht mehr verabschiedet, sodaß im Dezember 1975 neuerlich eine Regierungsvorlage dem Nationalrat vorgelegt wurde[1]. Gegenwärtig wird diese Vorlage zusammen mit dem Initiativantrag für ein Verfassungsgesetz in einem Unterausschuß des Verfassungsausschusses beraten. Über Inhalt und Zeitpunkt des Abschlusses der Beratungen läßt sich gegenwärtig noch nichts bestimmtes aussagen. Es dürften aber wesentliche Änderungen gegenüber der Regierungsvorlage zu erwarten sein.

---

1) Regierungsvorlage vom 17. 12. 1975 für ein Bundesgesetz über den Schutz personenbezogener Daten (DSG).

Tabelle 5: Wesentliche Kernpunkte der Datenschutzgesetze bzw. -entwürfe in der Bundesrepublik Deutschland, in Österreich, in Schweden und in den USA

	DEUTSCHLAND	ÖSTERREICH	SCHWEDEN	USA
Bezeichnung des Gesetzes	Gesetz zum Schutz vor Mißbrauch personenbezogener Daten bei der Datenverarbeitung (Bundes-Datenschutzgesetz - BDSG)	Bundesgesetz über den Schutz personenbezogener Daten	Datenschutzgesetz ("Data log")	Datenschutzgesetz (Privacy Act)
Status	Gesetz (Dez.1976)	Regierungsvorlage (17.12.1975)	Gesetz (11.5.1973)	Gesetz (1.1.1975)
Ziel	Personenbezogene Daten vor Mißbrauch bei der Datenverarbeitung zu schützen	Schutz der Persönlichkeitsrechte	Schutz persönlicher Daten gegen unbillige und unerlaubte Eingriffe in die Privatsphäre	Schutz der Persönlichkeitsrechte
Geltungsbereich	- Behörden und sonst. öffentl. Stellen - privatwirtschaftl. Bereich	- Behörden und sonst. öffentl. Stellen - privatwirtschaftl. Bereich	- Behörden und sonst. öffentl. Stellen - privatwirtschaftl. Bereich	- Bundes-Behörden
Betroffene	Bestimmte oder bestimmbare natürliche Person	Bestimmte oder bestimmbare natürliche oder jur. Person	Bestimmte Person, über die Daten in einem Personendatenregister enthalten sind	Bestimmte oder bestimmbare natürliche Person
Art der Datenverarbeitung	- herkömmliche Datenverarbeitung - automatisierte Datenverarbeitung	- automatisierte Datenverarbeitung	- automatisierte Datenverarbeitung	- herkömmliche Datenverarbeitung - automatisierte Datenverarbeitung
Begriff Datenverarbeitung	- Speichern - Verändern - Übermitteln oder - Löschen von Daten	- Speichern - Verändern - Verknüpfen - Weitergeben oder - Löschen von Daten	- Speichern - Verarbeiten von Daten	- Sammeln - Speichern - Verarbeiten oder - Weitergeben von Daten
Sicherungsmaßnahmen	- Technische und organisatorische Maßnahmen - Aufwand in angemessenem Verhältnis zum angestrebten Schutzzweck - Anlage enthält 10 Maßnahmen	- Organisatorische, personelle, techn. und bauliche Maßnahmen sollen den Schutz personenbezogener Daten sicherstellen Für die Datenbank ist eine Datenbank-Verordnung vorgesehen, die detaillierte Schutzvorschriften (z.B. über die Protokollierung von Datenweitergaben) zu enthalten hat.	- Im Einzelfall kann die Dateninspektion technische und organisatorische Sicherungsmaßnahmen festlegen	- Adäquate administrative, technische und physische Sicherungsmaßnahmen

	DEUTSCHLAND	ÖSTERREICH	SCHWEDEN	USA
Kontrolle	Behörde: Dienst- und Fachaufsicht sowie einen Bundesbeauftragten für den Datenschutz Privatwirtsch. Bereich: Datenschutzbeauftragter bzw. Fremdkontrolle (Aufsichtsbehörde)	Einrichtung von Landes-Datenschutzkommissionen und einer Bundes-Datenschutzkommission	Ein Ausschuß für den Datenschutz (Dateninspektion) überwacht, daß die ADV nicht den Sachverhalt eines unbilligen Eingriffs in die Privatsphäre erfüllt	Privacy Protection Study Commission
Art der Durchführungskontrolle	Für die Behörde: Jeder Geschäftsbereich hat Übersichten zu führen über - Art der gespeicherten Daten - Aufgaben zu deren Erfüllung die Kenntnis dieser Daten erforderlich ist - regelmäßige Empfänger Zusätzlich für die Wirtschaft: - Datenschutzvorschriften weitergeben - Beratende Mitwirkung bei Auswahl von DV-Personal	Die Datenschutzkommissionen sollen u.a. - über Beschwerden der Verletzung von Bestimmungen des Datenschutzgesetzes entscheiden - Berichtigungsaufträge an die Datenbanken erteilen	Der verantwortliche Verwalter eines Registers soll dem Ausschuß für den Datenschutz - Daten und Einzelheiten im Zusammenhang mit der ADV zur Verfügung stellen, die der Ausschuß für seine Überwachungsfunktion anfordert - Zugriff zu Dokumenten im Zusammenhang mit der ADV ermöglichen - Zutritt zu den ADV-Räumen gewähren	
Benachrichtigung Veröffentlichung	Behörde: . Veröffentlichung - Art und Umfang der Daten - betroffener Personenkreis Wirtschaft: . Benachrichtigung - Nach der ersten Einspeicherung bzw. nach der ersten Weitergabe	Einmal jährlich ist im Amtsblatt zur "Wiener Zeitung" ein Verzeichnis aller geführten Datenbanken zu veröffentlichen	- Auf Anfrage einer registrierten Person muß der verantwortliche Verwalter des Registers sie sobald wie möglich über die sie betreffenden persönlichen Daten in dem Register unterrichten	- Einmal jährlich muß im Bundesanzeiger eine Bekanntmachung über das Bestehen und die Art der Datenbank veröffentlicht werden - eine zweckfremde Verwendung von Daten ist nur mit Zustimmung des Betroffenen möglich
Auskunft	- Auf Antrag über die näher bezeichneten Daten (es gelten auch Ausnahmebestimmungen) - Auskunft ist gebührenpflichtig	- Auf schriftlichen Antrag sind dem Betroffenen die personenbezogenen Daten mitzuteilen - Gegen mutwillige Auskunftsanträge kann eine kostentragende Gebühr vorgesehen werden	- Der Betroffene kann jährlich eine gebührenfreie Auskunft über die gespeicherten Daten erhalten	- Der Einzelne hat Zugang zu seinen gespeicherten personenbezogenen Daten

Die S c h w e i z hat den persönlichen Bereich gegen die unbefugte Verletzung durch Dritte gemäß Artikel 28 des Zivilgesetzbuches (ZGB) seit jeher geschützt, wobei jedoch alle Bezüge zur ADV-Problematik fehlen[1]. Weitere Schutzmöglichkeiten im Bereich des Privatrechts liegen in den Berufsgeheimnissen (insbesondere dem Anwaltsgeheimnis, dem Arztgeheimnis und dem Bankgeheimnis) sowie den Schadenersatz- und Genugtuungsansprüchen, die der Betroffene bei fahrlässiger Übermittlung unrichtiger Auskünfte hat. Im Verwaltungsrecht bestehen ebenfalls gewisse Vorschriften (z.B. die Pflicht des Beamten zur Geheimhaltung), die einer Gefährdung des persönlichen Bereiches entgegentreten. Die Datenschutzproblematik bei automatisierter Datenverarbeitung wurde umrissen in dem von Nationalrat Bussey am 17. März 1971 eingereichten Antrag zur Gesetzgebung über Computer[2]. In der Antwort des Bundesrates kam zum Ausdruck, daß dieses Problem einer Prüfung unterzogen wird, doch konkrete gesetzliche Regelungen noch nicht vorgesehen sind. Ähnliche Vorstöße erfolgten auf kantonaler Ebene. In verschiedenen Kantonen ist man zur Zeit dabei, Ansätze zur Lösung des Datenschutzproblems bei automatisierter Datenverarbeitung zu erarbeiten[3].

---

1) Nach Art. 28 ZGB kann jedermann, der "in seinen persönlichen Verhältnissen unbefugterweise verletzt wird", auf Beseitigung der Störung, auf Schadenersatz und gegebenenfalls auf Genugtuung klagen.

2) Vgl. Stenographisches Bulletin Nationalrat 1972, S. 2127 ff.; Forstmoser, Peter: Datenbanken und Persönlichkeitsschutz. In: Schweizerische Juristen-Zeitung, 70. Jg., Heft 14, 1974, S. 225.

3) Vgl. Wolf, Thomas: Datenschutz. In: Online, Zeitschrift für Datenverarbeitung, 12 Jg., Heft 10, 1974, S. 628.

2.1.2 Rechtliche Regelungen des Datenschutzes in der Bundesrepublik Deutschland

2.1.2.1 Stand in den einzelnen Ländern

Die Gesetzgeber der meisten Bundesländer haben die Bemühungen der Bundesrepublik für eine bundesgesetzliche Regelung des Datenschutzes nicht abgewartet, sondern sind selbst initiativ geworden. Die Möglichkeit der Länder ist verfassungsrechtlich beschränkt, da sie nur Regelungen treffen können, wenn die Privatsphäre des einzelnen von der Datenverarbeitung im öffentlichen Bereich bedroht wird. Gesetzliche Regelungen, die Schutz vor dem Mißbrauch personenbezogener Daten bei der Datenverarbeitung privater Stellen liefern, bleiben dem Bundesgesetzgeber vorbehalten[1]. Die in den einzelnen Ländern vorhandenen Gesetze und Entwürfe haben einen unterschiedlichen Inhalt. In verschiedenen Ländern (siehe Tabelle 6) gibt es bis heute noch keinen Entwurf für ein Datenschutzgesetz. Sie haben jedoch im Rahmen ihrer Organisationsgesetze bzw. -entwürfe für die automatisierte Datenverarbeitung Bestimmungen über den Schutz der Privatsphäre[2].

In B a d e n - W ü r t t e m b e r g enthält das Gesetz über die Datenzentrale[3] vom 17. 11. 1970 eine Vorschrift über die Sicherung der Datenbestände (§ 13),

---

1) Vgl. Biederbick, Karl-Heinz: Fragen des Datenschutzes. In: Bürotechnik und Automation, 12. Jg., Heft 9, 1971, S. 548.

2) Vgl. von Berg, Busch und Rustemeyer: Die ADV-Organisationsgesetze und Vereinbarungen der Bundesländer. In: Öffentliche Verwaltung und Datenverarbeitung, 2. Jg., Heft 8, 1972, S. 319 ff. und Heft 9, S. 380 ff.; Klander, Peter: Organisation Kommunaler Datenverarbeitungszentralen. In: Öffentliche Verwaltung und Datenverarbeitung, 5. Jg., Heft 3, 1975, S. 100 ff.

3) Ges. Bl. 1970, S. 492.

Regelungen / Bundesländer	Datenschutz-Regel. Gesetz	Datenschutz-Regel. Entwurf	ADV-Organ.-Regel. Gesetz	ADV-Organ.-Regel. Entwurf
Baden-Württemberg			17.11.70	
Bayern		1)	12.10.70	
Berlin		12. 4.73		
Bremen		6. 9.73		
Hamburg		5.10.71		
Hessen	7.10.70		16.12.69	
Niedersachsen				Sept.73
Nordrhein-Westf.		11. 6.71 19.11.74	12. 2.74	
Rheinland-Pfalz	24. 1.74			
Saarland				
Schleswig-Holst.		12. 2.73	2. 4.68	

Tabelle 6: Stand der Datenschutz- und ADV-Organisations-Regelungen in den einzelnen Bundesländern

1) Der Arbeitskreis EDV der SPD-Landtagsfraktion erarbeitete im August 1974 einen Entwurf für ein Bayerisches Datenschutzgesetz.

die im einzelnen bestimmt, daß

- über personenbezogene Datenbestände der Datenzentrale, der Fachrechenzentren und der regionalen Rechenzentren nur mit Zustimmung der Stellen verfügt werden darf, die die Daten gegeben haben;

- Vorschriften über Zuständigkeiten und Geheimhaltung durch die Erledigung von Aufgaben mit Hilfe der ADV nicht berührt werden;

- der Zugriff Unbefugter auf Daten durch technische und organisatoriche Maßnahmen sicherzustellen ist.

Im Gesetz über die Organisation der elektronischen Datenverarbeitung im Freistaat Bayern (EDVG) vom 12. 10. 1970[1] sind unter dem Aspekt des Datenschutzes die Auskunftsrechte von Landtag, Fraktion und Senat bedeutsam sowie die Ernennung eines Koordinierungsausschusses, der die Auswirkungen des Einsatzes von ADVA in personeller und organisatorischer Sicht überprüft sowie entsprechende Empfehlungen gibt[2].

In Niedersachsen enthält der Entwurf eines Gesetzes über die Organisation der automatischen Datenverarbeitung (ADV-Organisationgesetz) vom Septem-

---

1) GVBl. 1970, S. 457.
2) Dieser Ausschuß könnte dem Ansatz nach auch verschiedene Funktionen eines Datenschutzbeauftragten bzw. eines Datenschutzausschusses, wie es bei einzelnen Landesdatenschutzgesetzen bzw. -entwürfen realisiert bzw. vorgesehen ist, wahrnehmen. Vgl. Kommunale Gemeinschaftsstelle für Verwaltungsvereinfachung, Bericht Nr. 11/1974, Aktenzeichen 105310. Köln 1974, S. 16.

ber 1973[1] in einem Abschnitt über den Datenschutz folgende Regelungen:

- die Vorschriften des Bundesdatenschutzgesetzes gelten entsprechend für den Bereich der Landesverwaltung (§ 21);

- die Überwachung des Datenschutzes obliegt dem Landesrechnungshof durch Einholung von Auskünften, Anforderung von Unterlagen und örtlichen Erhebungen (§ 22);

- der Präsident des Landesrechnungshofes berichtet dem Landtag regelmäßig und unterrichtet die Landesregierung über den Datenschutz in der öffentlichen Verwaltung.

Im S a a r l a n d gibt es weder zum Datenschutz noch zur Organisation der ADV ein Gesetz bzw. einen Entwurf. Die restlichen sieben Bundesländer haben inzwischen zum Datenschutz Gesetze bzw. Entwürfe, die im folgenden skizzenhaft behandelt und verglichen werden (Tabelle 7).

H e s s e n hat als erstes Bundesland am 7. 10. 1970 ein Datenschutzgesetz erlassen[2], das große Beachtung gefunden hat. Da die Bundesländer keine Gesetzgebungskompetenz für den privatwirtschaftlichen Bereich haben, beschränkt sich dieses Gesetz auf die öffentliche Verwaltung des Landes Hessen und die unter Landesaufsicht stehenden öffentlich-rechtlichen Körperschaften, Anstalten und Stiftungen. Das Gesetz erfaßt alle

---

1) Vgl. Maschinenschriftliche Drucksache des Niedersächsischen Ministers des Innern.
2) Vgl. Hessisches Datenschutzgesetz vom 7. 10. 1970, GVBL. I S. 625 ff.

Unterlagen, die für die Zwecke der maschinellen Datenverarbeitung hergestellt werden, sowie alle gespeicherten Daten und die Ergebnisse ihrer Verarbeitung (§ 1). Es versucht, den Datenschutz durch folgende Maßnahmen sicherzustellen:

- eine generelle Anweisung an die Verwaltung regelt den Umgang mit Daten und mit Unterlagen für die maschinelle Datenverarbeitung unter dem beherrschenden Gesichtspunkt des Persönlichkeitsschutzes;

- eine spezielle, subsidiär geltende Verschwiegenheitspflicht der in der Datenverarbeitung tätigen Bediensteten[1];

- Einführung eines unabhängigen, von Weisungen freien Datenschutzbeauftragten, der vom Landtag auf Vorschlag der Landesregierung für die Dauer einer Legislaturperiode gewählt wird.

Dem Datenschutzbeauftragten kommt im Rahmen der Kontrollfunktion eine große Bedeutung zu. Er muß für die Einhaltung der Vorschriften des Datenschutzgesetzes und der übrigen Vorschriften Sorge tragen (§ 10,1) sowie beobachten, ob die Auswirkungen der Datenverarbeitung zu Verschiebungen in der Gewaltenteilung zwischen den Verfassungsorganen des Landes, zwischen den Organen der kommunalen Selbstverwaltung und zwischen der staatlichen und kommunalen Selbstverwaltung führen. Jeder Bürger hat das Recht, den Datenschutzbeauftragten anzu-

---

1) Diese Verschwiegenheitspflicht verliert jedoch dadurch an Bedeutung, daß der über die Unterlagen, Daten und Ergebnisse Verfügungsberechtigte das Schweigegebot aufheben kann (§ 3,1).

rufen, wenn er annimmt, durch die maschinelle Datenverarbeitung der Verwaltung in seinen Rechten verletzt zu werden (§ 11). Dem Datenschutzbeauftragten steht ein Auskunftsrecht gegenüber allen vom Datenschutz erfaßten Behörden und Stellen zu (§ 13). Eingriffsbefugnisse hat er jedoch - ähnlich wie der Rechnungshof des Bundes - nicht[1].

Nach Ansicht des ersten Hessischen Datenschutzbeauftragten[2] würden die Ausübung einer nachgehenden Kontrolle und das Recht, Behörden Anweisungen zu erteilen, wie sie ihre ADV-Maßnahmen zu treffen hätten, zu einer verfassungsrechtlich bedenklichen "Superkontrollbehörde" führen. Im hessischen Datenschutzgesetz ist jede Behörde selbst verantwortlich für die Regelung des Datenschutzes in ihrem Bereich. Für die Wahrnehmung seines Auskunftsrechts genügt dem Hessischen Datenschutzbeauftragten ein kleiner Stab von drei Beamten des höheren Dienstes sowie eine gelegentliche Unterstützung durch einige wissenschaftliche Berater. Die öffentliche Tätigkeit des Datenschutzbeauftragten kommt darin zum Ausdruck, daß er bis zum 31. März jedes Jahres dem Landtag und dem Ministerpräsidenten einen Bericht

---

1) Vgl. Hessischer Landtag (Hrsg.): Erster Tätigkeitsbericht des Hessischen Datenschutzbeauftragten, vorgelegt zum 31. März 1972. 7. Wahlperiode, Drucksache 7/1495, S. 11 f.

2) Vgl. Birkelbach, Willi: Das hessische Modell des Datenschutzes. Erfahrungen aus dreijähriger Praxis. In: IBM-Nachrichten, 24. Jg., Heft 223, 1974, S. 342.

über das Ergebnis seiner Tätigkeit vorzulegen hat (§ 14)[1].

In Rheinland-Pfalz wurde am 24. Januar 1974 das Landesdatenschutzgesetz[2] vom Landtag beschlossen. Die wesentlichen Unterschiede gegenüber dem hessischen Gesetz sind:

- Bei den Sicherungsmaßnahmen wird die Protokollierungspflicht gesondert angesprochen. Protokolle sind dann zu führen, wenn geschützte Daten durch selbsttätige Einrichtungen abgerufen werden (§ 2,3).

- Die Überwachung des Datenschutzes wird von einem gemischten Ausschuß, der aus drei Abgeordneten des Landtags und zwei Beamten oder Richtern des Landes besteht, wahrgenommen. Die Abgeordneten und ein Be-

---

1) Es wird bei den Diskussionen über den Einsatz der ADV in der öffentlichen Verwaltung immer wieder auf das Problem der Beteiligung der Parlamente und der kommunalen Vertretungskörperschaften hingewiesen. Man fordert ein "Informationsgleichgewicht" zwischen Parlament und Exekutive. Wie dieses in den einzelnen Bundesländern erreicht bzw. angestrebt wird, ist behandelt in Groeben, Wolfgang von der: Informationsrecht der Parlamente im Rahmen der Neuorganisation der ADV. In: Öffentliche Verwaltung und Datenverarbeitung, 4. Jg., Heft 1, 1974, S. 38 ff. Nach Ansicht des ersten Hessischen Datenschutzbeauftragten muß sich der Datenschutz, da ein durch den Einsatz der ADV bewirkter Informationsvorsprung der Exekutive gegenüber dem Parlament zu einer Verschiebung der Machtbalance zwischen den drei Staatsgewalten führen kann, neben dem Schutz der Freiheitsrechte des Individuums auch auf den Schutz der kollektiven Freiheitsrechte erstrecken. Vgl. Birkelbach, Willi: Das hessische Modell des Datenschutzes. Erfahrungen aus dreijähriger Praxis, a.a.O., S. 338 ff.; Birkelbach, Willi: Überlegungen nach dreijähriger Datenschutzpraxis. In: Erfassungsschutz, hrsg. von H. Krauch. Stuttgart 1975, S. 25 ff.

2) Gesetz gegen mißbräuchliche Datennutzung vom 24. Januar 1974, GVBl. S. 31 ff.

amter oder Richter werden vom Landtag gewählt, der zweite Beamte oder Richter wird von der Landesregierung bestellt (§ 6,1). Zu den wichtigsten Aufgaben des Ausschusses gehören die Überwachung der Einhaltung dieses Gesetzes, die Mitteilung von festgestellten Verstößen (an die fachlich zuständige Aufsichtsbehörde) und die Vorlage eines Tätigkeitsberichtes (§§ 7 - 9)[1].

- Während im hessischen Datenschutzgesetz nur generell von einem Auskunftsrecht des Datenschutzbeauftragten gegenüber den Behörden etc. gesprochen wird (§ 13), haben im rheinland-pfälzischen Gesetz diese Stellen dem Ausschuß detailliert über die ADV-Organisation zu berichten. Im einzelnen ist mitzuteilen (§ 16,2):

  1. eine Übersicht der erfaßten Daten,

  2. der Nutzungszweck unter Angabe sämtlicher Auswertungsprogramme,

  3. der Benutzerkreis einschließlich der für den einzelnen Benutzer zur Verfügung stehenden Programme,

  4. die vorgesehenen Schutzvorkehrungen unter Beifügung der dafür erlassenen Dienstanweisung.

  Änderungen in diesen Angaben sind dem Ausschuß innerhalb von 4 Wochen anzuzeigen.

- Verstöße gegen den Datenschutz werden in § 14 gesondert behandelt. Die Strafbestimmungen sehen Geldbußen und Freiheitsstrafen bis zu zwei Jahren vor.

---

1) Vgl. Landtag Rheinland-Pfalz (Hrsg.): Dritter Tätigkeitsbericht des Ausschusses für Datenschutz, vorgelegt am 1.10.1976. 8. Wahlperiode, Drucksache 8/1444.

In Hamburg wurde am 5. 10. 1971 von der CDU-Fraktion ein Entwurf für ein Landesdatenschutzgesetz[1)] der Bürgerschaft vorgelegt. In diesem Entwurf wird ein zentrales Datenregister vorgeschlagen, in dem alle betroffenen Stellen (Behörden, Einrichtungen des Landes und der Aufsicht des Landes unterstehende Körperschaften, Anstalten und Stiftungen des öffentlichen Rechts) die bei ihnen erfaßten "Sammlungen von personenbezogenen Daten" anzumelden haben. Bei der Anmeldung müssen auch die technischen und organisatorischen Sicherungsmaßnahmen gegen einen unberechtigten Zugriff auf die Daten nachgewiesen werden (§ 5). Das Datenregister ist öffentlich und kann von jedem eingesehen werden (§ 6). Über die erste Eingabe personenbezogener Daten in eine Datensammlung erhält der Betroffene ohne Antrag eine gebührenfreie Mitteilung, es sei denn, daß er der Speicherung ausdrücklich zugestimmt hat. Der Datenschutz wird von einem Ausschuß, der aus drei Abgeordneten der Bürgerschaft, einem Verwaltungsrichter und einem Beamten aus der Praxis der Datenverarbeitung besteht, überwacht (§ 9). Der Ausschuß hat folgende Aufgaben (§ 10):

- die Einhaltung dieses Gesetzes und anderer Vorschriften über den Datenschutz zu überwachen;

- das zentrale Datenregister zu führen;

- die zuständige Fachaufsichtsbehörde über festgestellte Verstöße zu unterrichten und Anregungen zur Verbesserung des Datenschutzes zu geben;

---

1) Vgl. Bürgerschaft der Freien und Hansestadt Hamburg (Hrsg.): Antrag für ein "Gesetz zum Schutze der Privatsphäre vor mißbräuchlicher Datennutzung", VII. Wahlperiode, Drucksache VII/1460, 5. 10. 1971.

- die vorhandenen Schutzmaßnahmen kritisch auf ihre Wirksamkeit hin zu analysieren und das Parlament zu Verbesserungen anzuregen;

- jährlich einen Tätigkeitsbericht dem Parlament zuzuleiten.

Die in § 14 fixierten Strafbestimmungen entsprechen fast wörtlich denen des Landesdatenschutzgesetzes von Rheinland-Pfalz.

In Berlin wurde dem Abgeordnetenhaus am 4. 5. 1973 der Entwurf eines "Gesetzes über den Datenschutz in der Berliner Verwaltung"[1] vorgelegt. Der Entwurf basiert auf den wichtigsten Bestimmungen des hessischen und rheinland-pfälzischen Gesetzes. Die wesentlichen Unterschiede gegenüber diesen Gesetzen sind:

- die Protokollierung wird im Gegensatz zum rheinland-pfälzischen Gesetz, das grundsätzlich Protokolle bei Abruf durch selbsttätige Einrichtungen verlangt, nur bei Versuchen einer unbefugten oder mißbräuchlichen Verarbeitung gefordert (§ 2);

- die Verwaltungen haben nach jeder neuen Einspeicherung den erfaßten Personenkreis sowie Art und Umfang der von ihr gespeicherten personenbezogenen Daten im Amtsblatt für Berlin zu veröffentlichen (§ 7);

- der Auskunftsanspruch gilt auch für Versuche unbefugter oder mißbräuchlicher Verarbeitung (8);

---

1) Vgl. Abgeordnetenhaus von Berlin (Hrsg.): Vorlage - zur Beschlußfassung - über "Gesetz über den Datenschutz in der Berliner Verwaltung", 6. Wahlperiode, Drucksache 6/865, 4. 5. 1973.

- die Überwachung des Datenschutzes erfolgt durch einen Ausschuß, der aus je einem Abgeordneten der Fraktionen im Abgeordnetenhaus sowie einer Dienstkraft des Rechnungshofes besteht (§ 12);

- in den Übergangsvorschriften ist geregelt, daß die Art der personenbezogenen Daten, die beim Inkrafttreten dieses Gesetzes schon gespeichert sind, spätestens zwei Jahre nach Inkrafttreten dieses Gesetzes veröffentlicht werden müssen (unter entsprechender Anwendung von § 7).

In Schleswig-Holstein wurde am 12. 2. 1973 ein Entwurf[1] in den Landtag eingebracht, der eine sehr umfassende Regelung des Datenschutzes anstrebt. Er basiert im wesentlichen auf dem Referentenentwurf der Bundesregierung, der im folgenden Abschnitt kurz angesprochen wird, und dem hessischen Datenschutzgesetz. Wie im Entwurf von Nordrhein-Westfalen und Hamburg soll für den Geltungsbereich dieses Gesetzes ein zentrales Datenregister eingerichtet werden (§ 12). Bei diesem sind alle unter das Gesetz fallenden Dateien mit personenbezogenen Daten anzumelden. Wie bei den Entwürfen von Nordrhein-Westfalen und Hamburg, umfaßt die Eintragung in das Register (§ 13)

- Behörde, Dienststelle oder sonstige Bezeichnung,
- System der Datenspeicherung,
- Zweck der Datenspeicherung,
- Art der gespeicherten Daten,
- Vorkehrungen gegen Fehlerquellen und Datenmißbrauch.

---

1) Vgl. Schleswig-Holsteinischer Landtag (Hrsg.): Entwurf eines Gesetzes zum Schutze vor mißbräuchlicher Datennutzung (Landesdatenschutzgesetz), 7. Wahlperiode, Drucksache 7/484, 12. 2. 1973.

Die Datenschutzkommission, die aus drei Abgeordneten des Landtags bestehen soll, hat die Einhaltung dieses Gesetzes zu überwachen, das zentrale Datenregister zu führen und die zuständige Aufsichtsbehörde über festgestellte Verstöße zu informieren. Daneben beobachtet sie die Auswirkungen der maschinellen Datenverarbeitung auf die Arbeitsweise und die Entscheidungsbefugnisse der unter dieses Gesetz fallenden Stellen hinsichtlich der kommunalen Selbstverwaltung und zwischen der staatlichen Verwaltung und der kommunalen Selbstverwaltung (§ 15).

Der nordrhein-westfälische Entwurf eines Gesetzes zum Schutz vor Mißbrauch personenbezogener Daten bei der Datenverarbeitung[1] basiert in hohem Umfang auf dem Entwurf des Bundes-Datenschutzgesetzes[2], wobei die Formulierungen meist wörtlich übernommen wurden. Die wesentlichste Abweichung gegenüber dem Entwurf des Bundes-Datenschutzgesetzes liegt in der Überwachung und Kontrolle des Datenschutzes durch einen unabhängigen und weisungsfreien "Landesbeauftragten für den Datenschutz" (§ 16). Dieser wird von der Landesregierung auf die Dauer von 8 Jahren berufen. In der Ausübung seines Amtes ist er unabhängig und nur dem Gesetz unterworfen. Zu seinen hauptsächlichen Aufgaben zählen die Überwachung der Einhaltung der Vorschriften über den Datenschutz und das Aussprechen von Empfehlungen zur Verbesserung des Datenschutzes (§ 18).

---

1) Vgl. Landtag Nordrhein-Westfalen (Hrsg.): Entwurf eines Gesetzes zum Schutz vor Mißbrauch personenbezogener Daten bei der Datenverarbeitung, 7. Wahlperiode, Drucksache 7/4439, 19. 11. 1974.
2) Siehe Abschnitt 2.1.2.2.

Er führt ein Register der Dateien, in denen personenbezogene Daten gespeichert und verarbeitet werden (§ 19). Fühlt sich jemand durch die Verarbeitung seiner personenbezogenen Daten in seinen Rechten verletzt, dann besteht die Möglichkeit, sich an den Landesbeauftragten für den Datenschutz zu wenden (§ 21). Es ist vorgesehen, daß der Datenschutzbeauftragte der Landesregierung jährlich einen Bericht über seine Tätigkeit erstattet (§ 23). Die geforderten Maßnahmen zur Realisierung des Datenschutzes gehen u.a. aus Tabelle 7 hervor.

2.1.2.2 Stand auf Bundesebene

Die ersten Aktivitäten hinsichtlich einer umfassenden gesetzlichen Regelung des Schutzes der Privatsphäre in der Bundesrepublik gingen Anfang 1969 von der Interparlamentarischen Arbeitsgemeinschaft (IPA) aus. Sie forderte am 28. 3. 1969 die Bundesregierung auf[1], wirkungsvolle Maßnahmen gegen die Beeinträchtigung und Verletzung der Privatsphäre bei der Datenverarbeitung zu ergreifen. In ihrem zweiten Bericht über die Anwendung der ADV in der Bundesverwaltung vom 17. April 1970[2] kündigte die Bundesregierung an, daß die Notwendigkeit gesetzgeberischer Maßnahmen geprüft werde. Auf eine interfraktionelle Kleine Anfrage (September 1970) über einen möglichen Entwurf für ein Datenschutzgesetz antwortete die Bundesregierung am 5. 10. 1970[3], daß mit der Vorbereitung eines Entwurfes begonnen worden sei.

---

1) Umdruck 631, Anlage zum Stenografischen Bericht über die 226. Sitzung des Deutschen Bundestages.
2) BT-Drucksache VI/648.
3) BT-Drucksache VI/1223.

Tabelle 7: Wesentliche Kernpunkte der Datenschutzgesetze bzw. -entwürfe in einigen Bundesländern

	HESSEN	RHEINLAND-PFALZ	NORDRHEIN-WESTFALEN
Status	Gesetz seit dem 7.10.1970	Gesetz seit dem 24.1.1974	Entwurf vom 19.11.1974
Art der Datenverarbeitung	Maschinelle Datenverarbeitung (§1)	Elektronische Datenverarbeitung, insbesondere zentrale Datenbanken und automatisierte Informationssysteme (§1)	Ungeachtet der dabei angewendeten Verfahren (§4)
Umfang des Schutzes bei der Datenverarbeitung	Datenerfassung, Datentransport, Datenspeicherung, Datenverarbeitung	Erfassung, Speicherung oder Nutzung von Daten (§1)	Speichern, Verändern, Weitergeben oder Löschen von Daten
Überwachung des Datenschutzes	Datenschutzbeauftragter (§§7-14) Der Datenschutzbeauftragte wird auf Vorschlag der Landesregierung vom Landtag für die Dauer der jeweiligen Wahlperiode gewählt. Er steht im öffentlich-rechtlichen Amtsverhältnis	Ausschuß für Datenschutz (§§6-10) Der Ausschuß besteht aus: 3 Landtagsabgeordneten und 2 Beamten oder Richtern des Landes Die Abgeordneten und ein Beamter oder Richter werden vom Landtag gewählt, der 2. Beamte oder Richter von der Landesregierung bestellt	Landesbeauftragter für den Datenschutz (§§ 16-23) Der Landesbeauftragte für den Datenschutz wird von der Landesregierung berufen. Er wird auf die Dauer von 8 Jahren in ein Beamtenverhältnis auf Zeit berufen. Der Beauftragte untersteht der Dienstaufsicht des Ministerpräsidenten
Vorkehrungen zum Datenschutz 1. generelle Maßnahmen	Geeignete personelle und technische Vorkehrungen sollen das unbefugte Einsehen, Verändern, Abrufen oder Vernichten von Unterlagen, Daten und Ergebnissen verhindern (§2)	Geeignete organisatorische sowie maschinen- und programmtechnische Vorkehrungen sollen sicherstellen, daß die zu schützenden Daten nicht durch Unbefugte eingesehen, abgerufen, verändert oder sonstwie genutzt werden können (§2,1)	Es sind die erforderlichen und zumutbaren technischen und organisatorischen Maßnahmen gegen Mißstände bei der Datenverarbeitung insbesondere gegen unzulässiges Abrufen, Weitergeben, Verändern und Löschen zu treffen. Zumutbar sind nur Maßnahmen, bei denen der Aufwand nicht völlig außer Verhältnis zur Schutzwirkung steht (§5,2)
2. spezifische Maßnahmen		Protokollierung (§2,3) Bei Abruf durch selbsttätige Einrichtungen sind - Empfänger, - Inhalt und - Zeit der Datenübermittlung zu protokollieren	Dokumentation der Programme, wenn durch selbsttätige Einrichtungen Daten weitergegeben werden Protokollierung, wenn durch Dritte bei selbsttätigen Einrichtungen Daten abgerufen werden

	HAMBURG	SCHLESWIG-HOLSTEIN	BERLIN
Status	Entwurf vom 5.10.1971	Entwurf vom 12.2.1973	Entwurf vom 4.5.1973
Art der Datenverarbeitung	Herkömmliche und maschinentechnische Datenverarbeitung (§1)	Herkömmliche oder maschinelle Datenverarbeitung (§1)	Automatisierte Datenverarbeitung (§1)
Umfang des Schutzes bei der Datenverarbeitung	Datenerfassung, Datenübertragung, Datenspeicherung oder Datenverarbeitung (§ 3)	Speichern, Verändern, Weitergeben oder Löschen von Daten (§2)	Speichern, Verändern, Weitergeben oder Löschen von Daten (§1)
Überwachung des Datenschutzes	Ausschuß für Datenschutz Der Ausschuß besteht aus: 3 Abgeordneten der Bürgerschaft, 1 Verwaltungsrichter und 1 Beamten aus der Praxis der Datenverarbeitung. Die Abgeordneten werden von der Bürgerschaft bestellt, der Verwaltungsrichter auf Vorschlag des Präsidenten des Hanseatischen Oberlandesgerichts vom Richterwahlausschuß gewählt und der Beamte vom Senat benannt	Datenschutzkommission (§§14-21) Die Kommission hat drei Mitglieder. Diese werden für die Dauer der Wahlperiode des Landtags bestellt. Die Zusammensetzung der Kommission wird im Verhältnis der Stärke der einzelnen Fraktionen vorgenommen	Ausschuß für Datenschutz (§§12-16) Der Ausschuß besteht aus: Je einem Abgeordneten der im Abgeordnetenhaus vertretenen Fraktionen und einer Dienstkraft des Rechnungshofs von Berlin. Die Mitglieder des Abgeordnetenhauses werden von diesem bestellt, die Dienstkraft des Rechnungshofs wird von dessen Präsidenten bestimmt
Vorkehrungen zum Datenschutz 1. generelle Maßnahmen	Geeignete personelle sowie maschinen- und programmtechnische Vorkehrungen sollen das unbefugte Einsehen, Abrufen oder sonstige Nutzen der vom Datenschutz erfaßten Unterlagen, Daten und Ergebnisse verhindern (§2,1)	Geeignete organisatorische, bauliche sowie maschinen- und programmtechnische Vorkehrungen sollen das unbefugte Einsehen, Abrufen, anderweitiges Nutzen, Verändern oder Vernichten von Unterlagen, Daten und Ergebnissen, die dem Datenschutz unterliegen, verhindern (§ 3,1)	Geeignete personelle, organisatorische und technische Maßnahmen sollen die personenbezogenen Daten, die Ergebnisse ihrer Verarbeitung sowie die Datenträger vor dem Zugriff und der Einwirkung Unbefugter schützen (§ 2,1)
2. spezifische Maßnahmen		<u>Protokollierung</u> (§3,2) Bei Übermittlung durch selbsttätige Einrichtungen sind - Empfänger, - Inhalt und - Zeit der Datenübermittlung festzuhalten	<u>Protokollierung</u> (§2,2) Bei Versuchen einer unbefugten oder mißbräuchlichen Verarbeitung muß automatisch ein Protokoll über die Verarbeitung erstellt werden. Das Protokoll hat zu enthalten: - Empfänger, - Art der verarbeiteten Daten, - Datum der Verarbeitung

Am 2. 12. 1971 wurde von der IPA der "Entwurf eines Gesetzes zum Schutz vor unbefugter Verwendung personenbezogener Daten (Datenschutzgesetz)"[1] in den Bundestag eingebracht, jedoch wegen der vorzeitigen Auflösung des Bundestages in dieser Legislaturperiode nicht mehr behandelt.

Der erste Referentenentwurf des zuständigen Innenministeriums, der einem relativ großen Kreis bekanntgemacht wurde, datiert vom 15. August 1972. Er wurde in einem dreitägigen Hearing (7. - 9. 11. 1972) mit Verbänden aus allen Bereichen und sonstigen Sachverständigen diskutiert[2]. Die wesentlichen Anregungen aus diesem Hearing und den Gutachten nahm man in einem neuen Entwurf auf. Dieser Entwurf wurde am 23. 5. 1973 vom Bundeskabinett beschlossen. Die erste Beratung im Bundesrat fand am 6. Juli 1973 statt. Am 20. 9. 1973 wurde der inhaltsgleiche Entwurf einschließlich der Begründung und der Stellungnahme des Bundesrates sowie der Gegenäußerung der Bundesregierung dem Bundestag zugeleitet[3]. Die erste Lesung im Bundestag fand am 29. 11. 1973 statt und am 6. 5. 1974 führte der Innenausschuß eine öffent-

---

1) BT-Drucksache VI/2885.

2) Vgl. Bundesministerium des Innern (Hrsg.): Dokumentation einer Anhörung zum Referentenentwurf eines Bundes-Datenschutzgesetzes vom 7. - 9. November 1972. Bonn 1973; Auernhammer, Herbert: Der Regierungsentwurf eines Bundes-Datenschutzgesetzes. In: Öffentliche Verwaltung und Datenverarbeitung, 4. Jg., Heft 2, 1974, S. 51.

3) BT-Drucksache VII/1027.

liche Anhörung von Sachverständigen durch[1].

Am 10. 6. 1976 wurde die inzwischen in einzelnen Punkten verschärfte Regierungsvorlage im Bundestag gegen die Stimmen der Opposition angenommen (zweite und dritte Lesung). Da der Bundesrat dem Gesetz aber nicht zustimmte, mußte es dem Vermittlungsausschuß übergeben werden. Am 10. 11. 1976 wurde das Gesetz dann auf der Basis der am 10. 6. 1976 angenommenen Fassung unter Einbeziehung der Änderungsvorschläge des Vermittlungsausschusses im Bundestag beschlossen und am 12. 11. 1976 von der Mehrheit des Bundesrates bestätigt.

---

1) Bei der öffentlichen Anhörung zum Bundes-Datenschutzgesetz und zum Bundesmeldegesetz am 6. 5. 1974 gaben folgende Verbände schriftlich Stellungnahmen zu einzelnen Fragen: Zentralverband der Elektrotechnischen Industrie (Frankfurt), Deutscher Industrie- und Handelstag (Bonn), Arbeitsgemeinschaft der Verbraucherverbände (Bonn), Verband der Handelsauskunfteien (Aachen), Verein Deutscher Maschinenbauanstalten (Frankfurt), Zentraler Kreditausschuß (Bonn), Bundesverband der Ortskrankenkassen (Bonn), Bundesärztekammer (Köln), ADL-Verband für Informationsverarbeitung (München), Bundesverband der Deutschen Industrie (Köln), Deutscher Gewerkschaftsbund (Düsseldorf), Deutscher Beamtenbund (Bonn), Ausschuß für wirtschaftliche Verwaltung (Frankfurt). Vgl. Deutscher Bundestag, Innenausschuß: Drucksache 7/55, 24. 4. 1974; Presse und Informationszentrum des Deutschen Bundestages (Hrsg.): Datenschutz/Meldegesetz. Aus der öffentlichen Anhörung des Innenausschusses des Deutschen Bundestages vom 6. Mai 1974. Bd. 5 der Reihe "Zur Sache". Bonn 1974.

Das Bundes-Datenschutzgesetz hat folgenden Aufbau:

Abbildung 1: Aufbau des Bundes-Datenschutzgesetzes

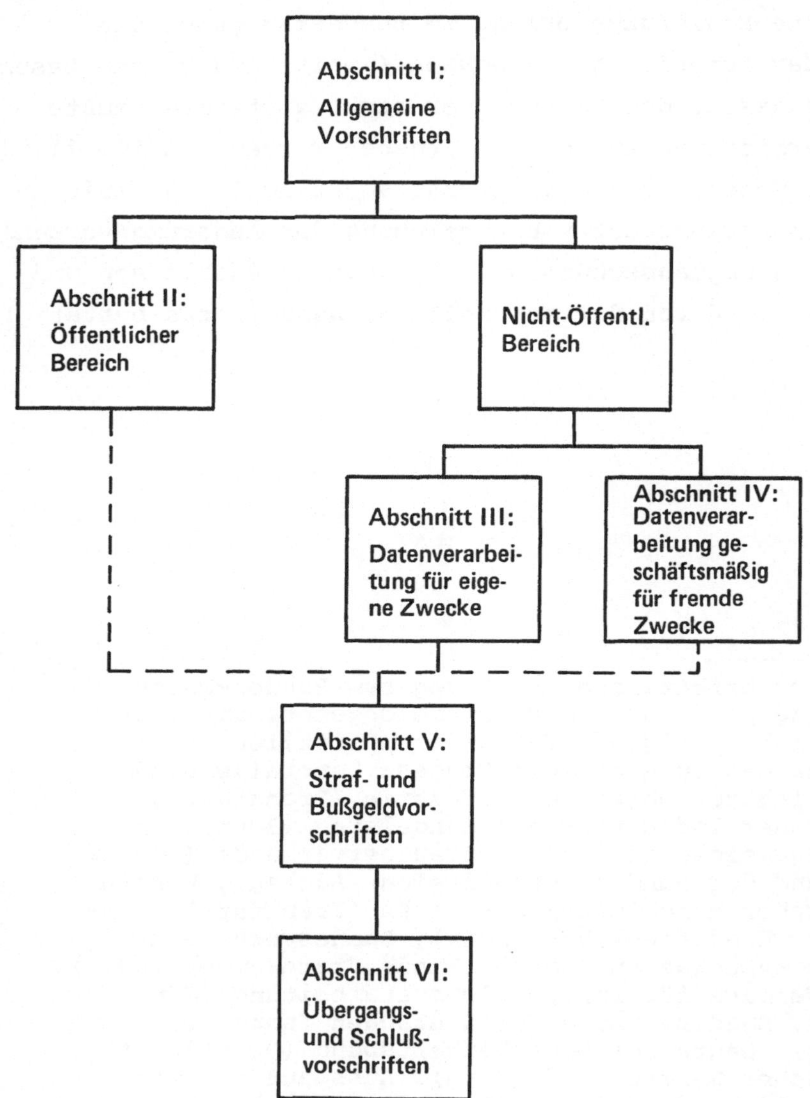

Aus Abbildung 1 geht hervor, daß dieses Gesetz künftig anzuwenden sein wird von Behörden oder sonstigen öffentlichen Stellen des Bundes (Abschnitt II) und von Personen oder privatrechtlichen Unternehmen, die die Datenverarbeitung für eigene Zwecke (Abschnitt III) oder geschäftsmäßig für fremde Zwecke (Abschnitt IV) betreiben.

Der Zweck des Gesetzes ist, personenbezogene Daten vor Mißbrauch bei der Datenverarbeitung zu schützen und dadurch der Beeinträchtigung schutzwürdiger Belange der Betroffenen entgegenzuwirken. Im Sinne des Gesetzes sind personenbezogene Daten Einzelangaben über persönliche oder sachliche Verhältnisse einer bestimmten oder bestimmbaren natürlichen Person (Betroffener). Die juristische Person ist demnach kein Betroffener. Die Anwendung dieses Gesetzes setzt voraus, daß die personenbezogenen Daten in Dateien gespeichert sind, wobei die angewendeten Verarbeitungsverfahren unbeachtet bleiben. Wenn personenbezogene Daten in herkömmlichen Verfahren verarbeitet werden und nicht zur Übermittlung an Dritte bestimmt sind, gilt nur der § 6, d.h. es sind technische und organisatorische Maßnahmen gegen mögliche Mißbräuche zu treffen.

Unter einer Datei wird eine gleichartig aufgebaute, verfahrensunabhängige Sammlung von Daten verstanden, die nach bestimmten Merkmalen geordnet und ausgewertet werden kann. Der Begriff der Datenverarbeitung im Sinne dieses Gesetzes umfaßt das Speichern, Verändern, Übermitteln oder Löschen von Daten. Nicht geschützt werden personenbezogene Daten, die unmittelbar aus allgemein zugänglichen Quellen entnommen sind und die zu publizistischen Zwecken von Presse, Rundfunk oder Film in Dateien gespeichert und weitergegeben werden. Die Übermittlung von bestimmten Daten[1)] ist im privatwirtschaftlichen Bereich erleichtert. Die Verarbeitung der personenbezogenen Daten ist zulässig mit Zustimmung des Betroffenen, nach einer einschlägigen Rechtsvorschrift oder nach den Bestimmungen des Bundes-Datenschutzgesetzes,

1) Die Daten umfassen: 1. Namen, 2. Titel, akademische Grade, 3. Geburtsdatum, 4. Beruf, Branchen oder Geschäftsbezeichnung, 5. Anschrift, 6. Rufnummer, 7. Zugehörigkeit zu einer Personengruppe.

wobei die schutzwürdigen Belange des Betroffenen und die berechtigten Interessen der Datenverarbeiter in gebührendem Maße zu berücksichtigen sind.

Zur Gewährleistung des Datenschutzes werden eine Reihe von Maßnahmen für erforderlich gehalten. Zu diesen zählen insbesondere technische und organisatorische Maßnahmen gegen Mißbräuche (§ 6) sowie die in der Anlage zum § 6 aufgeführten 10 Kontrollarten, die bei der automatisierten Datenverarbeitung je nach der Art der zu schützenden Daten und unter Beachtung der Kostenrelation im Verhältnis zum angestrebten Schutzzweck zu ergreifen sind. Die Duchführung des Datenschutzes wird entsprechend den Anwendungsbereichen unterschiedlich geregelt. Im Bereich der Behörden und sonstigen öffentlichen Stellen (Abschnitt II) gilt die "Dienst- und Fachaufsicht" und zusätzlich soll ein Bundesbeauftragter für den Datenschutz die Durchführung sicherstellen. Im Bereich der Wirtschaft ist neben der Funktion des betrieblichen Datenschutzbeauftragten auch eine Aufsichtsbehörde vorgesehen, welche in begründet dargelegten Fällen Prüfungen vornimmt und für den Abschnitt IV auch als Registerbehörde fungiert.

Für die Wirtschaft sind die §§ 28, 29 und 38 wesentlich, welche die Bestellung eines Datenschutzbeauftragten[1)] abhängig von einer bestimmten Anzahl der in der Datenverarbeitung tätigen Personen verlangen. Der Datenschutzbeauftragte hat insbesondere dafür zu sorgen, daß über die gespeicherten personenbezogenen Daten klare Beschreibungen vorliegen

1) Der Datenschutzbeauftragte muß bestellt werden bei Unternehmen und sonstigen Stellen, die Daten mit Hilfe von ADV-Anlagen verarbeiten und hierbei in der Regel mindestens fünf Arbeitnehmer ständig beschäftigen. Wird die Datenverarbeitung nicht automatisch betrieben, dann ist ein Datenschutzbeauftragter nur zu ernennen, wenn hierbei in der Regel mindestens zwanzig Arbeitnehmer ständig beschäftigt sind.

(Art der Daten, Geschäftszwecke und Ziele, zu deren Erfüllung die Kenntnis dieser Daten erforderlich ist, regelmäßige Empfänger der Daten) und die Datenverarbeitungsprogramme, mit deren Hilfe personenbezogene Daten verarbeitet werden sollen, richtig angewandt werden. Außerdem muß er die bei der Datenverarbeitung tätigen Personen mit den Rechts- und Organisationsgrundlagen vertraut machen sowie bei der Auswahl der in der Datenverarbeitung tätigen Personen beratend mitwirken.

Eine weitere wesentliche Säule im Kontrollsystem ist das Recht auf Auskunftserteilung. Die Information über die gespeicherten Daten erhält der Betroffene durch die behördliche Veröffentlichung oder im Wirtschaftsbereich durch die Benachrichtigung, wenn erstmals Daten zu seiner Person gespeichert (§ 26) bzw. weitergegeben werden (§ 34). Über die näher zu bezeichnenden gespeicherten Daten kann vom Betroffenen Auskunft verlangt werden, die im allgemeinen schriftlich zu erteilen ist. Im Gesetzentwurf sind auch Ausnahmeregelungen vorgesehen, die die speichernde Stelle von der Benachrichtigungspflicht entbinden oder eine Auskunftsverweigerung begründen. Die Auskunft, für die eine Gebühr bzw. ein Entgelt erhoben werden kann, kann zur Löschung[1], Berichtigung[2] oder Sperrung[3] von gespeicherten Daten führen.

1) Eine Löschung muß erfolgen, wenn die Speicherung unzulässig war. Eine Löschung kann erfolgen, wenn der Zweck der Speicherung nicht mehr gegeben ist. Wenn bei besonders sensitiven Daten (über gesundheitliche Verhältnisse, strafbare Handlungen, Ordnungswidrigkeiten, religiöse oder politische Anschauungen) von der speichernden Stelle die Richtigkeit nicht bewiesen werden kann, sind diese Daten zu löschen.
2) Ein Anspruch auf Berichtigung besteht, wenn die Daten unrichtig sind. Kann die Richtigkeit oder Unrichtigkeit nicht festgestellt werden, sind diese bestrittenen Daten zu sperren.
3) Ein Sperrvermerk bedeutet, daß i.d.R. keine Verarbeitung mehr erfolgen darf.

In den Schlußvorschriften sind Straftatbestände und Ordnungswidrigkeiten genannt, die mit Freiheitsstrafen bis zu zwei Jahren oder Geldstrafen bis zu DM 50.000 geahndet werden. Der subsidiäre Charakter dieses Gesetzes wird durch das Aufzählen von weitergehenden Vorschriften betont[1]. Das Gesetz tritt am 1. Januar 1978 in Kraft; der Datenschutzbeauftragte ist bis zum 1. Juli 1977 zu bestellen und die Realisierung der technischen und organisatorischen Maßnahmen ist bis zum 1. Januar 1979 vorzunehmen.

2.1.3 Wesentliche Probleme der Datenschutzgesetzgebung - unter besonderer Berücksichtigung des Bundes-Datenschutzgesetzes -

2.1.3.1 Begriff der Datei und die Verfahren

Im Bundes-Datenschutzgesetz wird eine Datei definiert "als eine gleichartig aufgebaute Sammlung von Daten, die nach bestimmten Merkmalen geordnet, nach anderen bestimmten Merkmalen umgeordnet und ausgewertet werden kann, ungeachtet der dabei angewendeten Verfahren; nicht hierzu gehören Akten und Aktensammlungen, es sei denn, daß sie durch automatisierte Verfahren umgeordnet und ausgewertet werden können"[2]. Bevor man überhaupt Überlegungen hinsichtlich der Zweckmäßigkeit des Begriffes "Datei"

---

1) Damit ist nach Ansicht des verantwortlichen Referenten für das Bundes-Datenschutzgesetz Raum gelassen für spezielle Datenschutzregelungen in Fachgesetzen, die den besonderen Bedürfnissen der jeweiligen Materie Rechnung tragen können. Vgl. Auernhammer, Herbert: Datenschutzgesetzgebung - Magna Charta des Bürgers von heute. In: Erfassungsschutz, hrsg. von H. Krauch. Stuttgart 1975, S. 61.

2) § 3 Abs. 3.

anstellt, sollte Klarheit darüber bestehen, daß nicht die Datei oder der Datenträger, sondern das darin gespeicherte (weitergegebene) Datum geschützt wird[1]. Somit muß ein und dasselbe Merkmal in unterschiedlich organisierten Datensammlungen denselben Schutz erfahren. Es wäre daher nicht sinnvoll, die Benutzer herkömmlicher Verfahren von den Beschränkungen des Gesetzes zu befreien. Die grundsätzliche Gleichstellung beider Verfahren im deutschen Gesetz ist daher voll zu begrüssen[2].

Die Verfechter[3] einer unterschiedlichen Behandlung der durch das Gesetz als schutzwürdig definierten Daten heben insbesondere hervor, daß die Schutzbestimmungen bei herkömmlichen Verfahren ausreichend seien und die Gefahr einer Verletzung der Privatsphäre erst durch die automatisierte Datenverarbeitung gegeben sei. Bei dieser Argumentation wird dem Aspekt des Verfahrensverbundes bei computergestützten Systemen, d.h. daß jedes Informations- und Steuerungssystem notwendige manuelle und automatisierte Teile umfaßt, nicht genügend Rechnung getragen. In der öffentlichen Anhörung des Innenausschusses des Deutschen Bundestages vom 6. Mai 1974 haben ins-

---

1) Vgl. Lindemann, Peter, Nagel, Kurt und Herrmann, Günter: a.a.O., S. 135.

2) Von der umfassenden Regelung, alle Verfahren der Datenverarbeitung einzubeziehen, gingen auch der frühere Alternativ-Entwurf und die im Auftrag des Bundesinnenministeriums erstellten Sachverständigengutachten aus. Vgl. BT-Drucksachen VI/2885 und VI/3826.

3) Z.B. W. Birkelbach, der erste hessische Datenschutzbeauftragte, und S. Simitis, der im Juni 1975 zu seinem Nachfolger bestellt wurde. Vgl. Bundesministerium des Innern (Hrsg.): Dokumentation einer Anhörung zum Referentenentwurf eines Bundes-Datenschutzgesetzes vom 7. bis 9. November 1972, a.a.O., S. 18 f. und S. 61.

besondere Steinmüller[1], Faßbender[2], Wittkämper[3] und Bartels[4] darauf hingewiesen, daß es für den Schutz des einzelnen nicht gut wäre, wenn man ein bestimmtes Verfahren, nämlich das automatisierte Verfahren, dem Gesetz unterwerfen und die manuelle Datenverarbeitung ausschließen würde. Auch das Argument, die Verletzung der Privatsphäre wäre nur bei der automatisierten Datenverarbeitung möglich, ist nicht stichhaltig. Zwar hat die automatisierte Datenverarbeitung mit dem Aufbau großer, umfassender, computer-gestützter Informations- und Steuerungssysteme die Gefahr des Mißbrauches von Daten wesentlich erhöht, aber Mißbräuche waren und sind auch bei der herkömmlichen Datenverarbeitung an der Tagesordnung. Dieser Unterschied in der Dimension der Mißbrauchs-

---

1) Vgl. Steinmüller, Wilhelm: Diskussionsbeitrag in der öffentlichen Anhörung des Innenausschusses des Deutschen Bundestages vom 6. Mai 1974. In: Datenschutz/Meldegesetz. Bd. 5 der Reihe "Zur Sache", hrsg. vom Presse- und Informationszentrum des Deutschen Bundestages. Bonn 1974, S. 48 f.

2) Vgl. Faßbender, Wolfgang: Diskussionsbeitrag in der öffentlichen Anhörung des Innenausschusses des Deutschen Bundestages vom 6. Mai 1974. In: Datenschutz/Meldegesetz. Bd. 5 der Reihe "Zur Sache", hrsg. vom Presse- und Informationszentrum des Deutschen Bundestages. Bonn 1974, S. 49.

3) Vgl. Wittkämper, Gerhard W.: Diskussionsbeitrag in der öffentlichen Anhörung des Innenausschusses des Deutschen Bundestages vom 6. Mai 1974. In: Datenschutz/Meldegesetz. Bd. 5 der Reihe "Zur Sache", hrsg. vom Presse- und Informationszentrum des Deutschen Bundestages. Bonn 1974, S. 49 f.

4) Vgl. Bartels, Hildegard: Diskussionsbeitrag in der öffentlichen Anhörung des Innenausschusses des Deutschen Bundestages vom 6. Mai 1974. In: Datenschutz/Meldegesetz. Bd. 5 der Reihe "Zur Sache", hrsg. vom Presse- und Informationszentrum des Deutschen Bundestages. Bonn 1974, S. 51.

gefahren führt bei Simitis[1] und Bühnemann[2] dazu, daß sie neben einem allgemeinen Datenschutzgesetz, das sich auf die automatisierte Datenverarbeitung beschränkt, spezielle Gesetze für die manuelle Datenverarbeitung fordern. Ein solcher Vorschlag, der auf einer Trennung in herkömmliche und automatisierte Verfahren beruht, dürfte aufgrund der vielfältigen Interdependenzen der Verfahren in der Organisationspraxis kaum realisierbar sein. Was nicht eindeutig getrennt werden kann, sollte man auch gemeinsam regeln[3].

Im Sinne der Praktikabilität des Gesetzes schlug der Verein Deutscher Maschinenbau-Anstalten e.V.[4] 1974 vor, bestimmte Datensammlungen geringerer Bedeutung von den Regelungen des Gesetzes auszunehmen. Hierzu sollten ins-

---

1) Vgl. Simitis, Spiros: Diskussionsbeitrag in der öffentlichen Anhörung des Innenausschusses des Deutschen Bundestages vom 6. Mai 1974. In: Datenschutz/Meldegesetz. Bd. 5 der Reihe "Zur Sache", hrsg. vom Presse- und Informationszentrum des Deutschen Bundestages. Bonn 1974, S. 48.

2) Vgl. Bühnemann, Bernt: Datenschutz im nicht-öffentlichen Bereich. In: Betriebs-Berater, Beilage 1, 29. Jg., Heft 3, 1974, S. 3.

3) Dieser Grundsatz wird insbesondere von der Präsidentin des Statistischen Bundesamtes, Frau Dr. Hildegard Bartels, vertreten. Sie brachte bei der Sachverständigenanhörung am 6. 5. 1974 im Deutschen Bundestag klar zum Ausdruck, daß die Geheimhaltungsvorschriften im Statistischen Bundesamt immer für die manuelle und maschinelle Datenverarbeitung gegolten haben. Am Beispiel der Datenerfassung zeigte sie auf, daß die Einzelangaben auf einem Fragebogen dem gleichen Schutz unterliegen müssen, wie die auf magnetischen Datenträgern gespeicherten Daten. Vgl. Bartels, Hildegard: a.a.O., S. 51.

4) Vgl. Verein Deutscher Maschinenbau-Anstalten e.V. (VDMA): Diskussionsbeitrag in der öffentlichen Anhörung des Innenausschusses des Deutschen Bundestages vom 6. Mai 1974. In: Datenschutz/Meldegesetz. Bd. 5 der Reihe "Zur Sache", hrsg. vom Presse- und Informationszentrum des Deutschen Bundestages. Bonn 1974, S. 44.

besondere Fachdatensammlungen, die überwiegend für interne Zwecke (z.B. Kunden- und Lieferantenanalysen) bestimmt sind, gehören. Dieser Vorschlag wurde jedoch im jetzigen Gesetzestext nicht berücksichtigt.

Nach der Feststellung, daß der Schutzbereich "alle Verfahren" in seiner Substanz nicht angetastet werden soll, fragt es sich, ob der Begriff der Datei sinnvoll erscheint, da er im derzeitigen Sprachgebrauch für den Bereich der automatisierten Datenverarbeitung besetzt ist[1]. Hier wird in die Diskussion der Begriff der "Datensammlung" gebracht, der zweckmäßiger erscheint, da er ohne verfahrensabhängige Implikation verwendet werden kann.

Im Entwurf des Bundes-Datenschutzgesetzes zählten "Bücher" ausdrücklich nicht zur "Datei". Es wurde davon ausgegangen, daß das "Buch" eine lesbare schriftliche Darstellung von Geschäftsvorfällen ist. In den Neufassungen des HGB und der AO wurde der semantische Gehalt dieses Begriffes wesentlich erweitert[2], indem man, in Anlehnung an die Entwicklung der Datenverarbeitungstechnik, auch Aufzeichnungen anderer Art, z.B. in magnetischen Speichern, als "in ein Buch aufgenommen" anerkennt. Dieser Begriffsinhalt gilt heute auch schon weitgehend im Arbeitsrecht und im Gewerberecht. An diesem Beispiel zeigte sich ganz deutlich, daß bei dem Erarbeiten des Entwurfes für ein Bundes-Datenschutzgesetz die Interdependenzen mit der Neufassung des HGB und der AO viel zu

---

1) In Gablers Wirtschafts-Lexikon wird beispielsweise der Begriff der Datei wie folgt definiert: Datei, in der elektronischen Datenverarbeitung Sammlung von Daten, die nach einem Ordnungskriterium, das sie als zusammengehörend kennzeichnet, in maschinell lesbaren Speichern gespeichert sind (z.B. Kontostände aus der Kontokorrentbuchhaltung nach Kontenbezeichnung, Lagerbestände nach Artikelbezeichnungen); Sellien, R. und Sellien, H. (Hrsg.): Dr. Gablers Wirtschafts-Lexikon. Wiesbaden 1971, S. 906.

2) Vorschläge für den Wandel der Begriffsinhalte bei Buch, Buchführung, Beleg und Belegaufbewahrung finden sich in Meyer, Carl W. und Nagel, Kurt: Systemprüfung bei automatisierter Datenverarbeitung. Neuwied und Berlin 1974, S. 48.

wenig, wenn überhaupt, gesehen wurden. Auf dieses Problem der unterschiedlichen Interpretation des Begriffes "Buch" nach dem Entwurf des Bundes-Datenschutzgesetzes und nach dem HGB und der AO hat zum erstenmal Wittkämper[1)] in der öffentlichen Anhörung des Innenausschusses des Deutschen Bundestages am 6. Mai 1974 hingewiesen. Er betonte, daß wenn es bei der Ausnahmeregelung des § 3 Abs. 3 bliebe, d.h. Bücher fallen nicht unter den Datei-Begriff, dann wären ganze Funktionsbereiche des Handelsrechts, des Steuerrechts, des Arbeitsschutzrechts und des Gewerberechts außerhalb des Gesetzes. Da dies vom Gesetzgeber weder gewünscht noch beabsichtigt war, ist im Gesetz der Buch-Begriff nicht mehr enthalten.

2.1.3.2 Übermittlung an Dritte

Die in den Abschnitten 2.1.1 und 2.1.2 geschilderten Datenschutzgesetze bzw. die Entwürfe für Datenschutzgesetze setzen sich mit dem Problem der Weitergabe der Daten auseinander. Dieser Problemkreis ist vor allem deshalb von Bedeutung, weil der Begriff "Übermittlung an Dritte" grundlegend für wesentliche Verbote des Gesetzes ist.

Geht man davon aus, daß unter dem Dritten jede andere juristische Person als der Datenhalter und der Betroffene verstanden wird, dann stellt sich die Frage, ob nicht eine einschränkende Definition des Dritten notwendig ist. Demnach würde bei allen Unternehmen, die Vertriebsorganisationen, Produktionsbetriebe und Datenverarbeitungsanlagen juristisch verselbständigt haben, diese aber zur selben wirtschaftlichen Einheit gehören, in

---

1) Vgl. Wittkämper, Gerhard W.: Datenschutz/Meldegesetz, a.a.O., S. 47.

ihrem Verhältnis untereinander bereits der Dritte vorliegen. Daß in diesem Falle eine Einschränkung des Begriffes notwendig ist, wird besonders deutlich, wenn man an die ca. 10.000 Unterstützungskassen und ca. 250 Pensionskassen in der Bundesrepublik denkt, die aus den zugehörigen Firmen juristisch abgetrennt wurden, aber zur selben wirtschaftlichen Unternehmenseinheit gehören.

Die Wirtschaftspraxis[1)] ist daher daran interessiert, daß der Begriff des Dritten auf die betriebswirtschaftliche Betrachtungsweise der wirtschaftlichen Unternehmenseinheit abgestimmt wird. Dieser Betrachtungsweise konnte sich der Gesetzgeber im Bundes-Datenschutzgesetz nicht anschließen. Nach dem Gesetzesstand ist der Dritte jede andere Person, ausgenommen der Betroffene selbst und die im Auftrag tätigen Unternehmen.

2.1.3.3 Technische und organisatorische Maßnahmen

In fast allen Datenschutzentwürfen bzw. -gesetzen werden die notwendigen Sicherungsmaßnahmen nicht einzeln aufgezählt, sondern in Form einer Generalnorm umschrieben. Im deutschen Gesetz werden technische und organisatorische Maßnahmen zur Ausführung der Gesetzesvorschriften für erforderlich gehalten, wenn ihr Aufwand in einem angemessenen Verhältnis zu dem angestrebten Schutzzweck steht.

An einer solchen Formulierung, aus der sich der Zwang zum Aufbau eines Datensicherungssystems ableitet, wird oft

---

1) Im öffentlichen Bereich gilt dasselbe wie im privatwirtschaftlichen Bereich. Vgl. Wittkämper, Gerhard W.: Datenschutz in Deutschland, a.a.O., S. 37.

wegen ihrer Dehnbarkeit Kritik geübt. Würde man jedoch auf der anderen Seite die einzelnen Sicherungsmaßnahmen im Gesetz vorschreiben[1], dann dürfte dies in zahlreichen Fällen zur Rechtsunklarheit führen und es wäre in der Zukunft eine ständige Anpassung gesetzter Normen an die sich ändernden Gegebenheiten erforderlich, wenn man nicht die technische Entwicklung über einen längeren Zeitraum festschreiben wollte. Dadurch, daß in den vorhandenen Datenschutzgesetzen bzw. -entwürfen Kasuistik im wesentlichen vermieden wurde, ist im Rahmen der allgemeinen Norm die Organisationsfreiheit des Datenhalters in vollem Umfang gegeben. Es bleibt ihm überlassen, wie er sein Datensicherungssystem organisiert. Er hat festzustellen, welchen Schutzwert die zu schützenden Tatbestände haben und welche Sicherungsmethoden geeignet sind. Durch das Vorschreiben einzelner oder Gruppen von Sicherungsmaßnahmen durch den Gesetzgeber, könnten - je nach Fixierung des Sicherungsniveaus - die Kosten in zahlreichen Fällen auch unvertretbar sein bzw. die Sicherung sehr kritischer Daten wäre ungenügend. Der Verfasser ist der Ansicht, daß der deutsche Gesetzgeber es hinsichtlich dieser und weiterer Problemkreise[2] verstanden hat, die Querschnittsmaterie Datenschutz in umfassender Weise zu regeln. Es muß dem verantwortlichen Referenten[3] für den Regierungsentwurf zugestimmt werden, wenn er zum Ausdruck bringt, daß die Alternative zu Generalisierung und Abstraktion, die Kasuistik, spätestens seit dem 19. Jahrhundert eine überwundene Gesetzgebungsmethode ist.

---

1) Die Anlage zu § 6 darf in diesem Sinne nicht als Kasuistik aufgefaßt werden. Sie enthält im wesentlichen Zielvorstellungen, die je nach der Art der gespeicherten Daten anzustreben sind.

2) Die umfassende Regelung kommt z.B. auch zum Ausdruck in den Anwendungsbereichen (der Datenschutz soll grundsätzlich in allen öffentlichen und privaten Bereichen gelten), den Verfahren (manuelle und maschinelle Verfahren) und damit auch dem Schutz aller personenbezogener Daten.

3) Vgl. Auernhammer, Herbert: Die gesetzliche Regelung der Verarbeitung personenbezogener Daten im Dienste des Datenschutzes. In: IBM-Nachrichten, 24 Jg., Heft 221, 1974, S. 174.

2.1.3.4 Zur Frage der Protokollierung

In den meisten Datenschutzgesetzen bzw. Entwürfen für ein Datenschutzgesetz spricht man von der Protokollierung (siehe Tabellen 5 und 7). Ein Außenstehender kann den Eindruck gewinnen, als wäre die Protokollführung das Allheilmittel für die Realisierung des Datenschutzes. Dieser Eindruck muß insbesondere dadurch aufkommen, daß in der Regel neben der Generalklausel der erforderlichen und zumutbaren technischen und organisatorischen Maßnahmen gegen Mißbräuche noch spezifisch von der Protokollführung gesprochen wird. Hier rückt man eine einzelne Sicherungsmethode aus dem Strauß der Vorkehrungen und Methoden deutlich in den Vordergrund. Daß dies gesetzgebungstechnisch nicht erstrebenswert ist, wird allgemein[1] betont. Diese kasuistische Regelung könnte - wenn überhaupt - nur dann bejaht werden, wenn die Protokollierung bei selbsttätigem Abruf die einzige Sicherungsmaßnahme darstellen würde. Da dies jedoch nicht zutrifft, sollte eine Protokollierung im äußersten Fall nur auf dem Verordnungswege vorgeschrieben werden.

Im deutschen Gesetz ist die Protokollierung zwar nicht mehr explizit angesprochen. Sie wird aber weiterhin als eine wichtige Maßnahme beim Aufbau eines Datensicherungssystems angesehen (z.B. Punkt 7 der Anlage zu § 6).

---

1) Vgl. z.B. Thomas, Uwe: Computerized Data Banks in Public Administration. Paris 1971, S. 62 ff.; Muschalla, Heinz: Diskussionsbeitrag in der öffentlichen Anhörung des Innenausschusses des Deutschen Bundestages vom 6. Mai 1974. In: Datenschutz/Meldegesetz. Bd. 5 der Reihe "Zur Sache", hrsg. vom Presse- und Informationszentrum des Deutschen Bundestages. Bonn 1974, S. 178; Verein Deutscher Maschinenbau-Anstalten e.V. (VDMA): Diskussionsbeitrag in der öffentlichen Anhörung des Innenausschusses des Deutschen Bundestages vom 6. Mai 1974. In: Datenschutz/Meldegesetz. Bd. 5 der Reihe "Zur Sache", hrsg. vom Presse- und Informationszentrum des Deutschen Bundestages. Bonn 1974. S. 175 f.

Nach dem Entwurf war die Protokollierungspflicht dann gegeben, wenn folgende Voraussetzungen vorlagen[1]:

1. Personenbezogene Daten natürlicher Personen, die
2. in Dateien gespeichert sind, werden
3. über selbsttätige Einrichtungen
4. von Dritten abgerufen.

In der Bundesrepublik ist es für den Bereich der Wirtschaft schwierig, Beispiele für das Vorliegen aller Voraussetzungen für die Protokollierung zu finden. Während die ersten beiden Voraussetzungen noch bei den meisten Unternehmen vorhanden sind, dürften selbsttätige Einrichtungen zum heutigen Zeitpunkt nur bei einem relativ kleinen Prozentsatz der Unternehmen zu finden sein, wie aus Schätzungen von ADV-Herstellerfirmen und ADV-Beratungsorganisationen hervorgeht[2]. Legt man den im deutschen Entwurf fixierten Begriff der Datenstation zugrunde, der im wesentlichen Konsolschreibmaschinen, Bildschirmeinheiten und kombinierte Lese-/Druckgeräte zum Inhalt hatte, dann waren in der Bundesrepublik Deutschland im Jahre 1972 etwa 20.000 Geräte installiert. Nimmt man weiter an, daß die Unternehmen bzw. Verwaltungseinheiten im Durchschnitt zwischen 5-7 Datenstationen installiert hatten, dann dürften ca. 3.000 Unternehmen bzw. Verwaltungseinheiten die dritte Voraussetzung für eine Protokollführung erfüllt haben. Für das Jahr 1985 wird eine Steigerung um ca. 1.500% für durchaus realistisch angesehen. Dies würde bedeuten, daß dann etwa 270.000 Konsolschreibmaschinen, Bildschirmeinheiten und kombinierte

---

1) BT-Drucksache VII/1027, § 7 Abs. 3.
2) Da Angaben über die Entwicklung dieses Marktes fast ausschließlich nur für den internen Gebrauch der angesprochenen Unternehmen bestimmt sind, kann im Rahmen dieser Arbeit keine weitergehende Analyse vorgenommen werden.

Lese-/Druckgeräte in Deutschland installiert wären. Es hätten also in der Zukunft immer mehr Unternehmen bzw. Verwaltungseinheiten diese Voraussetzung hinsichtlich der Protokollführung nach dem Entwurf des Bundes-Datenschutzgesetzes erfüllt.

Wie aber hätte es mit der letzten Voraussetzung, dem Abruf durch Dritte, ausgesehen? Als typisches Beispiel hierfür kann man in der Wirtschaft die Schutzgemeinschaft für allgemeine Kreditsicherung (SCHUFA) ansehen, in deren Dateien wesentliche Daten der Kreditnehmer gespeichert werden[1]. Direkten Zugriff zu diesen Daten haben im allgemeinen neben den angeschlossenen Banken und Sparkassen auch ausgewählte Kunden wie Kaufhäuser und Versandhäuser. Im öffentlichen Bereich gibt es ebenfalls nur einige Beispiele für die Erfüllung dieser Voraussetzung der Protokollführung. Diese sind insbesondere dort zu finden, wo Verwaltungseinheiten, die als Dritte angesehen werden, im Dialogverkehr mit Rechenzentren stehen.

Hinsichtlich des Zeitpunktes und des Umfanges der Protokollierung war die Regelung des Entwurfes als gemäßigt anzusehen, wenn man sie mit einigen zur Protokollierung gemachten deutschen Vorschlägen vergleicht.

---

1) Die SCHUFA, die seit 1927 besteht, ist keine Auskunftei im herkömmlichen Sinne, da sie selbst keine Recherchen anstellt. Ihr Aufgabenbereich umfaßt lediglich die treuhänderische Verwaltung des ihr von der Kreditwirtschaft übergebenen Datenmaterials. Anfang 1975 umfaßte der Datenbestand ca. 22 Millionen Personen. Aus diesem Bestand wurden 1974 über 17 Millionen Auskünfte erteilt. Es kann angenommen werden, daß dieses Institut bald über fast jeden zweiten Bundesbürger Unterlagen hat.

Beispiele für den Zeitpunkt der Protokollierung

	Bei Weitergabe durch Abruf Dritter	Bei Eingabe (Löschung) und bei Weitergabe
Regierungsentwurf	x	
IPA-Entwurf[1)]		x
Podlech-Entwurf[2)]		x

Beispiele für den Umfang des Protokolls

Regierungs-Entwurf	IPA-Entwurf	Podlech-Entwurf
Abrufende Stelle	Datum jeder Eingabe	Datum und Uhrzeit jeder Eingabe
Art des Abrufes	Datum jeder Übermittlung	Datum und Uhrzeit jeder Löschung
Zeitpunkt des Abrufes	Namen des Bearbeiters	Datum und Uhrzeit jeder Übermittl.
	Namen und Anschrift der anfordernden Person oder Stelle	Namen der Bearbeiter für Eingabe-Übermittl. oder Ausgabe
	Art der weitergegebenen Daten	Namen und Anschrift der anfordernden Person oder Stelle
	Zweck der Datenanforderung	Menge der weitergegebenen Daten

Zusammenfassend kann gesagt werden, daß Protokolle nur unter folgenden Voraussetzungen einen Sinn haben:

1) Vgl. Drucksache VI/2885.
2) Vgl. Podlech, Adalbert: Datenschutz im Bereich der öffentlichen Verwaltung. Berlin 1973, S. 15.

- sie müssen sich auf datenschutzkritische Sachverhalte beschränken,
- sie müssen aussagefähig sein,
- sie müssen prüfbar sein und
- sie müssen wirtschaftlich sein[1].

Wird sehr viel protokolliert, dann entsteht u.a. eine solche Datenmenge, die nicht mehr prüfbar ist. Die Kosten der Protokollierung sind, gemessen an dem erreichbaren Ergebnis, sehr hoch. Es werden sicherlich 1.000 und mehr Protokolleinträge über erlaubte Abrufe gemacht, bevor auch nur ein Mißbrauch protokolliert wird. Diesen kann man dann aber wegen der großen Masse von Einträgen kaum noch entdecken.

Viel sinnvoller wäre es, die Zugriffsberechtigungen klar zu regeln und Sicherungsmaßnahmen gegen den Mißbrauch zu ergreifen. Eine dieser Maßnahmen könnte dann möglicherweise auch die Protokollierung bei versuchtem unberechtigten Abruf sein.

2.1.3.5 Durchführungskontrolle

Die Frage nach den Kontrollformen im Rahmen des Datenschutzes wird nach wie vor sehr heftig diskutiert. Neben den beiden Grenzpolen von Fremdkontrolle und Selbstüberwachung wurde eine Vielzahl von Lösungsvorschlägen entwickelt. Während in der Wissenschaft[2] überwiegend die Institutionalisierung der Fremdkontrolle als conditio sine qua non für einen effektiven Datenschutz an-

---

1) Vgl. Zimmermann, Dieter: Ist die Protokollierung nach dem EBDSG für den Datenschutz notwendig und geeignet? In: Öffentliche Verwaltung und Datenverarbeitung, 5. Jg., Heft 5, 1975, S. 197 ff.
2) Vgl. hierzu z.B. Seidel, Ulrich: Datenbanken und Persönlichkeitsrecht. Köln 1972, S. 181; Schimmel, Wolfgang und Steinmüller, Wilhelm: a.a.O., S. 163 ff.; Podlech, Adalbert: Verfassung und Datenschutz. In: Erfassungsschutz, hrsg. von H. Krauch. Stuttgart 1975, S. 74 ff.

gesehen wird, plädiert die Wirtschaftspraxis[1] für eine Selbstkontrolle. Die Argumentation, daß eine Fremdkontrolle wirksamer als eine Eigenkontrolle sei, muß bezweifelt werden. Bühnemann[2] betont zu Recht, daß jede datenschutzrechtliche Regelung auf die Mitwirkung der verarbeitenden Stellen, auf ihren Gesetzesgehorsam angewiesen ist. Auf der anderen Seite behauptet Simitis[3], die Selbstkontrolle liefe darauf hinaus, die ständige Umgehung der gesetzlichen Normen bewußt in Kauf zu nehmen. Wenn man unterstellt, daß die Unternehmen und Verwaltungseinheiten aus internen Gründen am Aufbau eines Datensicherungssystems interessiert sind und nicht nur den gesetzlichen Zwang sehen, dann muß dieser Aussage widersprochen werden.

Eine wesentliche Restriktion in der Realisierung der Fremdkontrolle wird nach wie vor im Aufbau und der Zu-

---

1) Vgl. Bundesverband der Deutschen Industrie e.V.: Stellungnahme zu dem Entwurf der Bundesregierung eines Gesetzes zum Schutz vor Mißbrauch personenbezogener Daten bei der Datenverarbeitung. Köln, 5. 2. 1974, Reg. Nr.: 33/74, S. 17. Diese Stellungnahme wird von folgenden Spitzenorganisationen der Wirtschaft getragen: Bundesverband der Deutschen Industrie, Bundesverband des Deutschen Groß- und Außenhandels, Bundesverband des Deutschen Versandhandels, Bundesvereinigung der Deutschen Arbeitgeberverbände, Deutscher Genossenschafts- und Raiffeisenverband, Deutscher Industrie- und Handelstag, Hauptgemeinschaft des Deutschen Einzelhandels, Zentralverband der Genossenschaftlichen Großhandels- und Dienstleistungsunternehmen, Zentralverband des Deutschen Handwerks.
2) Vgl. Bühnemann, Bernt: a.a.O., S. 5.
3) Vgl. Simitis, Spiros: Datenschutz - Notwendigkeit und Voraussetzungen einer gesetzlichen Regelung. In: Datenverarbeitung im Recht, 2. Jg., Heft 2/3, 1973, S. 173.

sammensetzung einer solchen Behörde gesehen[1]. Das Erreichen und Bewahren umfassender Kenntnisse in der Hard-, Soft- und Orgware dürfte bei diesen Mitarbeitern immer problematisch sein. Die Eigenkontrolle hat hier den Vorteil, daß der unternehmensinterne Datenschutzbeauftragte bereits beim Aufbau von Sicherungssystemen aktiv mitwirken kann. Dies hat sich in einer Reihe von deutschen Unternehmen, die den Datenschutzbeauftragten bereits von sich aus ernannt haben, als sehr zweckmäßig erwiesen. Als seine wesentliche Aufgabe wird dabei die Koordinierung der Datensicherungsmaßnahmen gesehen. Die im deutschen Gesetz vorgeschriebenen Aufgaben des Beauftragten für den Datenschutz sind durchaus sinnvoll. Man hat hier klar erkannt, daß die in früheren Entwürfen fixierte Aufgabe der Programmprüfung in der Praxis kaum realisiert werden kann.

Es ist schwer verständlich, daß gerade namhafte Verfechter der Fremdkontrolle immer wieder die Programmprüfung fordern[2]. Programme sind aber von einem außenstehenden sachverständigen Dritten in ihrer echten Form kaum prüfbar. Dies vermag im allgemeinen nicht einmal ein Programmierer bezüglich eines Programmes, das ein anderer Programmierer geschrieben hat. Um Programme prüfen zu können, müßten die Datenschutzbeauftragten bzw. die Mitarbeiter einer Kontrollbehörde in der Programmierung

1) Eine ausführliche Darstellung der Möglichkeiten sowie der Ausgestaltung einer institutionalisierten Fremdkontrolle findet sich in Gesell, Rudolf: Brauchen wir einen Bundesdatenschutzbeauftragten? In: Öffentliche Verwaltung und Datenverarbeitung, 4. Jg., Heft 4, 1974, S. 147 ff.

2) Vgl. z.B. Podlech, Adalbert: Prinzipien des Datenschutzes in der öffentlichen Verwaltung. In: Datenschutz, hrsg. von W. Kilian, K. Lenk und W. Steinmüller. Frankfurt 1973, S. 8.

voll ausgebildet sein. Dies ist aber eine unrealisierbare Forderung. Der Verfasser hat bereits vor Jahren im Zusammenhang mit der Programmprüfung durch den Revisor darauf hingewiesen[1], daß im wesentlichen nur eine ordnungsgemäße Dokumentation die Systeme für einen Dritten überprüfbar macht. Daher ist es sinnvoller, wenn man im Rahmen der Selbstverantwortung und Selbstkontrolle darauf achtet, daß eine solche Dokumentation angelegt wird.

2.1.3.6 Anpassungszeit

In den Diskussionen um die Anpassungszeit geht es letztlich immer um die Frage, welche Karenzfrist ausreichend erscheint, um die notwendigen Umstellungsarbeiten im privaten und öffentlichen Bereich durchzuführen. Die Entwürfe bzw. Gesetze zur Regelung des Datenschutzes sehen in den einzelnen Ländern unterschiedliche Anpassungszeiten vor. Das Datenschutzgesetz in den USA ließ einen Vorbereitungszeitraum von 270 Tagen zu. Im deutschen Entwurf war für die Behörden eine Anpassungszeit von ca. 2 Jahren und für die gewerbliche Wirtschaft von einem Jahr nach der Verkündung des Gesetzes vorgesehen.

Geht man vom derzeitigen Stand der Datensicherung in der Bundesrepublik aus, dann kann festgestellt werden, daß die ursprünglich im Entwurf vorgesehene Anpassungszeit von einem Jahr für die meisten Unternehmen nicht ausreichen konnte. Der Verfasser stellte aufgrund verschiedener Untersuchungen fest (die Ergebnisse sind insbesondere in dem Abschnitt 3.3.3 dargestellt und analysiert), daß vor

1) Vgl. Lindemann, Peter und Nagel, Kurt: Revision und Kontrolle bei automatisierter Datenverarbeitung, a.a.O., S. 64 ff.

allem auf dem Sektor der organisatorischen Maßnahmen in der deutschen Wirtschaft und Verwaltung nur in Ausnahmefällen ein systematischer Ansatz zum Schutz der personenbezogenen Daten vor Mißbrauch gegeben ist. Die meisten Unternehmen haben bis heute keine Analyse der Schutzbedürfnisse sowie der Sicherungsmethoden vorgenommen. Es fehlt in hohem Umfang an den einfachsten organisatorischen Maßnahmen wie Funktionstrennung, Dokumentation der Programme und Abläufe, klare Kontrollsysteme, Richtlinien für den Katastrophenfall und für die Änderung von Stammdaten, für die Rekonstruktion von Dateien, für die Vergabe von Sicherheitscodes, für die Verwaltung und Benutzung von Datenbeständen und Programmen usw.

Wollte man diese und weitere Aktivitäten innerhalb eines Jahres durchführen, müßte man zwangsläufig die Datensicherung wie bisher improvisiert und punktuell betreiben. Dies würde gleichzeitig bedeuten, daß ein optimales und damit auch wirtschaftliches Sicherungssystem nicht erreicht werden könnte. Echten Schutz kann aber nur ein umfassend integriertes Datensicherungssystem liefern. Der Gesetzgeber hat dies erkannt, indem er für den § 6 mit seinen technischen und organisatorischen Maßnahmen die Anpassungsfrist auf zwei Jahre verlängerte.

2.2 Normen der Rechnungslegung

2.2.1 Die Grundsätze ordnungsmäßiger Buchführung (GoB)

2.2.1.1 Rechtsnatur und Ableitung der GoB

Der Gesetzgeber hat für die Rechnungslegung zahlreiche Vorschriften erlassen (z. B. §§ 38-44 HGB, §§ 148-161 Akt G, §§ 41-42 GmbHG). Obwohl er sich in diesen Gesetzen auf die "Grundsätze ordnungsmäßiger Buchführung" bezieht, hat er den Begriff in technischer Hinsicht nicht definiert. Damit wurde nach Meinung des früheren Präsidenten des Bundesamtes der Finanzen bewußt darauf verzichtet, "starre kasuistische und möglicherweise durch Enumeration ausschließliche Formen für die Führung von Büchern aufzustellen"[1]. Die Verweisung auf die GoB erschien jahrzehntelang völlig unproblematisch[2], bis Döllerer[3] im Jahre 1959 die Frage nach der Rechtsnatur der GoB stellte. Inzwischen gibt es die unterschiedlichsten Meinungen über deren Rechtsnatur. Es wird u. a. gesprochen von hypothetischen Geboten[4], von kategorischen

1) Schröder, Johannes: Probleme ordnungsmäßiger Buchführung bei automatisierter Datenverarbeitung. In: Das Rechnungswesen bei automatisierter Datenverarbeitung (Studienkreis Finanzpräsident Schröder). Wiesbaden 1971, S. 200.

2) Vgl. Kruse, Heinrich Wilhelm: Grundsätze ordnungsmäßiger Buchführung. Köln 1970, S. 1.

3) Vgl. Döllerer, Georg: Grundsätze ordnungsmäßiger Bilanzierung, deren Entstehung und Ermittlung. In: Die Wirtschaftsprüfung, 12. Jg., Heft 24, 1959, S. 653 ff.

4) Vgl. Döllerer, Georg: a.a.O., S. 654.

Geboten[1], von Rechtsnormen[2] und von Tatsachen mit abgeleiteter Rechtssatzwirkung[3].

Kruse[4] hat in einer umfassenden juristischen Ausarbeitung die verschiedenen Ansichten über die Rechtsnatur der GoB analysiert. Er kommt zu dem Schluß, daß das in der Vergangenheit praktizierte Ausschließlichkeitsdenken den Zugang zur rechtlichen Einordnung der GoB versperrt hat. Sobald man diese Denkweise aufgegeben hat, können nach Kruse die verschiedenen Ansichten über die Rechtsnatur der GoB miteinander verbunden werden, d.h. einzelne GoB können Rechtsnormen, Gewohnheitsrecht, Handelsbräuche, Verkehrsanschauungen sein oder sich aus der Natur der Sache (Zwecken und Zielen der Buchführung) ergeben. Es ist dabei nicht notwendig, daß die einzelnen Grundsätze die verschiedenen Stufen der Reihe nach durchlaufen. Kruse muß zugestimmt werden, wenn er dem Ausschließlichkeitsdenken eine klare Absage erteilt. Es ist richtig, daß gewisse GoB im Gesetz als verbindliche Rechtsnormen fixiert sind und andere GoB den möglichen Vorformen des gesetzten Rechts zugeordnet werden können[5].

---

1) Vgl. Waldner, Wolfgang: Der Bundesgerichtshof und die Rechtsnatur der Grundsätze ordnungsmäßiger Buchführung. In: Der Betriebs-Berater, 16. Jg., Heft 29, 1961, S. 1109.
2) Vgl. Anderson, Viktor: Grundsätze ordnungsmäßiger Bilanzierung in der Rechtsprechung der Finanzgerichte. Heidelberg 1965, S. 14; Schröder, Johannes: Probleme ordnungsmäßiger Buchführung bei automatisierter Datenverarbeitung, a.a.O., S. 200.
3) Vgl. Jelinek, Walter: Verwaltungsrecht. 3. Aufl., Offenburg 1948, S. 132 ff.; Döllerer, Georg: a.a.O., S. 653.
4) Vgl. Kruse, Heinrich Wilhelm: a.a.O., S. 13 ff.
5) Vgl. hierzu auch Loy, Arno: Grundsätze und Regeln ordnungsmäßiger Buchführung - ihre Rechtsnatur. In: Der Betriebs-Berater, 25. Jg., Heft 28, 1970, S. 1210 ff.

Besonders hervorzuheben ist jedoch, daß in der neueren betriebswirtschaftlichen Literatur zur Ableitung der GoB nicht mehr die praktische Übung (induktive Methode)[1] im Vordergrund steht, sondern die Ableitung der GoB aus den Zwecken der Buchführung (deduktive Methode) vorherrschend ist. Es kann Kruse daher nicht voll zugestimmt werden, was bei den weiteren Ausführungen noch zu belegen ist, wenn er die Ansicht vertritt, daß zur Erkenntnis, die GoB aus den Zwecken und Zielen der Buchführung abzuleiten, nur wenige gelangt seien[2].

Ursprünglich wurden die Grundsätze ordnungsmäßiger Buchführung ausschließlich von der tatsächlichen Übung ordentlicher und ehrbarer Kaufleute abgeleitet. Der Gesetzgeber ging bei der Entstehung des HGB davon aus, daß sich unter den Kaufleuten sinnvolle und vernünftige Bräuche entwickeln würden, die geeignet sind, als Grundsätze für die Rechnungslegung gegenüber Dritten zu dienen. Das Vertrauen des Gesetzgebers in die guten Bräuche der Kaufleute wurde mehr und mehr enttäuscht[3]. Es entwickelten sich Buchhaltungs- und Bilanzierungspraktiken, die man auch bei großzügigster Auslegung nicht mehr als GoB bezeichnen konnte. Der Gesetzgeber mußte sich um die Jahrhundertwende an die Buchhaltungs- und Bilanzierungspraxis der Kaufmannschaft anlehnen, da ihm weder Institutionen, der Berufstand der Wirtschaftsprüfer noch die Betriebswirtschaftslehre als

---

1) Die Ermittlung der GoB ist bei den auf "ordentliche Kaufleute" abstellenden traditionellen Auffassungen nur empirisch, d.h. durch die induktive Methode möglich.
2) Vgl. Kruse, Heinrich Wilhelm: a.a.O., S. 98.
3) Vgl. Kicherer, Hans-Peter: Grundsätze ordnungsmäßiger Abschlußprüfung. Berlin 1970, S. 85.

Wissenschaft zur Verfügung standen. Während die Überlegungen des Gesetzgebers bei der Entstehung des HGB in gewissem Sinne verständlich sind, überrascht es, daß in der Folgezeit bis in die jüngste Gegenwart hinein es immer wieder Autoren[1] gibt, die die GoB ausschließlich aus der tatsächlichen Übung ordentlicher und ehrbarer Kaufleute ableiten.

Die ersten Ansätze einer erweiterten Betrachtung finden sich bei Schmalenbach in seinem Aufsatz über die "Grundsätze ordnungsmäßiger Bilanzierung". Er ist der Ansicht, daß es bei der Bestimmung der GoB weniger auf das ankomme, "was man in der Praxis tut, als was man in der Praxis, und zwar in der Praxis ordentlicher und ehrenwerter Kaufleute, für richtig hält"[2]. Zwar geht Schmalenbach im Grundsatz auch von der praktischen Übung aus, doch es wird hier bereits - wie Leffson betont - der "Ratio der Vorrang vor dem Faktischen zugebilligt"[3]. In der neueren Literatur setzt sich immer mehr die Auffassung durch, daß die GoB in erster Linie nicht durch

---

1) Vgl. z.B. Velde, van der: Zur Kritik an den Grundsätzen ordnungsmäßiger Bilanzierung. In: Der Betrieb, 9. Jg., Heft 35, 1956, S. 804 f.; Anderson, Viktor: a.a.O., S. 24 ff.; Staub, Hermann: Handelsgesetzbuch - Großkommentar der Praxis. 3. Aufl., Berlin 1967, Anmerkung zu § 38, S. 446 f.; Mutze, Otto: Die Wandlung der Grundsätze ordnungsmäßiger Buchführung durch die Weiterentwicklung des Buchführungs- und Bilanzwesens. In: Der Betriebs-Berater, 24. Jg., Heft 2, 1969, S. 62.

2) Schmalenbach, Eugen: Grundsätze ordnungsmäßiger Bilanzierung. In: Zeitschrift für handelswissenschaftliche Forschung, 27. Jg., Heft 5, 1933, S. 232.

3) Leffson, Ulrich: Die Grundsätze ordnungsmäßiger Buchführung. 2. Aufl., Düsseldorf 1970, S. 9.

statistische Erhebungen, sondern durch das Nachdenken[1] ermittelt werden. Insbesondere Adler/Düring/Schmaltz[2], Leffson[3], Christoffers[4] und Jacobs[5] haben nachgewiesen, daß die Grundsätze ordnungsmäßiger Buchführung sich rein induktiv nicht ermitteln lassen. Als wichtigste Gründe führen sie an:

- Ansichten und Übungen der Kaufleute zu bestimmten Problemen sind nur schwer feststellbar.
- Bei neu auftretenden Buchführungsfragen soll einerseits nach den GoB gehandelt werden, andererseits liegt noch keine kaufmännische Übung vor.
- Die kaufmännische Übung ist heute nicht mehr der alleinige Bestimmungsgrund für die GoB wie bei der Entstehung des HGB.
- Die Übung der Kaufleute muß nicht immer identisch sein mit den GoB.
- Im Vordergrund hat der Zweck der Buchführung, nicht die kaufmännische Übung zu stehen.

---

1) Vgl. Döllerer, Georg: a.a.O., S. 656.
2) Vgl. Adler, Hans, Düring, Walther und Schmaltz, Kurt: Rechnungslegung und Prüfung der Aktiengesellschaft. 4. Aufl., Stuttgart 1968, § 149 Tz. 20.
3) Vgl. Leffson, Ulrich: a.a.O., S. 25 ff.
4) Vgl. Christoffers, Rudi: Die Grundlagen der Grundsätze ordnungsgemäßer Bilanzierung. In: Betriebswirtschaftliche Forschung und Praxis, 22. Jg., Heft 2, 1970, S. 78 ff.
5) Vgl. Jacobs, O. H.: Das Bilanzierungsproblem in der Ertragssteuerbilanz. Stuttgart 1971, S. 106.

Das Nachdenken darüber, wie die Rechnungslegung sein sollte, kann von allen Personen und Gremien - auch vom Gesetzgeber - wahrgenommen werden, die sich mit Buchführungsfragen befassen. Der in der Literatur[1] gelegentlich zu findende Ansatz, die GoB von gesetzlichen Bestimmungen abzuleiten, ist jedoch nicht richtig. Selbstverständlich kann man z. B. die Grundsätze der "Wahrheit" und der "Klarheit" im Wege der Induktion aus dem Gesetz ableiten, sie liegen aber in Wahrheit dem Gesetz voraus. In der rechtswissenschaftlichen Literatur[2] besteht im wesentlichen eine einhellige Meinung darüber, daß die allgemeinen Rechtsgrundsätze weder dem Gesetz noch der Rechtsprechung entstammen, sondern daß diese den Gesetzgeber bzw. Richter leiten. Die Grundsätze der Wahrheit und der Klarheit werden daher nicht aus den einzelnen Paragraphen abgeleitet, sondern die §§ 43 Abs. 3 HGB und 146 Abs. 2 AO sind Ausdruck des Grundsatzes der Wahrheit und die §§ 43 Abs. 1 HGB und 162 Abs. 4-6 sind Ausdruck des Grundsatzes der Klarheit. Deshalb sind auch die Auffassungen[3], daß bei Konfliktsituationen zwischen GoB und Gesetz die GoB den gesetzlichen Bestimmungen weichen müßten, nicht richtig. Wie die Praxis zeigt, z. B. an der Neufassung wesentlicher Paragraphen des HGB und der AO, wird es umgekehrt gehandhabt.

---

1) Vgl. hierzu u.a. Peter, Karl: Ordnungsmäßigkeit der Buchführung. 5. Aufl., Ludwigshafen 1964, S. 37 ff.; Leffson, Ulrich: a.a.O., S. 74.

2) Vgl. z.B. Esser, Josef: Grundsatz und Norm in der richterlichen Fortbildung des Privatrechts. Tübingen 1956, S. 227; Larenz, Karl: Wegweiser zu richterlicher Rechtsschöpfung. In: Festschrift für Arthur Nikisch, Tübingen 1958, S. 301; Kruse, Heinrich Wilhelm: a.a.O., S. 128.

3) Vgl. z.B. Anderson, Viktor: a.a.O., S. 14 f.

Als Beispiel sei die Datenspeicherung auf magnetischen Datenträgern genannt. Nach dem Gesetzesstand im Jahre 1975 sind magnetische Datenträger für die Langzeitarchivierung von Geschäftsvorfällen nicht zulässig. Die Praxis hat sich jedoch an dieses Gesetz aus dem Jahre 1965[1] nicht gehalten, da die damals gehegten Bedenken gegen die Langzeitarchivierung auf Magnetband oder -platte meist nur theoretischer Natur waren. In diesem Falle haben die GoB, die ja auch von den Usancen der Praxis bestimmt werden, das Gesetz "überlagert". Auch die weiteren Entscheidungshilfen[2] bei einer deduktiven Ermittlung der GoB wie z. B. die Rechtsprechung und die Erkenntnisse der Betriebswirtschaftslehre leiten sich aus den GoB ab, nicht umgekehrt[3].

---

1) HGB ÄG vom 2. 8. 1965, BGBl. 1965 I, S. 665. In der Begründung zum HGB ÄG heißt es bei § 38 Abs. 2 HGB: "Um sicherzustellen, daß die Wiedergabe ihren Zweck erfüllen kann, wird jedoch ausdrücklich gefordert, daß sie dauerhaft sein muß. Eine Wiedergabe auf einem Magnetband dürfte nach dem gegenwärtigen Stand der Technik dieser Anforderung beispielsweise nicht genügen" (Bundesrats-Drucksache 424/64, S. 5).

2) Als Entscheidungshilfen bei einer deduktiven Ermittlung der GoB stehen insbesondere zur Verfügung: die gesetzlichen Regelungen über die Rechnungslegung, sonstige Verwaltungsanordnungen und Richtlinien, die Rechtsprechung, die Erkenntnisse der Betriebswirtschaftslehre, die Fachliteratur, die Fachgutachten des Instituts der Wirtschaftsprüfer, des DIHT, der Industrie- und Handelskammern und sonstiger Institutionen sowie die Buchführungspraxis. Vgl. hierzu Döllerer, Georg: a.a.O., S. 654 ff.; Adler, Hans, Düring, Walther und Schmaltz, Kurt: a.a.O., Tz. 20; Institut der Wirtschaftsprüfer e.V. (Hrsg.): Wirtschaftsprüfer-Handbuch 1973. Düsseldorf 1973, S.537 f.; Küting, Karlheinz: Zur Frage der Ermittlung von Grundsätzen ordnungsmäßiger Buchführung. In: Die Unternehmung. 28. Jg., Heft 4, 1974, S. 303 ff.

3) Vgl. Körner, Werner: Wesen und System der Grundsätze ordnungsmäßiger Buchführung. In: Betriebswirtschaftliche Forschung und Praxis, 3. Jg., Heft 1, 1971, S. 23.

2.2.1.2 Inhalt und Wandlung der Grundsätze

Wir haben festgestellt, daß zahlreiche GoB durch Deduktion gewonnen werden müssen. Dies setzt voraus, daß Klarheit über die Buchhaltungs- und Bilanzzwecke, dem Ziel der Deduktion, und über ihre Axiome, aus denen dann Einzelgrundsätze der Rechnungslegung abgeleitet werden, besteht[1]. In der Literatur wurde von verschiedenen Autoren klar erkannt, daß innerhalb der GoB ein hierarchisches System bestehen muß. Leffson[2] leitet die "Einzelgrundsätze" aus den "Obergrundsätzen" ab, Körner[3] spricht von "Grund-Sätzen" und "abgeleiteten Sätzen", Moxter[4] unterteilt in "oberste Prinzipien" und "Einzelgrundsätze" und Steinbach[5] verwendet die Begriffe "Grundsätze" und "Postulate". Im folgenden übernehmen wir, wenn wir die GoB unterteilen, die Definitionen von Körner, der klar analysiert hat, daß Grund-Sätze die "Grundlage für alle übrigen Sätze sind"[6].

---

1) Vgl. Steinbach, Adalbert: Gedanken zum gegenwärtigen Stand der Diskussion über Wesen, Rechtsnatur und Ermittlungsmethoden der GoB. In: Zeitschrift für betriebswirtschaftliche Forschung, 25. Jg., Heft 1, 1973, S. 6.
2) Vgl. Leffson, Ulrich: a.a.O., S. 43.
3) Vgl. Körner, Werner: Wesen und System der Grundsätze ordnungsmäßiger Buchführung, a.a.O., S. 22 f.; Körner, Werner: Wesen und Funktion der Grundsätze ordnungsmäßiger Buchführung. In: Die Wirtschaftsprüfung, 26. Jg., Heft 12, 1973, S. 309 ff.
4) Vgl. Moxter, Adolf: Die Grundsätze ordnungsmäßiger Bilanzierung und der Stand der Bilanztheorie. In: Zeitschrift für betriebswirtschaftliche Forschung, 18. Jg., Heft 1, 1966, S. 29 f.
5) Vgl. Steinbach, Adalbert: a.a.O., S. 6.
6) Körner, Werner: Wesen und System der Grundsätze ordnungsmäßiger Buchführung, a.a.O., S. 23. Eine kurze Klärung der Begriffe "Obergrundsätze", "Grundsätze" und "Postulate" wird auch vorgenommen von Steinbach, Adalbert: a.a.O., S. 6.

So wie man in der Sprachlehre zwischen Haupt- und Nebensatz unterscheidet, können Grund-Sätze und sonstige Sätze auseinandergehalten werden. Nach Körner[1] sind alle Wortbildungen mit "Grund" das Unterste, auf dem alles andere aufbaut (z.B.: Grundrechte sind Rechte, auf denen alles sonstige Recht beruht; Grundvertrag ist ein Vertrag, auf dem andere Verträge aufbauen sollen). Geht man von diesem Bild aus, dann führt ein "Obergrundsatz" - der zwar die gleiche Bedeutung wie ein Grund-Satz hat - unmerklich zur Begriffsverwirrung.

In der Literatur herrscht Uneinigkeit über die Grund-Sätze und die abgeleiteten Sätze. Im Rahmen dieser Ausarbeitung ist es nicht möglich, eine umfassende Analyse vorzunehmen. Es wird vielmehr das Ziel verfolgt, die GoB so weit zu konkretisieren, daß festgestellt werden kann, ob sie durch den Einsatz von automatisierten Datenverarbeitungsanlagen eine Änderung erfahren.

Die meisten Autoren unterscheiden in ihren Definitionen zwischen formellen und materiellen Voraussetzungen. Die formellen Grundsätze stellen Forderungen hinsichtlich der äußeren Gestaltung des Abrechnungsvorganges auf. Die materiellen Grundsätze beziehen sich im wesentlichen auf die vollständige Erfassung und wahrheitsgemäße Darstellung aller Geschäftsvorfälle und Vermögensgegenstände. Diese Unterscheidung ist für die Behandlung der Frage der Rechnungslegung bei maschineller Datenverarbeitung insofern wichtig, als im allgemeinen in Literatur und Praxis behauptet wird, daß nur in formeller Hinsicht Abweichungen gegenüber einer manuell oder mit konventionellen Hilfsmitteln erstellten Buch-

---

1) Vgl. Körner, Werner: Wesen und Funktion der Grundsätze ordnungsmäßiger Buchführung, a.a.O., S. 310.

haltung auftreten würden[1]. Sie ist ferner deshalb bedeutsam, weil die Finanzverwaltung bei formellen und materiellen Mängeln unterschiedliche Folgerungen zieht.

Im Schrifttum gibt es die unterschiedlichsten Definitionen zur formellen und materiellen Ordnungsmäßigkeit. Sie beginnen bei sehr allgemein gehaltenen Vorstellungen und enden bei umfassenden kasuistischen Aufzählungen. Stellvertretend für alle Vertreter dieser beiden "Grenzpole" seien die Definitionen von Kalveram und Hundegger wiedergegeben. Nach Kalveram ist die formelle Ordnungsmäßigkeit der Buchführung dann erfüllt, "wenn ein sachverständiger Dritter aus der Buchhaltung jederzeit einen genauen Überblick über die Geschäftslage eines Betriebes gewinnen kann"[2]. Hundegger[3] unterscheidet die formellen Grundsätze nach

- formellen Erfordernissen, die das Buchungssystem betreffen (innere Form oder Organisation der Buchhaltung),

  . Grundsatz, daß die doppelte Buchhaltung durchzuführen ist,
  . Grundsatz theoretisch beliebig tiefer Kontenaufteilung,

---

1) Vgl. Nagel, Kurt und Zimmermann, Siegfried: Grundsätze ordnungsmäßiger Buchführung (GoB) - heutiger Stand und Entwicklungstendenzen. In: Der Einfluß der EDV auf die Rechnungslegung. Heft 3 der IBM-Beiträge zur Datenverarbeitung, Methoden und Techniken, hrsg. von P. Lindemann und K. Nagel. IBM-Form F12-0004. Stuttgart 1973, S. 5 f.
2) Kalveram, Wilhelm: Die steuerliche Buchführung der Betriebe. Frankfurt 1948, S. 14.
3) Vgl. Hundegger, Gerd: Die Grundsätze ordnungsmäßiger Buchführung und die moderne Datenverarbeitung. Diss. München 1962, S. 13 f.

. Grundsatz des geschlossenen Buchungskreislaufes, der sich organisch von der Anfangsbilanz zur Schlußbilanz erstrecken muß,
. Grundsatz, daß alle notwendigen Bücher geführt werden müssen. Es handelt sich hier um die
  - chronologische Verbuchung,
  - systematische Verbuchung,
  - Bestandsrechnung
. Grundsatz, in die Organisation umfassende Kontrollverfahren zu übernehmen,

- formellen Erfordernissen, welche die Handhabung des Systems betreffen (äußere Form der Buchhaltung),
  . Grundsatz der Klarheit und Übersichtlichkeit,
  . Grundsatz der leichten Nachprüfbarkeit,
  . Grundsatz der Sicherung gegen nachträgliche Änderungen,
  . Grundsatz keine Buchung ohne Beleg,
  . Grundsatz der fortlaufenden Verbuchung,
  . Grundsatz der Verbuchung an dem Ort, wo die Geschäftsleitung bzw. die Verwaltung ihren Sitz hat, damit die Buchungsunterlagen jederzeit greifbar sind.

Begriff und Inhalt der GoB lassen sich nicht dadurch klären, daß man eine ungeordnete Aufzählung von Grund-Sätzen und abgeleiteten Sätzen vornimmt. Eine solche Aufzählung kann eigentlich nie vollständig sein, da die meisten abgeleiteten Sätze insbesondere von der Entwicklung der Buchhaltungstechnik beeinflußt werden. Daher ist es notwendig, daß man zunächst die Frage nach den Grund-Sätzen beantwortet. Am häufigsten werden in der Literatur als Grund-Sätze für die formelle Ordnungsmäßigkeit Klarheit, Übersichtlichkeit und Nachprüfbarkeit und für die materielle Ordnungsmäßigkeit Vollständigkeit, Richtigkeit, Wahrheit und Vorsicht genannt[1]. Körner[2] hat in seinen sehr verdienstvollen Ausarbeitungen festgestellt, daß alle in der Literatur genannten Grund-Sätze sich auf die vier Grund-Sätze Klarheit, Wahrheit, Vorsicht und Wirtschaftlichkeit zurückführen lassen[3].

Der Grund-Satz der Klarheit sagt, daß der Steuerpflichtige selbst oder ein sachverständiger Dritter in der Lage sein muß, die Bearbeitung des Buchungsstoffes in allen Einzelheiten vollständig, schlüssig und in angemessener Zeit nachzuvollziehen. Eine ähnliche Generalklausel wird auch in der Rechtsprechung immer wieder verwandt. Danach ist eine Buchführung dann ordnungsgemäß, wenn "der Steuerpflichtige selbst oder ein sachverständiger Dritter sich in dem Buchführungswerk ohne große Schwierigkeit in angemessener Zeit zurechtfinden kann"[4]. Die Klarheit bezieht sich somit auf die Prüfbarkeit. Ein System muß prüfbar sein, damit die Wahrheit jederzeit festgestellt werden kann. Der Grund-

---

1) Vgl. hierzu u.a. Baus, Georg: Die formelle Ordnungsmäßigkeit des Jahresabschlusses nach Handelsrecht und Steuerrecht. Diss. Frankfurt 1957, S. 63 ff.; Günther, Hans-Ulrich: Interne Revision und Datenverarbeitung. Diss. Göttingen 1968, S. 80 ff.
2) Vgl. Körner, Werner: Wesen und System der Grundsätze ordnungsmäßiger Buchführung, a.a.O., S. 24 ff.; Körner, Werner: Wesen und Funktion der Grundsätze ordnungsmäßiger Buchführung, a.a.O., S. 311 ff.
3) Diese Systematik wurde von verschiedenen Autoren bei der Darstellung der Grundsätze ordnungsmäßiger Buchführung übernommen. Vgl. z.B. Peupelmann, Hans W.: Grundsätze ordnungsmäßiger Bilanzierung beim Konzernabschluß. In: Der Betrieb, 26. Jg., Heft 50/51, 1973, S. 2457 ff.
4) Vgl. BFH vom 18. 2. 1966, BSt Bl. 1966 III, S. 496.

Satz der Wahrheit drückt aus, daß alle Geschäftsvorfälle und Vermögensgegenstände vollständig erfaßt und richtig dargestellt werden. Dieser Grundsatz kommt u.a. in § 146 Abs. 1 der Anpassung der Buchführungsvorschriften der AO 1977 zum Ausdruck, in welchem es heißt: "Die Buchungen und die sonst erforderlichen Aufzeichnungen sind vollständig, richtig, zeitgerecht und geordnet vorzunehmen. Kasseneinnahmen und Kassenausgaben sollen täglich festgehalten werden". Der Grund-Satz der Vorsicht verlangt vom Kaufmann bei der Aufstellung des Jahresabschlusses die Berücksichtigung möglicher Risiken. Der Grund-Satz der Wirtschaftlichkeit geht davon aus, daß Rechnungslegungsvorschriften, deren Realisierung bei Unternehmungen und Verwaltungseinheiten erhebliche Kosten verursachen würden, nicht unter Berufung auf die GoB gefordert werden können. Die Anforderungen an die Rechnungslegung müssen "in einem angemessenen Verhältnis zu dem angestrebten Erfolg stehen"[1]. Dieser Grund-Satz findet aber dort seine Grenze, wo die Zwecke der Buchführung und die Grund-Sätze der Wahrheit und Klarheit gefährdet werden[2].

Aus diesen Grund-Sätzen leiten sich alle anderen Sätze ab. Sie sind so genereller Natur, daß sie von der Belegerstellung und -erfassung bis zur Bilanz alle Tatbestände der Rechnungslegung umfassen. Abgeleitete Sätze aus dem Grund-Satz der Wahrheit sind z. B.:

---

1) Stellungnahme des Bundesfinanzministers zur Frage der Erfassung der unbaren Geschäftsvorfälle. In: BSt Bl. 1968 II, S. 527.- 529. Vgl. auch die BFH-Urteile vom 18. 2. 1966 und 23. 9. 1966, BSt Bl. 1966 III, S. 496 und 1967 III, S. 23.

2) Vgl. Miller, Kasimir: Ordnungsmäßige Buchführung und Betriebsprüfung bei automatisierter Datenverarbeitung. Düsseldorf 1970, S. 17.

- Sicherung der Belege und Daten;
- vollständige Erfassung der Geschäftsvorfälle;
- zeitgerechte Buchung (2-Monatsfrist für Grundbuchungen);
- richtige Buchung;
- richtige Bewertung.

Im Rahmen dieser Abhandlung ist eine differenzierte Betrachtung der Grund-Sätze und abgeleiteten Sätze nicht angebracht. Im Vordergrund der weiteren Ausführungen werden die GoB hinsichtlich der Klarheit und Wirtschaftlichkeit stehen, da sich hinsichtlich der Wahrheit und der Vorsicht keine ADV-spezifischen Probleme ergeben[1].

In der Literatur[2] herrscht die Ansicht vor, daß die GoB nicht starr sind, sondern sich ändern; sie können sich - so wird behauptet - den veränderten Verhältnissen, bedingt z. B. durch wirtschaflichen Wandel oder technische Neuerungen, anpassen. Diese Auffassung dürfte durch die Vermischung von Grund-Sätzen und abgeleiteten Sätzen bedingt sein. Während die Grund-Sätze als absolute Normen starr sind, wurden die abgeleiteten Sätze seit jeher von der Entwicklung

---

1) Zur Problematik der Grundsätze der Wahrheit und Vorsicht vgl. insbesondere Maul, Karl-Heinz: Offene Probleme der Ermittlung von Grundsätzen ordnungsmäßiger Buchführung. In: Zeitschrift für betriebswirtschaftliche Forschung, 26. Jg., Heft 11, 1974, S. 726 ff.

2) Vgl. hierzu u.a. Rau, Hans-Gerd: Die Ordnungsmäßigkeit der Buchführung nach den Einkommensteuer-Richtlinien 1969. In: Die steuerliche Betriebsprüfung, 10. Jg., Heft 5, 1970, S. 121; Schröder, Johannes: Probleme ordnungsmäßiger Buchführung bei automatisierter Datenverarbeitung, a.a.O., S. 201.

- der Buchführungsform
  (gebundene Bücher, Lose-Blatt-Buchführung, Offene-Posten-Buchführung),
- des Buchführungssystems
  (einfache, doppelte, kameralistische Buchführung) und
- der Buchführungstechnik
  (manuell oder mit maschinellen Hilfsmitteln)

beeinflußt. Die Grund-Sätze ändern sich auch - entgegen der Auffassung von Leffson[1] - nicht mit dem Wandel der Wirtschaftsordnung. Sowohl in der Marktwirtschaft als auch in der Planwirtschaft müssen die Grund-Sätze beachtet werden. Wird dies nicht getan, dann liegt - gleichgültig in welchem Wirtschaftssystem - keine ordnungsmäßige Rechnungslegung vor[2]. Daß die Grund-Sätze auch in sozialistischen Ländern Gültigkeit haben, bringt z. B. ein Ordinarius der Humboldt-Universität Berlin in einem Beitrag über die Ordnungsmäßigkeitsanforderungen an die Buchführung in der DDR klar zum Ausdruck: "Bei uns sind Wahrheit und Klarheit der Rechenschaftslegung bzw. Ordnungsmäßigkeit der Buchführung fest in der sozialistischen Moral verankerte Grundsätze"[3].

---

1) Vgl. Leffson, Ulrich: a.a.O., S. 47.
2) Vgl. Körner, Werner: Wesen und System der Grundsätze ordnungsmäßiger Buchführung, a.a.O., S. 33; vgl. hierzu auch Dörner, Wolfgang: Ordnungsmäßigkeit der externen Rechnungslegung beim Einsatz automatisierter Datenverarbeitungsanlagen. In: Der Betrieb, 20. Jg., Heft 7, 1967, S. 253.
3) Goll, Günter: Veränderungen der Ordnungsmäßigkeitsanforderungen an die Buchführung. In: Sozialistische Finanzwirtschaft, Heft 10, 1971, S. 43.

2.2.1.3 Anpassung der gesetzlichen Vorschriften an die technische Entwicklung

Die bei der Entstehung des HGB und der AO gemachten Ausführungen zur Form der Rechnungslegung zeichneten sich durch eine große Kasuistik aus. Dies führte in Spezialfällen zur Rechtsunklarheit und machte es notwendig, die gesetzten Normen an wesentliche Änderungen des Buchführungssystems, der Buchführungsform und der Buchführungstechnik anzupassen. Auch die vorgenommenen Änderungen der handelsrechtlichen und steuerrechtlichen Buchführungsvorschriften[1)] wiesen den gleichen Mangel auf. So präsentiert sich das HGB und die AO im Jahre 1976 im Hinblick auf die Rechnungslegung als eine antiquierte Ansammlung von Einzelvorschriften. Wenn der Gesetzgeber von gebundenen Büchern spricht, in die mit Tinte eingetragen werden soll und in denen nicht radiert werden darf, dann wird die Diskrepanz zwischen Buchführungspraxis und gesetzlichen Vorschriften jedermann offenkundig. Dieses Dilemma versucht der Gesetzgeber durch die zum 1. Januar 1977 wirksam werdenden Änderungen der Buchführungsvorschriften des HGB und der AO zum Teil zu beseitigen.

Am 15. Juni 1972 behandelte der Bundestag den von der Bundesregierung beschlossenen Entwurf eines Einfüh-

---

1) Allein in der Reichsabgabenordnung (AO) wurden seit der Verkündung vom 22. 5. 1931 über 50 Gesetze geändert. Vgl. Koch, Karl: Abgabenordnung. In: Handwörterbuch des Steuerrechts unter Einschluß von betriebswirtschaftlicher Steuerlehre, Finanzrecht, Finanzwissenschaft. Bd. 1, hrsg. von W. Hartz, G. Strickrodt, G. Wöhe, G. Felix und H. Sebiger. München 1971, S. 5.

rungsgesetzes zur Abgabenordnung (EGAO 1974)[1]. Der Bundesrat bestätigte diese Fassung in der Stellungnahme zur Bundesratsdrucksache 205/72[2]. Die Drucksache wurde in unverändertem Wortlaut am 9. 2. 1973 dem Bundesrat zur Stellungnahme zugeleitet[3], so daß angenommen werden kann, daß dieser Text des HGB seine endgültige Fassung hat. Der Bundesrat behandelte auch den Regierungsentwurf der neuen Abgabenordnung zur Angleichung an die Änderung des HGB[4]. Das Gesetz wurde vom Bundestag mit der Zustimmung des Bundesrates beschlossen und vom Bundespräsidenten am 16.3.1976 unterzeichnet[5]. Es tritt am 1.1.1977 in Kraft.

Die Gesetzesneuregelungen lassen die materiell rechtlichen Vorschriften unberührt. Sie versuchen, das Buchführungsrecht an die neueren Buchführungstechniken anzupassen. Das Handelsgesetzbuch und die Abgabenordnung verlangen, daß beim Einsatz von ADV-Anlagen im Rechnungswesen bestimmte Voraussetzungen erfüllt sind. So muß z. B. die Überprüfbarkeit sichergestellt sein, die sich jedoch nicht nur auf das technische Verfahren, sondern auch auf die organisatorische Abwicklung erstreckt.

Zentraler Aspekt der Gesetzesänderung ist die Zulassung der Speicherbuchführung (§ 43 Abs. 4). Bei einer Speicherbuchführung werden alle oder ein Teil der verarbeiteten sowie der vom System erzeugten Geschäftsvorfälle auf Datenträgern aufgezeichnet und die Buchungen nur bei Bedarf lesbar gemacht. Die Realisierung der

---

1) Vgl. BT-Drucksache VI/3528 vom 15. 6. 1972, S. 23 f.
2) Vgl. BR-Drucksache 205/72 vom 10. 4. 1972, S. 23 f.
3) Vgl. BT-Drucksache 134/73 vom 9. 2. 1973.
4) Zugrundegelegt wurde die BR-Drucksache 23/71 vom 8. Januar 1971.
5) Vgl. Bundesgesetzblatt Nr. 29 vom 23.3.1976.

Speicherbuchführung setzt jederzeitige Ausdruckbereitschaft voraus. Dies bedingt die Zulassung von magnetischen Datenträgern als Aufbewahrungsmedium. Der Gesetzgeber bringt dies in den §§ 38 Abs. 2 und 44 Abs. 3 HGB klar zum Ausdruck (siehe Tabelle 8).

Von gebundenen Büchern mit numerierten Seiten wird nicht mehr gesprochen (§ 43 Abs. 2). An ihre Stelle treten die zum Teil derzeit schon in § 146 Abs. 2 AO genannten Forderungen des Grund-Satzes der Wahrheit, wonach die Eintragungen in Büchern bzw. Aufzeichnungen vollständig, richtig, zeitgerecht und geordnet vorgenommen werden müssen. Dies bedeutet auch, daß das Aufzeichnen eines Geschäftsvorfalles nicht in einer Weise verändert werden darf, daß der ursprüngliche Inhalt nicht mehr feststellbar ist. Ebenfalls dürfen Veränderungen nicht vorgenommen werden, deren Beschaffenheit es ungewiß läßt, ob sie ursprünglich oder erst später gemacht worden sind[1).

Nach § 145 der AO muß die Nachweisführung verständlich sein, d.h. ein sachverständiger Dritter (z.B. Wirtschaftsprüfer, Betriebsprüfer) muß in der Lage sein, in angemessener Zeit sich einen Überblick über die Geschäftsvorfälle und über die Vermögenslage des Unternehmens zu verschaffen. In diesem und dem folgenden Paragraphen (siehe Tabelle 8) kommt fast wörtlich zum Ausdruck, was der unter Leitung des früheren Präsidenten des Bundesamtes für Finanzen, Johannes Schröder, gebildete Studienkreis "Rechnungswesen und automatische Datenverarbeitung" bereits im Jahre 1966 richtungsweisend

---

1) Vgl. Nagel, Kurt und Zimmermann, Siegfried: Grundsätze ordnungsmäßiger Buchführung (GoB), a.a.O., S. 11 ff.

Tabelle 8: Wesentliche Änderungen des HGB und der AO und ihre Auswirkungen auf den Bau von Datensicherungssystemen

Bisherige HGB-Fassung	Neue HGB-Fassung	Auswirkungen
§ 38 (Buchführungspflicht) (1) Jeder Kaufmann ist verpflichtet, Bücher zu führen und in diesen seine Handelsgeschäfte und die Lage seines Vermögens nach den Grundsätzen ordnungsgemäßer Buchführung ersichtlich zu machen.	wie bisher	- Magnetische Datenträger sind als Aufbewahrungsmedien gesetzlich zugelassen
(2) Er ist verpflichtet, eine mit der Urschrift übereinstimmende Wiedergabe der **abgesandten Handelsbriefe** (Kopie, Abdruck, Abschrift oder sonstige dauerhafte Wiedergabe des Wortlauts auf einem Schrift- oder Bildträger) zurückzubehalten.	(2) Er ist verpflichtet, eine mit der Urschrift übereinstimmende Wiedergabe der abgesandten Handelsbriefe (Kopie, Abdruck, Abschrift oder sonstige Wiedergabe des Wortlauts auf einem Schrift-, Bild- oder anderen Datenträger) zurückzubehalten.	- Sicherung und Archivierung der magnetischen Datenträger
§ 43 (Führung der Handelsbücher) (1) Bei der Führung der Handelsbücher und bei den sonst erforderlichen Aufzeichnungen hat sich der Kaufmann einer lebenden Sprache und der Schriftzeichen einer solchen zu bedienen.	(1) Bei der Führung der Handelsbücher und bei den sonst erforderlichen Aufzeichnungen hat sich der Kaufmann einer lebenden Sprache zu bedienen. Werden Abkürzungen, Ziffern, Buchstaben oder Symbole verwendet, muß im Einzelfall deren Bedeutung eindeutig festliegen.	- Dokumentation des Schlüsselverzeichnisses

Bisherige HGB-Fassung	Neue HGB-Fassung	Auswirkungen
(2) Die Bücher sollen gebunden und Blatt für Blatt oder Seite für Seite mit fortlaufenden Zahlen versehen sein. (3) An Stellen, die der Regel nach zu beschreiben sind, dürfen keine leeren Zwischenräume gelassen werden. Der ursprüngliche Inhalt einer **Eintragung** darf nicht mittels Durchstreichens oder auf andere Weise unleserlich gemacht, es darf nichts radiert, auch dürfen solche Veränderungen nicht vorgenommen werden, deren Beschaffenheit es ungewiß läßt, ob sie bei der ursprünglichen Eintragung oder erst später gemacht worden sind.	(2) Die Eintragungen in Büchern und die sonst erforderlichen Aufzeichnungen müssen vollständig, richtig, zeitgerecht und geordnet vorgenommen werden. (3) Eine Eintragung oder eine Aufzeichnung darf nicht in einer Weise verändert werden, daß der ursprüngliche Inhalt nicht mehr feststellbar ist. Auch solche Veränderungen dürfen nicht vorgenommen werden, deren Beschaffenheit es ungewiß läßt, ob sie ursprünglich oder erst später gemacht worden sind.	Der Vollzug der Buchung in der geforderten Weise setzt voraus: - Sicherung der Belege (z.B. fortlaufende Numerierung) und Aufbau von Abstimmsystemen für die Kontierung - Eindeutige Kontierungsanweisungen und ihre Überprüfung - Beachtung der Karenzfristen für die fortlaufende Buchung - Aufbau von eindeutigen Verknüpfungs- und Referenzierungssystemen - Klare Richtlinien für Fehlermeldungen und Fehlerbeseitigung - Maschinelle Überprüfung der Handlungen des Operators - Protokollierung der Arbeiten - Fixierung der jeweiligen Programmversion
	(4) Die Handelsbücher und die sonst erforderlichen Aufzeichnungen können auch in der geordneten Ablage von Belegen bestehen oder auf Datenträgern geführt werden, soweit diese Formen der Buchführung einschließlich des dabei angewandten Verfahrens den Grundsätzen ordnungsmäßiger Buchführung entsprechen. Bei der Führung der Handelsbücher und der sonst erforderlichen Aufzeichnungen auf Datenträgern muß insbesondere sichergestellt sein, daß die Daten während der Dauer der Aufbewahrungsfrist verfügbar sind und jederzeit innerhalb angemessener Frist lesbar gemacht werden können. Absatz 1 Satz 2 und die Absätze 2 und 3 gelten sinngemäß.	- Sicherung und Aufbewahrung der erforderlichen Belege und Datenträger - Sicherung und Aufbewahrung der Programme - Sicherung und Aufbewahrung der Programmunterlagen - Pläne für das Auftreten von Kompatibilitätsproblemen (z.B. beim Wechsel des ADV-Systems)

Bisherige HGB-Fassung	Neue HGB/AO-Fassung	Auswirkungen
§ 44 (Aufbewahrung der Handelsbücher, Inventare und Bilanzen) (1) Jeder Kaufmann ist verpflichtet, die folgenden Unterlagen geordnet aufzubewahren: 1. Handelsbücher, Inventare und Bilanzen, 2. **die empfangenen Handelsbriefe,** 3. **Wiedergaben der abgesandten Handelsbriefe,** 4. **Belege für Buchungen in den von ihm nach § 38 Abs. 1 zu führenden Büchern (Buchungsbelege).**	(1) Jeder Kaufmann ist verpflichtet, die folgenden Unterlagen geordnet aufzubewahren: 1. Handelsbücher, Inventare, Bilanzen sowie die zu ihrem Verständnis erforderlichen Arbeitsanweisungen und sonstigen Organisationsunterlagen, 2. die empfangenen Handelsbriefe, 3. Wiedergaben der abgesandten Handelsbriefe, 4. Belege für Buchungen in den von ihm nach § 38 Abs. 1 zu führenden Büchern (Buchungsbelege).	- Dokumentation der Arbeitsanweisungen und sonstigen Organisationsunterlagen - Aufbewahrung der Dokumentationsunterlagen
	(3) Mit Ausnahme der Bilanz können die in Absatz 1 aufgeführten Unterlagen auch als Wiedergabe auf einem Bildträger oder auf anderen Datenträgern aufbewahrt werden, wenn dies den Grundsätzen ordnungsmäßiger Buchführung entspricht und sichergestellt ist, daß die Wiedergabe oder die Daten 1. mit den empfangenen Handelsbriefen und den Buchungsbelegen bildlich und mit den anderen Unterlagen inhaltlich übereinstimmen, wenn sie lesbar gemacht werden, 2. während der Dauer der Aufbewahrungsfrist verfügbar sind und jederzeit innerhalb angemessener Frist lesbar gemacht werden können. Sind Unterlagen auf Grund des § 43 Abs. 4 Satz 1 auf Datenträgern hergestellt worden, können statt des Datenträgers die Daten auch ausgedruckt aufbewahrt werden; die ausgedruckten Unterlagen können auch nach Satz 1 aufbewahrt werden.	- Nur noch die Bilanz muß ausgedruckt werden - Die Nachweisführung innerhalb angemessener Frist setzt die unter § 43 Abs. 4 genannten Maßnahmen der Sicherung und Aufbewahrung voraus
	§ 145 Allgemeine Anforderungen an Buchführung und Aufzeichnungen (1) Die Buchführung muß so beschaffen sein, daß sie einem sachverständigen Dritten innerhalb angemessener Zeit einen Überblick über die Geschäftsvorfälle und über die Vermögenslage des Unternehmens vermitteln kann. Die Geschäftsvorfälle müssen sich in ihrer Entstehung und Abwicklung verfolgen lassen.	- Die Nachweisführung muß für einen sachverständigen Dritten verständlich sein

erarbeitete. Danach ist eine Buchführung dann ordnungsgemäß, "wenn aus ihr heraus belegt werden kann, daß die externe Rechnungslegung sachlich, d.h. formell und materiell, richtig ist. Dieser Nachweis muß geführt werden können

- vollständig,
- schlüssig,
- in angemessener Zeit und
- in einer Weise, daß ein Sachverständiger folgen kann"[1].

Insgesamt kann gesagt werden, daß mit den ab 1. Januar 1977 gültigen Neufassungen wesentlicher Paragraphen des HGB und der AO eine echte Anpassung der Rechnungslegungsvorschriften an die technische Entwicklung erfolgt. Der Gesetzgeber hat es verstanden, Normen zu finden, die in hohem Umfang unabhängig von der Form der Behandlung des Buchungsstoffes sind. Er stellt es den Unternehmen und Verwaltungseinheiten frei, wie sie die Rechnungs legung organisieren[2]. Diese Forderung, die der Verfasser schon vor Jahren erhoben hat[3], wird heute in der

---

1) Studienkreis "Rechnungswesen und automatische Datenverarbeitung": Ordnungsmäßigkeit der externen Rechnungslegung beim Einsatz automatischer Datenverarbeitungsanlagen. In: Der Betrieb, 19. Jg., Heft 39, 1966, S. 1485 f.

2) Nicht der externe Prüfer führt den Nachweis, sondern der zum Ausweis Verpflichtete. Wir haben es also mit einer positiven Beweislast zu tun. Dies bedeutet, daß der Prüfer einen bestimmten Nachweisweg nicht verlangen kann, sofern die vorliegende Buchführung als ordnungsmäßig bezeichnet werden muß.

3) Vgl. Lindemann, Peter und Nagel, Kurt: Revision und Kontrolle bei automatisierter Datenverarbeitung, a.a.O., S. 86 f. und S. 108 ff.

Literatur[1)] und Praxis[2)] fast einhellig akzeptiert. Der Gesetzgeber hat durch das Echo aus Wirtschaft und Verwaltung auf die Einkommensteuer-Richtlinien 1967 Abschnitt 29 Absatz 6, mit denen zum ersten Mal Ordnungsmäßigkeitsfragen beim Einsatz automatisierter Datenverarbeitungsanlagen im Rahmen der Steuergesetzgebung kodifiziert wurden, erfahren, welche Schwierigkeiten sich in der Praxis durch kasuistische Vorschriften ergeben. Alle die in diesen Richtlinien gemachten Detailvorschriften - wie z.B. Aufbewahrung von Ablaufdiagrammen, Blockdiagrammen - erwiesen sich als nicht sinnvoll. Insofern stellen die Änderungen des HGB und der AO einen

---

1) Vgl. z.B. Bussmann, Karl F.: Externe Revision und automatisierte Datenverarbeitung. In: Der Steuerberater, 21. Jg., Heft 6, 1970, S. 102; John, Richard C. und Nissen, Thomas J.: Evaluating Internal Control in EDP Audits. In: The Journal of Accountancy, Vol. 129, No. 2, 1970, S. 31 ff.; Steinebach, Willi: Die Prüfung des Rechnungswesens aus der Sicht des Abschlußprüfers. In: Das Rechnungswesen bei automatisierter Datenverarbeitung, Bd. 9 der Schriftenreihe "Betriebswirtschaftliche Beiträge zur Organisation und Automation". Wiesbaden 1971, S. 184 f.; Horváth, Péter: Prüfung bei automatisierter Datenverarbeitung. Herne und Berlin 1972, S. 96; Schneller, Herbert: Revisionsprobleme bei elektronischer Datenverarbeitung. In: Datenverarbeitung in Steuer, Wirtschaft und Recht, 1. Jg., Heft 4, 1972, S. 105; Schröder, Johannes: Podiumsdiskussion zu den Themen "Revision und Ordnungsmäßigkeit bei computergestützten Informationssystemen". Broschüre einer audio-visuellen Aufzeichnung des Instituts für moderne Lehrmethoden (MEDITHEK). Meersburg und München 1974, S. 24 und 26.

2) Der Verfasser wurde bei Seminaren für die Ausbildung von Prüfern immer wieder in dieser Meinung bestätigt.

echten Fortschritt dar. Die Wirtschaftspraxis sollte die in den einzelnen Paragraphen enthaltenen Möglichkeiten nutzen. Die Realisierung dieser Chancen ist nicht an das Inkrafttreten des Gesetzes gebunden. Wie bereits festgestellt wurde, gehen die Grundsätze dem Gesetz voran. Da dies aber von den meisten Autoren, die sich zu diesem Problemkreis äußerten, nicht erkannt worden ist, findet man immer wieder Sätze wie: "Obwohl eine solche Speicherbuchführung beim heutigen Stand der Gesetzgebung noch nicht expressis verbis als ordnungsgemäß eingestuft wird, so tendiert die Entwicklung ohne Zweifel in diese Richtung ..."[1]. Welche Chancen die Speicherbuchführung im einzelnen bietet, soll an den Pfeilern jeder Buchführung - Beleg, Grundbuch und Konto - dargestellt werden.

2.2.2 Auslegung der GoB bei computergestützten Informationssystemen

2.2.2.1 Erfüllung der Belegfunktion

Das Belegprinzip ist sowohl im Handelsrecht (z.B. § 44) als auch im Steuerrecht (z.B. § 162 AO) gesetzlich verankert. Durch den Beleg wird ein Geschäftsvorfall zeit-, wert- und verantwortungsmäßig festgehalten. Er bildet die Grundlage jeder Buchung. Ein sachverständiger Dritter muß aufgrund des Beleges die Berechtigung und Richtigkeit einer daraus abgeleiteten Buchung erkennen können. Die Nachweisfunktion des Beleges ist erfüllt, wenn

---

1) Ganske, Herbert: Ordnungsmäßigkeit der Rechnungslegung bei elektronischer Datenverarbeitung. In: Datascope, 3. Jg., Heft 7, 1972, S. 44.

er folgende Bestandteile enthält[1]:

- Belegtext (Erläuterung und evtl. Begründung des Geschäftsvorfalles),
- Buchungsbetrag,
- Ausstellungsdatum,
- Aussteller des Beleges,
- Kontierung,
- Belegnummer bzw. Ordnungskriterium für die Ablage und
- Buchungsdatum.

In der Literatur[2] ist man weitgehend der Ansicht, daß die durch den Beleg ausgeübte Funktion des Nachweises eines Geschäftsvorfalles auch bei maschineller Datenverarbeitung erfüllt sein muß. Die zentrale Frage, über die bei der Erfüllung der Belegfunktion diskutiert wird, dreht sich darum, ob für jeden Geschäftsvorfall eine beweiskräftige schriftliche Aufzeichnung vorhanden

---

1) Vgl. Meyer, Carl W.: Belegbuchhaltung. In: Handwörterbuch des Rechnungswesens, hrsg. von E. Kosiol. Stuttgart 1970, Sp. 114 ff.; Fachausschuß für moderne Abrechnungssysteme (FAMA) des Instituts der Wirtschaftsprüfer: Zur Auslegung der Grundsätze ordnungsmäßiger Buchführung beim Einsatz elektronischer Datenverarbeitungsanlagen im Rechnungswesen. In: Die Wirtschaftsprüfung, 24. Jg., Heft 17, 1971, S. 442; Meyer, Carl W. und Nagel, Kurt: a.a.O., S. 68.

2) Vgl. z.B. Höffer, Wilhelm und Lehnert, Paul: Erfassung, Aufbereitung und Eingabe der Daten buchungspflichtiger Geschäftsvorfälle. In: Die Wirtschaftsprüfung, 19. Jg., Heft 13, 1966, S. 345; Lehmberg, Jürgen: Die Grundsätze ordnungsmäßiger Buchführung und die Kostenrechnung mit elektronischen Datenverarbeitungsanlagen. In: Kostenrechnungs-Praxis, Heft 3, 1969, S. 109 f.; Minz, Günter: Grundsätze ordnungsmäßiger Buchführung bei elektronischer Datenverarbeitung. In: Buchhaltungs-Briefe, Heft 7, 1972, Fach 8, S. 775 f.

sein muß. Zwar wird heute, insbesondere im Geschäftsverkehr mit Dritten, die Belegfunktion bei automatisierter Datenverarbeitung vorwiegend noch durch "beweiskräftiges Papier"[1] erfüllt, es zeigt sich jedoch im Zuge der maschinellen Direkterfassung und Direkteingabe von Geschäftsvorfällen sowie der Integration der am Geschäftsverkehr beteiligten Unternehmen ein zunehmender Verzicht auf Klarschriftbelege. In der Praxis wird somit die Belegfunktion u.a. auch von Lochkarten, Lochstreifen und magnetischen Datenträgern wahrgenommen. Selbst ein Programm kann in Einzelfällen Belegfunktion erfüllen. Werden beispielsweise per Programm autonome Buchungen (z.B. Abschreibungen, Wertberichtigungen) veranlaßt, dann hat das Programm die Funktion eines Dauerbeleges. Wichtig ist jedoch, daß jeder Geschäftsvorfall nachgewiesen werden kann. Wie dieser Nachweis im Einzelfall aussieht, hat der zum externen Ausweis Verpflichtete zu bestimmen[2].

2.2.2.2 Erfüllung der Grundbuchfunktion

Zweck des Grundbuches ist es, alle Geschäftsvorfälle der zeitlichen Reihenfolge entsprechend aufzuzeichnen und die Verbindung zwischen Konto und Beleg herzustellen.

---

1) Zimmermann, Siegfried: Buchführungsbestandteile und ihre Funktionen bei automatisierter Datenverarbeitung. In: Die steuerliche Betriebsprüfung, 9. Jg., Heft 7, 1969, S. 161.
2) Vgl. Nagel, Kurt, Herzog, Reinhart und Schiro, Helmut: a.a.O., S. 57 f.

Bis Ende der 60er Jahre lag für die meisten Autoren[1) die grundbuchmäßige Erfassung erst dann vor, wenn der Geschäftsvorfall in Klarschrift im Grundbuch ausgedruckt wurde. Mit dem Begriff "Grundbuch" war bei diesen Autoren fast ausschließlich die Vorstellung einer direkt lesbaren schriftlichen Darstellung der Geschäftsvorfälle verbunden. Wie stark auch bei den Verwaltungsorganen die Vorstellung vom Niederschreiben geformt war, geht aus der Bekanntmachung des Bayerischen Obersten Rechnungshofes vom 1.7. 1966 über "allgemeine Bestimmungen für die Buchführung und Rechnungslegung unter Einsatz von Lochkarten- und Datenverarbeitungsanlagen" hervor[2)]. Danach sind Buchungen "erst mit dem Ausdrucken in Klarschrift vollzogen". Es wird betont, daß maschinelle Speicher keine Bücher im Sinne der Reichskassen- und der Rechnungslegungsordnung sind, sondern nur Hilfsmittel für die Buchführung, auf denen Daten vorübergehend festgehalten werden.

Der Verfasser hat bereits 1968 darauf hingewiesen[3)], daß eine solche Interpretation des Begriffes "Buchung" zu eng ist und die Forderungen des Bayerischen Obersten Rechnungshofes der technischen Entwicklung nicht Rechnung tragen. Um möglichst von der irreführenden Bezeichnung "Buch" wegzukommen, wurde vorgeschlagen, den

---

1) Vgl. z.B. Dörner, Wolfgang, Göbel, Horst und Minz, Günter: Ordnungsmäßigkeit der Buchführung bei Einsatz von EDV-Anlagen. In: Die Wirtschaftsprüfung, 21. Jg., Heft 14, 1968, S. 369; Lindauer, Hermann: Die Finanzbuchhaltung im Rahmen einer integrierten EDV-Organisation. In: Die steuerliche Betriebsprüfung, 10. Jg., Heft 5, 1970, S. 110; Neuy, Erich: Datenverarbeitung im steuer- und wirtschaftsberatenden Beruf. 3. Aufl., Ludwigshafen 1970, S. 71.

2) Nr. G-1064-179/66.

3) Vgl. Lindemann, Peter und Nagel, Kurt: Revision und Kontrolle bei automatisierter Datenverarbeitung, a.a.O., S. 107.

bisherigen Begriff der "Buchung" als die unverlierbare Erfassung im Abrechnungssystem zu definieren. Gegen Ende der 60er Jahre und Anfang der 70er Jahre wurde immer öfter die Auffassung vertreten[1], daß das klassische Grundbuch durch andere Möglichkeiten, die Geschäftsvorfälle zu erfassen, festzuhalten und nachzuweisen, ersetzt werden kann.

In den Mittelpunkt der Beurteilung der Grundbuchung bei maschineller Datenverarbeitung rückte anstelle der Grundbuchauflistung die Grundbuchfunktion. Sie ist erfüllt, wenn durch organisatorische und technische Maßnahmen eine vollständige Belegsicherung und Erfassung der Geschäftsvorfälle gewährleistet ist. Alle Buchführungsformen und -techniken, die diesen Anforderungen gerecht werden, erfüllen bereits die Grundbuchfunktion. Der Gesetzgeber hat in der neuen HGB-Fassung in § 43 Abs. 4 dies auch klar zum Ausdruck gebracht.

Die Erfüllung der Grundbuchfunktion wurde in den letzten Jahren vorwiegend unter den Aspekten der Karenzfrist (Problem: nach wieviel Tagen müssen die unbaren Geschäftsvorfälle spätestens erfaßt werden?) und des Inhalts (Problem: wann liegt die grundbuchmäßige Erfassung vor?) diskutiert. Die Grundbuchfunktion verlangt,

---

1) Vgl. z.B. o.V.: Grundbuchaufzeichnungen. In: Die steuerliche Betriebsprüfung, 8. Jg., Heft 11, 1968, S. 260; Mutze, Otto: a.a.O., S. 60; Porsche, Ernst: Zur Ordnungsmäßigkeit der Buchführung bei automatisierter Datenverarbeitung nach Abschnitt 29(6) EStR 1967. In: Die steuerliche Betriebsprüfung, 9. Jg., Heft 1, 1969, S. 21; Zimmermann, Siegfried: Buchführungsbestandteile ..., a.a.O., S. 162 f.; Lindenblatt, Heinz: Ordnungsmäßigkeit der Buchführung beim Einsatz von automatisierten Datenverarbeitungsanlagen (ADV). In: Die steuerliche Betriebsprüfung, 11. Jg., Heft 7, 1971, S. 160 f.

daß die Geschäftsvorfälle "zeitnah" erfaßt werden. Zur Auslegung des Begriffes "zeitnah" wurde vor allem in verschiedenen Urteilen des Bundesfinanzhofes Stellung genommen. Am 26. 3. 1968 hatte der IV. Senat des Bundesfinanzhofes gefordert, daß alle unbaren Geschäftsvorfälle grundsätzlich innerhalb von 10 Tagen grundbuchmäßig erfaßt werden müssen. Der I. Senat übernahm diese Forderung in einem Urteil vom 2. 10. 1968 und ließ eine längere Frist (maximal 30 Tage) nur dann zu, wenn die Belegablage nach dem Offenen-Posten-Prinzip organisiert war. Diese Rechtsprechung stieß in der Literatur und bei Benutzern von ADV-Systemen auf große Kritik, zumal dadurch die Buchhaltungen von Tausenden von vorwiegend kleineren und mittleren Unternehmungen, die ihre Arbeiten bei zentralen Buchstellen "außer Haus" durchführen ließen, nicht ordnungsgemäß waren. Außerdem gefährdete diese Fristsetzung den wirtschaftlichen Einsatz von zahlreichen Systemen. Auch der Hinweis auf das Offene-Posten-Prinzip, bei dessen Realisierung die Karenzfrist auf 30 Tage verlängert wurde, brachte keine Lösung. Gerade der Hinweis auf das Offene-Posten-Prinzip, das mit seinen speziellen Anforderungen[1)] nur auf eine dauerhafte Belegsicherung abstellt und für eine kurze Überbrückungsfunktion wirtschaftlich nicht tragbar ist, zeigt, wie wenig praxisnah diese Urteile waren. Die wesentlichsten Hemmnisse, die diese Urteile geschaffen hatten, wurden von den obersten Finanzbehörden der Länder mit Zustimmung des Bundesministers der Finanzen durch einen Erlaß vom 3. Februar 1969[2)] aus dem Wege

---

1) Zu den speziellen Anforderungen an das Offene-Posten-Prinzip vgl. u.a. Vieweg, Rolf: Buchhaltung mit mechanischen und automatischen Datenverarbeitungsverfahren. 4. Aufl., Herne und Berlin 1969, S. 63 ff.

2) Gleichlautender Ländererlaß vom 3. 2. 1969. In: BSt Bl. 1969 I/S. 88.

geräumt. Dieser Erlaß sah eine Karenzfrist von ca. einem Monat vor, die durch die EStR 1969 (Abschn. 29 Abs. 2 Ziffer 2) auf zwei Monate erweitert wurde. Sowohl der Erlaß vom 3. 2. 1969 wie auch die EStR 1969 fordern die Anwendung einiger Sicherungsvorkehrungen, mit denen die Buchungsunterlagen während der Karenzfrist gegen einen "unbeabsichtigten bzw. fahrlässigen" Verlust geschützt werden sollen. Um der Praxis die notwendige Gestaltungsfreiheit zu lassen, wurden nur Beispiele für mögliche Vorkehrungen (z.B. laufende Numerierung der Belege oder Abheften der Belege in Mappen bzw. Ordnern) genannt[1).]

Die Finanzgerichtsbarkeit hat im allgemeinen bewiesen, daß sie eine wesentliche Erkenntnisquelle im Rahmen der deduktiven Ableitung der GoB ist[2)]. Nicht richtig ist jedoch, bei der Ableitung der GoB die Rechtsprechung in den Vordergrund zu stellen. So führt z.B. Loy aus: "Die Konkretisierung des unbestimmten Rechtsbegriffes 'Grundsätze ordnungsmäßiger Buchführung' ist somit die vornehmste Aufgabe der Gerichte, daneben aber auch der Wissenschaft und der Praxis"[3)].

Wir können feststellen, daß die unbaren Geschäftsvorfälle spätestens nach zwei Monaten grundbuchmäßig erfaßt werden müssen. Wann nun aber die Grundbuchfunktion wahrgenommen wird, ist nicht immer eindeutig geklärt.

---

1) Vgl. Rau, Hans-Gerd: Grundbuchmäßige Erfassung der unbaren Geschäftsvorfälle. In: Steuerliche Betriebsprüfung, 9. Jg., Heft 3, 1969, S. 68.
2) Vgl. Leffson, Ulrich: a.a.O., S. 15.
3) Loy, Arno: a.a.O., S. 1213.

In der Literatur[1] werden neben dem konventionellen Ausdruck der Belegdaten vorwiegend folgende Möglichkeiten genannt:

- eine geordnete und übersichtliche Belegablage,
- die Erstellung von Datenerfassungs- bzw. Dateneingabeprotokollen und
- die gesicherte Speicherung und ständige Ausdrucksbereitschaft der Daten.

Das klassische Beispiel dafür, daß eine Belegsammlung die Grundbuchfunktion auf Dauer erfüllt, ist die Offene-Posten-Buchhaltung. Für sie wurden von der Finanzverwaltung durch einen ländereinheitlichen Erlaß die speziellen Anforderungen hinsichtlich der Ordnungsmäßigkeit bestimmt. Auch Ablochvorlagen, die zeitnah erstellt und planmäßig abgelegt werden, können die Grundbuchfunktion erfüllen[2]. Eine weitere Möglichkeit zur Erfüllung der Grundbuchfunktion sind Datenerfassungs- bzw. Dateneingabeprotokolle. In der Literatur sind die meisten Aussagen zu den Datenerfassungs- und Eingabeprotokollen nicht präzise. Es herrscht die Meinung[3] vor, daß sowohl bei der Datenerfassung als auch bei der Eingabe der Daten in den Computer grundsätzlich umfassende Datenerfassungs- und Eingabeprotokolle entstehen, die den Geschäftsvorfall ersichtlich machen und ihn zeitfolgemäßig festhalten. Deshalb ist es auch verständlich,

---

1) Vgl. z.B. Fachausschuß für moderne Abrechnungssysteme (FAMA) des Instituts der Wirtschaftsprüfer: Zur Auslegung ..., a.a.O., S. 444; Minz, Günter: Grundsätze ordnungsmäßiger Buchführung bei elektronischer Datenverarbeitung, a.a.O., S. 777.

2) Vgl. Zimmermann, Siegfried: Buchführungsbestandteile ..., a.a.O., S. 161.

3) Vgl. z.B. Schröder, Johannes: Ordnungsmäßigkeit der Buchführung bei automatisierter Datenverarbeitung. In: Bürotechnik, 13. Jg., Heft 7, 1972, S. 916.

wenn Rau[1] den Datenerfassungs- und Eingabeprotokollen sogar den Charakter von Grundbüchern zuordnet, da nach seiner Meinung der Detaillierungsgrad derartiger Aufzeichnung nicht von den konventionellen Grundbüchern abweicht. Inhalt und Umfang der Protokollierungen hängen aber im wesentlichen von den verschiedenen Techniken der Datenerfassung und -eingabe ab. Werden beispielsweise die Daten über eine Bildschirmeinheit eingegeben, dann verzichtet man im allgemeinen auf solche Aufzeichnungen. Sie sind auch nicht notwendig, wenn sichergestellt ist, daß die Geschäftsvorfälle vollständig in das System einflossen. In diesem Falle reichen z.B. einfache Abstimmungen aus.

Bei computergestützten Systemen kann die Grundbuchfunktion auch durch eine hinreichend gesicherte Speicherung und ständige Ausdrucksbereitschaft erfüllt werden. Der Gesetzgeber hat diese Möglichkeit zum ersten Mal in den EStR 1967 Abschn. 29 Abs. 6 fixiert. Dabei kam klar zum Ausdruck, daß die Grundbuchfunktion erfüllt ist, wenn die Buchführungsdaten auf Lochkarten, Lochstreifen und magnetischen Datenträgern erfaßt und abgestimmt sind und deren jederzeitige Ausdrucksbereitschaft gewährleistet ist. Nach Ansicht der meisten Autoren war die Ausdrucksbereitschaft auf ein Jahr begrenzt, d.h. es wurde den Speichermedien nur für ein Jahr die Grundbuch- bzw. auch Kontenfunktion zugestanden. Die Ursache für die Diskussion um den Ausdruck der Geschäftsvorfälle lag in der Formulierung des Satzes 4 im Absatz 6, Abschnitt 29 der EStR, der lautete: "Der im Laufe eines Wirtschaftsjahres gespeicherte Buchungsstoff muß -

---

1) Vgl. Rau, Hans-Gerd: Grundbuchmäßige Erfassung der unbaren Geschäftsvorfälle, a.a.O., S. 69.

soweit er nicht bereits im Laufe des Wirtschaftsjahres ausgedruckt worden ist - zum Schluß des Wirtschaftsjahres vollständig ausgedruckt werden; ein Ausdruck verdichteter Zahlen genügt nur, wenn diese Zahlen ohne große Schwierigkeit in ihre Einzelbeträge aufgegliedert werden können". Der Verfasser hat darauf hingewiesen, daß die Forderung des ersten Satzteiles bis zum Semikolon durch den zweiten Satzteil praktisch aufgehoben wird[1]. Ein Ausdruck verdichteter Zahlen reicht aus, wenn zum Zeitpunkt der Prüfung jeder vom Prüfer in seinen Stichproben angesprochene Posten vollständig, schlüssig, in angemessener Zeit und für einen sachverständigen Dritten verständlich in seine Einzelbeträge aufgegliedert werden kann. Diese Auslegung wurde in der Literatur zum Teil sehr lange angezweifelt. So brachte z.B. Plambeck 1971 zum Ausdruck: "Wenn wir uns auch dieser Art einer 'grammatischen' Interpretation nicht anschließen wollen, ..., erscheint uns doch der Inhalt dieser Interpretation als erstrebenswerter Zustand allgemeiner Auffassung"[2].

Was der Wille der Verfasser der EStR war, ließ sich bis zu Beginn der 70er Jahre nicht klar erkennen. Der Studienkreis "Rechnungswesen und automatische Datenverarbeitung"[3] stellte bei der Analyse dieser Richtlinien fest, daß ein Gedankensprung in der Auslegung besteht,

---

1) Vgl. Lindemann, Peter und Nagel, Kurt: Revision und Kontrolle bei automatisierter Datenverarbeitung, a.a.O., S. 111.
2) Plambeck, Peter: Die ordnungsmäßige Buchführung bei automatisierter Datenverarbeitung. Stuttgart 1971, S. 70.
3) Vgl. Studienkreis "Rechnungswesen und automatische Datenverarbeitung": a.a.O., S. 1826.

wenn den maschinellen Speichermedien während des Wirtschaftsjahres durch die Zulässigkeit der Ausdrucksbereitschaft sowohl die Grundbuch- als auch die Kontenfunktion zuerkannt wird, nach Beendigung des Wirtschaftsjahres aber nicht mehr. Rau, der an der Entwicklung der Richtlinien wesentlichen Anteil hatte, beharrte zunächst auf der Notwendigkeit des Ausdrucks am Ende des Jahres[1], plädierte dann aber für eine Auflockerung der Forderung nach einem vollständigen Ausdruck. In einem Beitrag[2] über die Ordnungsmäßigkeit der Buchführung nach den EStR 1969 stellte er 1970 fest, daß der Abschnitt 29 Abs. 6 "noch stark ergänzungs- und verbesserungsbedürftig" sei. Dabei ging es Rau insbesondere darum, die Forderung nach einem vollständigen Ausdruck des gespeicherten Buchungsstoffes zum Schluß des Jahres "aufzulockern und nur noch die prüfungswichtigen oder prüfungsbedürftigen Teile und Konten ausdrucken zu lassen". Der frühere Präsident des Bundesamtes der Finanzen brachte in einer Podiumsdiskussion im Jahre 1974 klar zum Ausdruck, daß das, was in den EStR Abschnitt 29 Abs. 6 fixiert wurde, "in vielen Bereichen nicht mehr rationell" ist und die Ordnungsmäßigkeit auch erfüllt ist, "wenn die gespeicherten Daten lesbar gemacht werden können"[3].

Bei computergestützten Systemen müssen aus dem Grund-Satz der Wirtschaftlichkeit heraus maschinelle Speichermedien die Beleg-, Grundbuch- und Kontenfunktion

---

1) Vgl. Rau, Hans-Gerd: Die Ordnungsmäßigkeit der Buchführung nach den Einkommensteuer-Richtlinien 1967. In: Die steuerliche Betriebsprüfung, 8. Jg., Heft 5, 1968, S. 118.
2) Rau, Hans-Gerd: Die Ordnungsmäßigkeit der Buchführung nach den Einkommensteuer-Richtlinien 1969, a.a.O., S. 124.
3) Schröder, Johannes: Podiumsdiskussion ..., a.a.O., S. 19 f.

für die Dauer des gesamten Aufbewahrungszeitraumes erfüllen. Dies bedeutet, daß am Ende des Geschäftsjahres nur die Daten auszudrucken sind, die für die Bilanz benötigt werden. Alle übrigen Daten müssen während der Dauer der Aufbewahrungsfrist verfügbar sein und jederzeit lesbar[1] gemacht werden können. Diese Forderung hat der Gesetzgeber in der Neugestaltung der handelsrechtlichen und steuerrechtlichen Buchführungsvorschriften voll erfüllt.

2.2.2.3 Erfüllung der Kontenfunktion

Aufgabe der Konten ist, die Geschäftsvorfälle nach sachlichen Gesichtspunkten zu gruppieren. Bei computergestützten Systemen ist die Kontenfunktion dann erfüllt, wenn zusätzlich zur Grundbuchfunktion die Daten sachkontenmäßig zugeordnet und abgestimmt sind (Abbildung 2). Die Kontenfunktion wird bei ADV-Organisationen meistens zusammen mit der Grundbuchfunktion wahrgenommen, indem man bereits bei der Datenerfassung alle für die sachkontenmäßige Verbuchung und Abstimmung notwendigen Angaben macht. Mit Hilfe der bei der Datenerfassung vorgenommenen Kontenangaben ist es möglich, den Buchungsstoff innerhalb kürzester Verarbeitungszeit sachlich zu gruppieren[2].

---

1) "Die Lesbarmachung, mit den Augen also die Daten zu lesen, das ist das Entscheidende". Schröder, Johannes: Podiumsdiskussion ..., a.a.O., S. 20.

2) Vgl. Nagel, Kurt und Zimmermann, Siegfried: a.a.O., S. 6 f.; Prüßmann, Otto: Speicherbuchführung in Gegenwart und Zukunft. In: Zeitschrift Interne Revision, 8. Jg., Heft 4, 1973, S. 200 f.

Auch bei der Kontendarstellung reicht ein Ausdruck verdichteter Zahlen aus, wenn diese Zahlen ohne große Schwierigkeiten in ihre Einzelbeträge aufgegliedert werden können. In der Literatur findet man zwar immer wieder Meinungen, wonach die Anforderungen der GoB an die Kontenfunktion bei ADV-Organisationen in der Weise interpretiert werden, daß der gesamte Buchungsstoff eines Jahres mindestens zum Bilanzstichtag in übersichtlicher und verständlicher Darstellung in Kontenform und nach Kontennummern ausgedruckt werden muß[1]. Auch hier gilt dieselbe Argumentation wie bei der Grundbuchfunktion. Die GoB besagen, daß die Speicherbuchführung dann ordnungsgemäß ist, wenn sie die Geschäftsvorfälle ebenso vollständig erfaßt und übersichtlich speichert wie die traditionellen Verfahren[2]. Das FG Münster hat in seinem Urteil vom 21. 12. 1972[3] den Grund-Satz der Wirtschaftlichkeit klar berücksichtigt, als es zum Ausdruck brachte, daß eine sachkontenmäßige Aufbereitung des Buchungsstoffes nicht erforderlich sei.

---

1) Vgl. Marmetschke, Christoph und Minz, Günter: EDV-Buchführung aus der Sicht des Wirtschaftsprüfers. In: Der Einfluß der EDV auf die Rechnungslegung. Heft 3 der IBM-Beiträge zur Datenverarbeitung, Methoden und Techniken, hrsg. von P. Lindemann und K. Nagel. IBM-Form F12-0005. Stuttgart 1973, S. 37.

2) Vgl. Körner, Werner: Wesen und Funktion der Grundsätze ordnungsmäßiger Buchführung, a.a.O., S. 318.

3) V 1036/71U, EFG 1973, S. 135.

Abbildung 2: Darstellung der Grundbuch- und Kontenfunktion bei automatisierter Datenverarbeitung

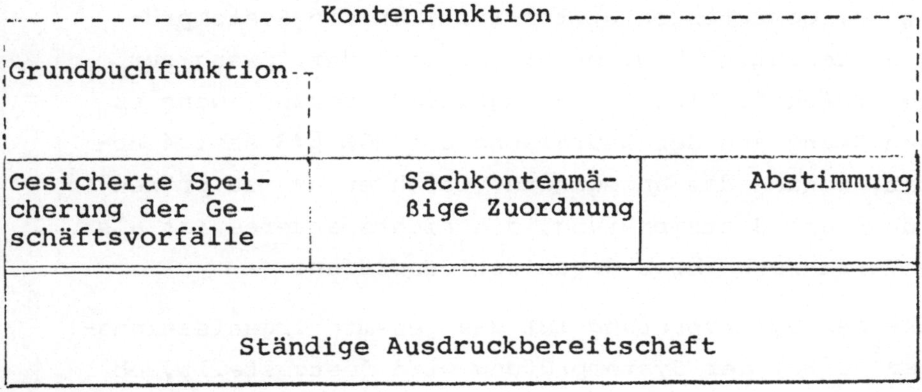

Kontenfunktion

Grundbuchfunktion

Gesicherte Speicherung der Geschäftsvorfälle	Sachkontenmäßige Zuordnung	Abstimmung
Ständige Ausdruckbereitschaft		

2.2.3 Konsequenzen für den Bau von Datensicherungssystemen

2.2.3.1 Systemprüfung als angemessene Nachweismethode

Der Grund-Satz der Klarheit bezieht sich auf die Prüfbarkeit. Er fordert, daß der Buchführungspflichtige oder ein sachverständiger Dritter jederzeit in der Lage ist, sich im Buchführungswerk zurechtzufinden. In der Rechtsprechung[1]

1) Vgl. u.a. BFH-Urteil vom 18. 2. 1966, BSt Bl. 1966 III, S. 496; BFH-Urteil vom 23. 9. 1966, BSt Bl. 1967 III, S. 23.

und Literatur[1)] wird die Nachprüfbarkeit als grundlegende Voraussetzung für die Ordnungsmäßigkeit der Buchführung angesehen. Während bei herkömmlichen Systemen der Schwerpunkt der Prüfung im Nachvollzug des Einzelfalles, also bei der Stichprobenprüfung lag, gewinnt bei computergestützten Systemen die Systemprüfung an Bedeutung bzw. es ergibt sich der "Zwang zur Systemprüfung". Minz[2)] muß zugestimmt werden, wenn er diesen Zwang aus der Neufassung des HGB §43 Abs. 4 ableitet, wonach das angewandte Verfahren nur zu prüfen ist über die Systemprüfung, die nichts anderes ist als eine Verfahrens- bzw. Organisationsprüfung.

Objekt der Systemprüfung ist das gesamte Organisationssystem[3)]. Bei der Systemprüfung wird festgestellt, ob

---

1) Vgl. z.B. Hartmann, Bernhard: Die Ordnungsmäßigkeit der Buchführung beim Einsatz elektronischer Datenverarbeitungsanlagen. In: Die Wirtschaftsprüfung, 18. Jg., Heft 15/16, 1965, S. 398; Lindemann, Peter: Revision als Instrument der Datensicherung bei computergestützten Informationssystemen. In: Der Einfluß der EDV auf die Rechnungslegung. Heft 3 der IBM-Beiträge zur Datenverarbeitung, Methoden und Techniken, hrsg. von P. Lindemann und K. Nagel. IBM-Form F12-0004. Stuttgart 1973, S. 21, 25 und 26; Schröder, Johannes: Podiumsdiskussion ..., a.a.O., S. 20; Schmidtmann, Friedrich: Die steuerliche Betriebsprüfung bei automatisierter Datenverarbeitung. In: Die steuerliche Betriebsprüfung, 12. Jg., Heft 7, 1972, S. 163 ff.

2) Vgl. Minz, Günter: Podiumsdiskussion zu den Themen "Revision und Ordnungsmäßigkeit bei computergestützten Informationssystemen". Broschüre einer audio-visuellen Aufzeichnung des Instituts für moderne Lehrmethoden (MEDITHEK). Meersburg und München 1974, S. 21.

3) Zum Begriff und Inhalt der Systemprüfung siehe u.a. Ganske, Herbert: Interne Revision und elektronische Datenverarbeitung. In: Zeitschrift für Betriebswirtschaft, 43. Jg., Heft 8, 1973, S. 562 ff.; Kölbel, Peter und Mrachacz, Hans Peter: Revision und Wirtschaftsprüfung bei elektronischer Datenverarbeitung. München o.J., insbesondere S. 282 ff.; Prüßmann, Otto: Datenverarbeitung und steuerliche Prüfungspraxis. Berlin 1975, S. 88 ff.

die gültigen Verarbeitungsregeln und das vorhandene Kontrollsystem richtige Ergebnisse erwarten lassen. Es kann nicht der Auffassung[1] gefolgt werden, die Systemprüfung nur auf die Datenverarbeitungsabläufe zu beziehen, da zahlreiche Prüfungsfelder außerhalb des maschinellen Bereiches liegen. Auch bei der Prüfung herkömmlicher Systeme hat man sich früher nicht nur auf die Stichprobenprüfung beschränkt. Viele Prüfer haben sich zuerst einmal den Organisationsablauf angesehen und die darin enthaltenen Kontrollen auf ihre Wirksamkeit geprüft. Dies war nichts anderes als eine Systemprüfung. Die Systemprüfung ist somit so alt wie die Prüfung selbst[2]. Warum die Systemprüfung bei computergestützten Systemen so sehr an Bedeutung gewinnt, läßt sich im wesentlichen auf die folgenden Gründe[3] zurückführen:

1. Das Datenvolumen ist bei computergestützten Systemen meist so groß, daß vom Prüfer ein statistisch ausreichendes Sample bei der Größe der jeweiligen Grund-

---

1) Vgl. z.B. Klingebiel, Horst: System- und Programmrevision - Methode zur Untersuchung von EDV-Verfahren. In: Zeitschrift Interne Revision, 4. Jg., Heft 4, 1969, S. 194.

2) Vgl. Schmidtmann, Friedrich: Automatisierte Datenverarbeitung (ADV) und steuerliche Betriebsprüfung. In: Der Einfluß der EDV auf die Rechnungslegung. Heft 3 der IBM-Beiträge zur Datenverarbeitung, Methoden und Techniken, hrsg. von P. Lindemann und K. Nagel. IBM-Form F12-0004. Stuttgart 1973, S. 55.

3) Vgl. Nagel, Kurt: Systemprüfung als Revisionstechnik bei computergestützten Informationssystemen. In: Der Einfluß der EDV auf die Rechnungslegung. Heft 3 der IBM-Beiträge zur Datenverarbeitung, Methoden und Techniken, hrsg. von P. Lindemann und K. Nagel. IBM-Form F12-0004. Stuttgart 1973, S. 29.

masse aus Zeit- und Kostengründen nicht gezogen werden kann.

2. Bei der automatisierten Datenverarbeitung sind die Bearbeitungsregeln im Programm enthalten. Ist sichergestellt, daß das Programm richtig arbeitet, dann hat die Systemprüfung auch Beweiskraft für jeden Einzelfall.

3. Da große Teile der computergestützten Systeme nicht mehr voll einsehbar sind, kann die Systemstruktur wie auch das Systemverhalten nur über eine Verfahrensprüfung festgestellt werden.

4. Die technische Sicherheit der Anlagen läßt die Prüfung der Einzelpositionen auf rechnerische Richtigkeit bedeutungslos werden.

2.2.3.2 Gewährleistung der Nachprüfbarkeit des Datensicherungssystems

Die Realisierung der GoB bei einer Speicherbuchführung setzt eine Reihe von organisatorischen und technischen Sicherungsmaßnahmen voraus. Diese gehen im wesentlichen aus Tabelle 8 hervor. Faßt man die einzelnen Maßnahmen in Gruppen zusammen, dann ergeben sich folgende Anforderungen an die Organisation:

1. Aufbau eines internen Kontrollsystems

2. Entwicklung und Implementierung von ordnungsmäßigen Programmen

3. Umfassende Systemdokumentation

4. Aufbewahrung aller zum Verständnis der Speicherbuchführung notwendigen Unterlagen.

Die Verwirklichung dieser Anforderungen ermöglicht es, wie im einzelnen noch zu beweisen ist, den Nachweis vollständig, in angemessener Frist und für einen sachverständigen Dritten verständlich zu führen. Insofern sind diese Anforderungen auch gleichzeitig die wichtigsten Voraussetzungen für eine Systemprüfung. Im folgenden wird versucht, die Ordnungsmäßigkeitsanforderungen an diese Komponenten herauszuarbeiten. Die vorgenommene Unterteilung wurde deshalb für zweckmäßig erachtet, weil sie sich aus den gesetzlichen Grundlagen geradezu ableitet und es sich hinsichtlich der Diskussion in Literatur und Praxis im wesentlichen um geschlossene Fragenkomplexe handelt.

Das i n t e r n e K o n t r o l l s y s t e m wird bei computergestützten Systemen zu einer wesentlichen Voraussetzung der formalen Ordnungsmäßigkeit[1]. Bei der Kontrolle der Buchführung hinsichtlich der Ordnungsmäßigkeit unterscheidet man in der Literatur im wesentlichen zwischen ergebnis- und verfahrens-

---

1) Vgl. z.B. Schipporeit, Georg: Internal Control im Datenverarbeitungssystem als Grundlage der externen Revision. In: Zeitschrift für Betriebswirtschaft, 36. Jg., Heft 3, 1966, S. 171 u. 184; Rölle, Harald: Das interne Kontrollsystem im Rechnungswesen. In: Das Rechnungswesen bei automatisierter Datenverarbeitung, Bd. 9 der Schriftenreihe "Betriebswirtschaftliche Beiträge zur Organisation und Automation", hrsg. von E. Grochla. Wiesbaden 1971, S. 56 f.; Vieweg, Rolf: Revision und EDV. In: Aktuelle Probleme der Datenverarbeitung und Bilanzierung, hrsg. von W. Kresse. Stuttgart 1971, S. 57 f.; Georgen, W. Donald: Rating Internal Controls. In: Financial Executive, Vol. XLIII, No. 4, 1975, S. 42 ff.

orientierten Kontrollformen[1]. Während bei den ergebnisorientierten Kontrollen der Hauptakzent auf den materiellen Fragen der Ordnungsmäßigkeit liegt (insbesondere Bilanzierungsgrundsätze), spricht die verfahrensorientierte Kontrolle die formelle Ordnungsmäßigkeit an. Da im Rahmen dieser Arbeit die formalen Grundsätze der Ordnungsmäßigkeit im Vordergrund stehen, sehen wir die Aufgabe des internen Kontrollsystems bei computergestützten Systemen darin, die sachlich korrekte und sichere Abwicklung von Organisationsabläufen zu gewährleisten. Das interne Kontrollsystem hat unter dem Verfahrensaspekt insbesondere sicherzustellen, daß die Bearbeitung des Buchungsstoffes vollständig und für den außenstehenden Dritten verständlich vorgenommen wird. "Wo die internen Kontrollen vollständig und wirksam sind und ein geschlossenes System vorliegt, können sich aus formaler Sicht keine fehlerhaften Verarbeitungsprozesse ergeben"[2]. Zur Sicherung eines Rechnungswesens bei computergestützten Systemen dienen Hardware-, Software- und Orgware-Kontrollen, wobei es sich bei den letzteren um das "eigentliche Kernstück"[3] des ganzen internen Kontrollsystems handelt. Das interne Kontrollsystem hat im Rahmen der Rechnungslegung insbesondere die Beleg-, Grundbuch- und Kontenfunktion zu gewährleisten[4]. Was hier im Einzelfalle alles zu beachten ist, soll anhand

---

1) Vgl. Frese, Erich: Kontrolle und Unternehmungsführung. Wiesbaden 1968, S. 61 ff.; Rölle, Harald: Das interne Kontrollsystem im Rechnungswesen, a.a.O., S. 43.
2) Rölle, Harald: Das interne Kontrollsystem im Rechnungswesen, a.a.O., S. 56.
3) Weber, Ilse: Formelle Prüfung bei elektronischer Datenverarbeitung. Düsseldorf 1965, S. 72.
4) Siehe auch Kicherer, Hans-Peter: Zur Abschlußprüfung bei automatisierter Datenverarbeitung. In: Automatisierte Datenverarbeitung in Forschung und Praxis, hrsg. von K. Haberlandt. Ludwigshafen 1970, S. 149 ff.

von Fragen kurz angedeutet werden[1]:

Erfüllung der Belegfunktion

- Sind alle buchungspflichtigen Geschäftsvorfälle in angemessener Frist nachweisbar?
- Sind die Belegangaben vollständig?
- Ist bei Sammelbelegen die Zuordnung zu einzelnen Originalbelegen in angemessener Zeit möglich?
- Können bei der Verwendung von Dauerbelegen die erfolgten Buchungen im einzelnen nachgewiesen werden?
- Können Belege im Prüfungsfalle schnell herbeigebracht und nachgewiesen werden?

Erfüllung der Grundbuchfunktion

- Werden alle baren Geschäftsvorfälle täglich erfaßt?
- Werden alle unbaren Geschäftsvorfälle spätestens innerhalb von zwei Monaten erfaßt?
- Werden bei der Erfassung der Geschäftsvorfälle innerhalb einer bestimmten Frist (maximal zwei Monate) die Belege vorläufig gesichert?

---

1) Diese Fragen sind zum größten Teil einem Fragenkatalog zur Systemprüfung entnommen, den der Verfasser als Leitfaden für die Prüfung der Ordnungsmäßigkeit mitentwickelt hat. Vgl. Meyer, Carl W. und Nagel, Kurt: a.a.O., S. 65 ff.; vgl. hierzu auch Reblin, Erhard: Elektronische Datenverarbeitung in der Finanzbuchhaltung. Stuttgart 1971, S. 177 ff.; Arbeitskreis "Revision bei elektronischer Datenverarbeitung in Kreditinstituten" des Deutschen Instituts für Interne Revision: Revision der elektronischen Datenverarbeitung in Kreditinstituten. In: Zeitschrift Interne Revision, 8. Jg., Heft 3, 1973, S. 135 ff.

Erfüllung der Kontenfunktion

- Ist sichergestellt, daß die kontenmäßige Zuordnung spätestens nach Ablauf der Frist für die grundbuchmäßige Erfassung vorgenommen wird?
- Sind die Buchungen nach der kontenmäßigen Zuordnung abgestimmt?
- Ist die jederzeitige Lesbarmachung gewährleistet?
- Können per Programm maschinell veranlaßte Buchungen eindeutig nachgewiesen werden?

Beim Einsatz computergestützter Systeme hängt die sachlich richtige Verarbeitung der Eingabedaten davon ab, daß die P r o g r a m m e richtig sind und ordnungsgemäß angewandt werden. Bei der Erstellung von Programmen müssen zahlreiche Sicherungsmaßnahmen berücksichtigt werden, um zu gewährleisten, daß die Rechnungslegung richtig ist und Verfälschungen oder Manipulationen ausgeschlossen werden. Zu den Grundsätzen einer ordnungsmäßigen Programmerstellung zählen insbesondere[1]:

- Mitarbeiter der Fachabteilungen und der Revision sollen sich an der Entwicklungsarbeit beteiligen;
- Aufgaben und Verantwortung sollen geteilt und den einzelnen Aufgabenträgern unter dem Aspekt von Funktion und Fähigkeit zugeordnet werden;

---

1) Vgl. hierzu Hofmann, Kurt: Kontrolle einer Finanzbuchhaltung. In: Das Rechnungswesen bei automatisierter Datenverarbeitung, Bd. 9 der Schriftenreihe "Betriebswirtschaftliche Beiträge zur Organisation und Automation", hrsg. von E. Grochla, Wiesbaden 1971, S. 90; Arbeitskreis Grundsätze ordnungsmäßiger Datenverarbeitung und ihre Prüfung: Grundsätze ordnungsmäßiger Datenverarbeitung. Düsseldorf 1973, S. 38 ff.; Meyer, Carl W. und Nagel, Kurt: a.a.O., S. 80 ff.; Willmott, G. M. R.: Some Problems of Auditing Computerized Systems. In: The Accountant, Vol. 170, No. 5172, 1974, S. 187 f.

- die Verfahren und Arbeitsweise bei der Programmerstellung sind zu normieren;
- es müssen die notwendigen Maßnahmen zur Erkennung logischer Programmfehler ergriffen werden;
- genaue Vorschriften sollen die Programmfreigabe und den Abnahmetest regeln;
- Programmänderungen sind den gleichen Kontrollen zu unterwerfen wie Neuentwicklungen.

Der Revisor hat bei der Programmprüfung die gleiche Zielsetzung wie der Programmierer. Beide haben sich am sachlichen Inhalt des Problems zu orientieren. Wenn Ebel und Klingler[1)] die Ansicht vertreten, daß sich der Programmierer in erster Linie dafür interessiert, ob das Programm auch läuft und der Revisor den sachlichen Inhalt des Problems untersucht, dann ist dies nicht richtig. Was nützt ein Programm, das formal läuft, aber falsche Ergebnisse hervorbringt?

Während aber noch vor einigen Jahren in der Literatur unterschiedliche Meinungen über die Notwendigkeit der Programmprüfung zu finden waren, hat sich heute die Auffassung durchgesetzt, daß eine Systemprüfung ohne Programmprüfung nicht möglich ist. Bei der Programmprüfung gibt es jedoch eine Reihe von Schwierigkeiten, auf die in der Praxis und Literatur[2)] immer wieder hinge-

---

1) Vgl. Ebel, Peter und Klingler, Hans: Prüfung elektronischer Datenverarbeitung. In: Innenrevision bei Einsatz elektronischer Datenverarbeitungsanlagen. IBM-Form 78147. Sindelfingen 1965, S. 5.

2) Vgl. z.B. Köster, Heinrich: Computer-gestützte Prüfungsmethoden. Düsseldorf 1974, insbesondere S. 94 ff.; Fachausschuß für moderne Abrechnungssysteme: Prüfung von EDV-Buchführungen. In: Praxis des Rechnungswesens, Heft 1, 1975, Gruppe 12, S. 156 ff.

wiesen wird. Die hinlänglich bekannten direkten Programmprüfungsmethoden (Parallelprogramm, Tischtest, Testfälle, Stichproben, fiktive Abrechnungsfälle) sind - wie der Verfasser an anderer Stelle gezeigt hat[1)] - nur bedingt geeignet, die Programme für einen sachverständigen Dritten prüfbar zu machen. Viel sinnvoller erweist sich die Methode, vor der Freigabe der Programme diese mit Testfällen zu prüfen, die Testunterlagen in einer beweiskräftigen Dokumentation aufzubewahren und damit nachprüfbar zu machen. Diesen Weg der Gewährleistung der Nachprüfbarkeit mittels Programmdokumentation haben in jüngster Zeit zahlreiche Vertreter aus der Prüfungspraxis[2)] befürwortet.

---

1) Vgl. Lindemann, Peter und Nagel, Kurt: Revision und Kontrolle bei automatisierter Datenverarbeitung, a.a.O., S. 64; Nagel, Kurt: Systemprüfung als Revisionstechnik bei computergestützten Informationssystemen, a.a.O., S. 29 f.

2) Vgl. hierzu u.a. Marschner, Peter und Schwaderer, Jörg: Interne Revision und EDV bei der Standard Elektrik Lorenz (SEL) AG. In: Der Einfluß der EDV auf die Rechnungslegung. Heft 3 der IBM-Beiträge zur Datenverarbeitung, Methoden und Techniken, hrsg. von P. Lindemann und K. Nagel. IBM-Form F12-0004. Stuttgart 1973, S. 46 f.; Schmidtmann, Friedrich und Zimmermann, Siegfried: Automatisierte Datenverarbeitung und steuerliche Betriebsprüfung. In: Die steuerliche Betriebsprüfung, 13. Jg., Heft 6, 1973, S. 135 ff.; Schreiner, Adalbert und Zeeb, Gerhard: Interne Revision und EDV bei der Burda GmbH. In: Der Einfluß der EDV auf die Rechnungslegung. Heft 3 der IBM-Beiträge zur Datenverarbeitung, Methoden und Techniken, hrsg. von P. Lindemann und K. Nagel. IBM-Form F12-0004. Stuttgart 1973, S. 41 ff.; Hack, Hans: Betriebsprüfungen bei Unternehmen mit ADV. In: Die steuerliche Betriebsprüfung, 14. Jg., Heft 1, 1974, S. 16; Schröder, Johannes: Podiumsdiskussion ..., a.a.O., S. 7.

Die Realisierung der Speicherbuchführung verlangt eine umfassende S y s t e m d o k u m e n t a t i o n, die auch für die Systemprüfung unentbehrlich ist. Es ist erstaunlich, daß es auch heute noch für die meisten in der Wirtschaft laufenden Programme keine beweiskräftigen und für einen sachverständigen Dritten verständlichen Aufzeichnungen gibt. In der Praxis werden gegen eine Dokumentation vor allem Kostengesichtspunkte und der erforderliche Zeitaufwand ins Feld geführt. Die Ablehnung der Dokumentation aus Wirtschaftlichkeitsgründen liegt wohl daran, daß man nur den Aufwand für den Aufbau und die laufende Führung der Dokumentation sieht und mißt; den Mehraufwand aber, der dadurch entsteht, daß die Organisation bei jeder Änderung zuerst mit Mühe den Ist-Zustand ermitteln muß, nicht kennt.

Die meisten Unternehmen und Verwaltungseinheiten, in denen eine umfassende Dokumentation ein wesentlicher Bestandteil der Organisationsarbeit ist, sind der Ansicht, daß gerade die Dokumentation die Grundlage für ein wirtschaftliches Arbeiten ist. Neben der Verbesserung der Wirtschaftlichkeit erhöht eine exakte Dokumentation auch die Flexibilität. Dies wird klar, wenn man sich vorstellt, wie viele an sich notwendige organisatorische Anpassungen in Wirtschaft und Verwaltung allein deshalb unterblieben, weil - mangels Dokumentation - keine vollständige Information über den Programminhalt vorlag. In solchen Fällen ist die Gefahr, daß es bei Programmänderungen unerwartete Auswirkungen gibt, sehr groß.

Über den Inhalt der Dokumentation gibt es keine Einigkeit. Fast jeder Autor[1] verlangt für eine ADV-Organisation andere Dokumentationsunterlagen. Der gelegentlich gemachte Vorschlag über die Entwicklung von "Grundsätzen ordnungsmäßiger Dokumentation" (GoD)[2] fand in der Praxis relativ wenig Beachtung. Dies ist vor allem darauf zurückzuführen, daß in der Vergangenheit von den Revisionsorganen eine Dokumentation nicht verlangt werden konnte. Die Realisierung der Speicherbuchführung mit der Notwendigkeit einer Dokumentation dürfte jedoch neue Maßstäbe setzen. Es ist anzunehmen, daß man dann in der Praxis eher bereit ist, auf die gewünschten Dokumentationsunterlagen der externen Revisionsorgane einzugehen. Die GoD für die Speicherbuchführung sollten dabei aber nur das "Was" der Dokumentation festlegen. Die Auswahl der Dokumentationsmethoden, also das "Wie" der Dokumentation, muß jedoch ganz dem Unternehmen bzw. der Verwaltungseinheit überlassen bleiben. Die Praxis hat nur sicherzustellen, daß die Dokumentation schlüssig und verständlich ist. Der Inhalt der Dokumentation umfaßt dabei nicht nur die Programme, auch wenn sie heute vorrangig unter diesem Aspekt behandelt wird, sondern alle Unternehmens- bzw. Verwaltungsbereiche. Tabelle 9 zeigt die für die Überprüfung der Speicherbuchführung notwendigen Dokumentationsunterlagen.

---

1) Vgl. z.B. Brown, Harry L.: EDP for Auditors. New York, London und Sydney 1968, S. 106 f.; Walsh, Dorothy A.: Anleitung zur Software-Dokumentation. München 1972; Kwiatkowski, Jürgen: EDV-Projektmanagement. Frankfurt und New York 1974, S. 57 ff.; Prüßmann, Otto: Programmdokumentation und Aufbewahrung von Programmunterlagen. In: Die steuerliche Betriebsprüfung, 15. Jg., Heft 5, 1975, S. 110 ff.; Schmidtmann, Friedrich: Dokumentation und Systemprüfung bei computergestützten Buchführungssystemen. In: Die steuerliche Betriebsprüfung, 15. Jg., Heft 3, 1975, S. 61 ff.

2) Vgl. Minz, Günter: Podiumsdiskussion ..., a.a.O., S. 10.

Tabelle 9: Dokumentationsunterlagen für die Überprüfung der Speicherbuchführung

Abteilung / Dokumentations-Inhalt	Fachabteilung	Organisation und Programmierung	Datenverarbeitung
Arbeitsablauf	- Verfahrensbeschreibung	- Datenflußplan - Programmablaufplan	- Datenflußplan - Zeittafel
Daten und Verarbeitungsregeln	- Schlüsselverzeichnis - Beschreibung der Dateien - Verarbeitungsregeln	- Datenorganisation - Diagramm für komplexe Routinen - Programm-Umwandlungsliste	- Steuerkarten - Ein-/Ausgabe-Beschreibungen
Abstimmungen	- Organisatorische Kontrollen - Fehlermeldungen und Fehlerbeseitigung	- Kontrollsysteme - Testdaten	- Fehlernachrichten - Wiederanlaufroutinen

Hinsichtlich des Problemkreises der A u f b e w a h - r u n g ist die Frage nach der Aufbewahrungspflicht von Lochkarten und magnetischen Datenträgern eindeutig geklärt (Tabelle 10). Die Aufbewahrung von Programmen ist dann nicht erforderlich, wenn der Nachweis über Vollausdruck geführt wird. Wird der Nachweis über einen verdichteten Ausdruck geführt, müssen die Programme aufbewahrt werden. Bezüglich der Aufbewahrung von Programmunterlagen hat die Finanzverwaltung in den EStR von 1967 in Abschn. 29 Abs. 6 gefordert, daß Anweisungen, Erläuterungen und Organisationsunterlagen (z.B. Ablaufdiagramme, Blockdiagramme und ähnliche Organisationsbeschreibungen) - soweit sie zum Verständnis der Buchführung erforderlich sind - wie Bücher (also zehn Jahre) aufzubewahren sind. Diese Verwaltungsanweisung, die für den Steuerpflichtigen nicht bindend ist, stieß auf heftige Kritik[1)] und wurde von der Wirtschaftspraxis in hohem Umfang ignoriert. Bei einer Nachweisführung über Vollausdruck (einschließlich aller Referenzierung) muß vom Steuerpflichtigen keine Aufbewahrung der Dokumentationsunterlagen erfolgen. Es liegen hier im wesentlichen die gleichen Voraussetzungen wie für die Überprüfbarkeit einer herkömmlichen Buchführung vor. In der praktischen Prüfungsarbeit, insbesondere für die externen Prüfungsorgane, sind jedoch derartige Unterlagen geeignet, zum besseren Verständnis der Buchführung beizutragen und können sich somit auch günstig auf die Prüfungszeit

---

1) Vgl. hierzu Lindemann, Peter und Nagel, Kurt: Revision und Kontrolle bei automatisierter Datenverarbeitung, a.a.O., S. 111 f.

auswirken[1]. Erfolgt die Nachweisführung über die Systemprüfung, dann sind alle die Unterlagen aufzubewahren, welche für eine vollständige, schlüssige und für einen sachverständigen Dritten verständliche Nachweisführung notwendig sind.

1) Vgl. hierzu Schmidtmann, Friedrich: Automatisierte Datenverarbeitung (ADV) und steuerliche Betriebsprüfung, a.a.O., S. 55 f.

Tabelle 10: Aufbewahrung von Lochkarten und magnetischen Datenträgern

Datenträger / Nachweisfunktion	Normal-Lochkarte	Verbund-Lochkarte	Karte mit Buchfunktion	Magnetische Datenträger
Funktion	Zwischeninformationsträger	Belegfunktion	Buch- oder Kontenfunktion	Zwischeninformationsträger
Nachweis über Vollausdruck	nicht aufbewahrungspflichtig	<u>externer Wertefluß:</u> . aufbewahrungspflichtig <u>interner Wertefluß:</u> . nicht aufbewahrungspflichtig	. aufbewahrungspflichtig	. nicht aufbewahrungspflichtig
Nachweis über verdichteten Ausdruck	aufbewahrungspflichtig, wenn sie zur Auflösung eines verdichteten Ausdrucks benötigt wird	. aufbewahrungspflichtig	. aufbewahrungspflichtig	. aufbewahrungspflichtig, wenn sie zur Auflösung eines verdichteten Ausdrucks benötigt wird

3 Interne Bestimmungsfaktoren für den Aufbau von Datensicherungssystemen

3.1 Das Sicherheitsbewußtsein

Eine wesentliche Voraussetzung für ein funktionierendes Datensicherungssystem ist ein ausgeprägtes Sicherheitsbewußtsein aller Mitarbeiter. Das Massachusetts Institute of Technology (MIT) untersuchte in der im Abschnitt 1.1.2 erwähnten empirischen Studie die Einstellungen der Benutzer von Datenverarbeitungsanlagen hinsichtlich der Datensicherung. Von der Studiengruppe wurden drei Thesen über das Sicherheitsbewußtsein aufgestellt[1]:

1. Die von einem Benutzer geforderte Datensicherheit hängt von dessen Wissen um die Gefährdung der zu schützenden Tatbestände, insbesondere der Daten und Programme, ab.

2. Das Sicherheitsbewußtsein des Mitarbeiters wird wesentlich von dessen Entfernung zum Datenverarbeitungssystem bestimmt.

3. Die Unterschiede in den Stufen des Sicherheitsbewußtseins und in den Lösungsansätzen für das Sicherungsproblem hängen von der Art der Datenverarbeitung in Wirtschaft und Verwaltung sowie von dem Wert der verarbeiteten Daten ab.

Untersuchungsobjekte waren Abteilungen aus dem Rechnungswesen, das Gesundheitswesen, der Hochschulbereich und Rechenzentren mit Time-Sharing-Betrieb. Diese Be-

---

1) Siehe Abschnitt 1.1.2

reiche wurden vor allem deshalb ausgewählt, weil das MIT die Ansicht vertrat[1], daß das Rechnungs- und Gesundheitswesen besondere Anforderungen an die Datensicherung stellen und daß Universitäten und Service-Rechenzentren in repräsentativer Weise den Einsatz fortschrittlicher Technologien der Datenverarbeitung widerspiegeln.

Die erwähnten Thesen wurden durch die empirischen Untersuchungsergebnisse im wesentlichen bestätigt, wie im folgenden gezeigt wird.

Hinsichtlich der 1. These konnte klar beobachtet werden, daß das Interesse einer Person für die Sicherheit von ihrem Wissen über die Sicherheitsbedrohungen und -verletzungen abhängt. Die Menschen gehen im allgemeinen davon aus, daß wenn sie selbst tausend Möglichkeiten kennen, ihre Systemsicherheit zu durchbrechen, ihre "Feinde" dieselben Kenntnisse haben. Umgekehrt, wenn sie sich keiner Lücken in ihrem Sicherheitssystem bewußt sind, wird angenommen, das System könne nicht durchbrochen werden.

Bei der Analyse der Service-Rechenzentren stellte sich heraus, daß die Mehrzahl der Benutzer davon ausging, ihr Rechenzentrum wäre sicher, obwohl die tatsächlichen Sicherungsmaßnahmen nicht ausreichend waren. Nur unter denjenigen Benutzern, welche sich der Wahrscheinlichkeit von Sicherungsverletzungen bewußt sind, findet man eine ausreichende Verwendung von Sicherungstechniken. Das MIT bringt in der Studie zum Ausdruck, daß das Sicherheitsbewußtsein rasch zunehmen wird, was insbesondere durch die folgenden drei Einflußkriterien bedingt ist:

---

1) Vgl. IBM Corp. (Hrsg.): Data Security and Data Processing, Vol. 4, a.a.O., S. 7.

- die zunehmende Bedeutung des Datenschutzes,
- der immer größere Einsatz von Datenstationen,
- die Verschiebung des Kostentrends von Hardware auf Software und Personal[1].

Auf die Frage "Hat sich Ihre Einstellung gegenüber der Preisgabe von Daten und der Veränderung oder der Zerstörung von Daten mit Hilfe von Computern in den vergangenen 3 Jahren geändert und wenn ja, warum?" antworteten die Führungskräfte wie folgt[2]:

Tabelle 11: Änderung der Einstellung gegenüber der Preisgabe und Veränderung von Daten mit Hilfe von Computern

Viel geringeres Interesse	1	2	3	4	5	Viel größeres Interesse
1. Preisgabe						
Gesamt:	0	0	36	40	24	
Technische Manager:	0	0	14	16	10	
Nicht-technische Manager:	0	0	22	24	14	
2. Betrug/ Unterschlagung						
Gesamt:	0	2	29	37	32	
Technische Manager:	0	2	12	20	7	
Nicht-technische Manager:	0	0	17	17	25	

1) "As the trend in costs moves from hardware to software and personnel, the normal arguments that security costs too much will diminish". IBM Corp. (Hrsg.): Data Security and Data Processing, Vol. 4, a.a.O., S. 9.

2) Vgl. IBM Corp. (Hrsg.): Data Security and Data Processing, Vol. 4, a.a.O., S. 128 f.

Bei der Frage nach den Gründen für diesen Gesinnungswandel - es wurden bei dem Problemkreis der Preisgabe vertraulicher Daten 67 Gründe zur Auswahl gestellt - ergaben sich im einzelnen folgende Antworten:

Tabelle 12: Analyse der Einstellungsänderung gegenüber der Preisgabe von Daten mit Hilfe von Computern

Gründe \ Befragte	Techn. Manager	Nicht-techn. Manager	Gesamt
- Gesellschaftstrend	11	10	21
- Unternehmensweiter Trend	6	6	12
- Abteilungstrend	3	3	6
- Wechsel der Datenart, für welche Sie verantwortlich sind	9	9	18
- Wechsel in der Verarbeitungstechnik (z.B. Datenstationen)	6	12	18
- Interesse an einer schnelleren Verarbeitung	3	7	10
- Erfahrungen aus einer tatsächlichen Preisgabe	4	4	8
- Persönlich ethische Gründe	4	3	7

Die Umfrage bestätigte auch die Erwartung, daß die Manager sich für die Wirkung der Datenzerstörung und -veränderung mehr interessieren würden als für die Wirkung der Datenpreisgabe. Auf die Fragen nach dem Einfluß der ADV in ihrer Abteilung auf die Preisgabe bzw. Veränderung/Zerstörung von Daten ergaben sich folgende Antworten[1]:

Tabelle 13: Einfluß der Datenverarbeitung (in den Abteilungen) auf Preisgabe bzw. Veränderung/Zerstörung von Daten

Keine Zunahme	1	2	3	4	5	Sehr starke Zunahme
1. Preisgabe						
Gesamt:	36	31	17	14	2	
Technische Manager:	19	17	5	-	-	
Nicht-technische Manager:	17	14	12	14	2	
2. Veränderung/Zerstörung:						
Gesamt:	25	25	23	10	17	
Technische Manager:	13	15	8	5	2	
Nicht-technische Manager:	12	10	15	5	15	

Wie aus diesen Ergebnissen hervorgeht, meinte rund ein Drittel der befragten Manager, daß die ADV die Wahrscheinlichkeit einer Preisgabe von Daten überhaupt nicht

1) Vgl. IBM Corp. (Hrsg.): Data Security and Data Processing, Vol. 4, a.a.O., S. 128 und 130.

erhöhen würde, während 16% von einer starken bis sehr starken Zunahme sprechen. Interessant ist, daß die letzte Gruppe ausschließlich von Managern aus den Bereichen Finanzen, Personal, Versicherung und Revision gebildet wird. Bei der Veränderung oder Zerstörung von Daten, die durch den Computereinsatz für wahrscheinlicher gehalten wird (27%), ergab sich ein ähnliches Bild.

Bei den Fragen nach den Sicherungsmöglichkeiten bestätigte sich ganz eindeutig die aufgestellte These. Während die Nicht-Techniker die technischen, verfahrensbedingten und personellen Vorkehrungen mit befriedigend bis gut beurteilten, vergaben die Techniker die Zensuren ausreichend bis befriedigend, wie die folgende grobe Zusammenfassung der Ergebnisse zur Datenpreisgabe zeigt[1].

Tabelle 14: Beurteilung der Sicherungsvorkehrungen

Befragte / Sicherungsvorkehrungen	Technische Manager	Nicht-techn. Manager
Technische	befriedigend	gut
Verfahrensbedingte	ausreichend	befriedigend
Personelle	ausreichend	befriedigend

1) Vgl. Grønning, Torben G.: Data Security and the Financial Community. In: Sloan Management Review, Vol. 15, No. 3, 1974, S. 75; IBM Corp. (Hrsg.): Data Security and Data Processing, Vol. 4, a.a.O., S. 129 ff.

Zur Überprüfung der zweiten These (die Nähe eines einzelnen zum Computersystem beeinflußt sein Sicherheitsbewußtsein) wurden u.a. folgende Fragen gestellt[1]:

1. Wie würden Sie Ihre Risiken bei der Benutzung des Datenverarbeitungssystems angeben?

sehr groß	5	4	3	2	1	unbedeutend

2. Wie würden Sie generell Ihr persönliches Interesse für Probleme wie Sicherheitslücken, Diebstahl und den Einbruch in die Privatsphäre beschreiben?

außerordentlich interessiert	5	4	3	2	1	nicht interessiert

3. Wie würden Sie Ihr gegenwärtiges Organisationssystem gegenüber einem computergestützten System hinsichtlich der Sicherheit einstufen?

ausgezeichnet	5	4	3	2	1	ungenügend

Die Antworten zu diesen Fragen ergaben einige sehr interessante Hinweise. Man fand heraus, daß jene, welche direkten Kontakt mit dem Computersystem hatten (z.B. DV-Leiter und Benutzer von Datenstationen), an Sicherheit interessiert waren, im allgemeinen und in ihrer Organisation. Diese Mitarbeiter beantworteten die Fragen nahe den Grenzwerten "sehr groß", "außerordentlich interessiert" und "ungenügend". Sie konnten die Fehler im System erkennen. Die andere Gruppe von Managern,

---

1) Vgl. IBM Corp. (Hrsg.): Data Security and Data Processing, Vol. 4, a.a.O., S. 9.

welche nur wenig oder gar keine Beziehung zum Datenverarbeitungssystem hatte, fiel mit ihren Antworten ans entgegengesetzte Ende des Spektrums. Sie beantworteten die Fragen nahe den Werten "unbedeutend", "nicht interessiert" und "ausgezeichnet".

Hinsichtlich der dritten These ("Die Unterschiede in den Stufen des Sicherheitsbewußtseins hängen von der Art der Datenverarbeitung und von dem Wert der verarbeiteten Daten ab") konnte das MIT in den untersuchten Bereichen folgende Feststellungen treffen:

- Im Finanzbereich war das Sicherheitsbewußtsein im allgemeinen hoch. Der geschätzte Wert der Daten wurde als hoch beziffert, wahrscheinlich wegen der hohen Schadenssummen, die den Unternehmen im Falle eines Mißbrauchs entstehen könnten. Die Befürchtung finanzieller Verluste, insbesondere durch Unterschlagung, führte zur Realisierung zahlreicher technischer und organisatorischer Maßnahmen.

- Im Gesundheitswesen[1)] war ein relativ geringes Sicherheitsbewußtsein zu erkennen. Dies wird vor allem darauf zurückgeführt, daß die Datenverarbeitung für medizi-

---

1) Zum Problem des Datenschutzes im Gesundheitswesen siehe u.a. Rave, Dieter: Datenschutzprobleme am Beispiel des Gesundheitswesens. In: Datenschutz, hrsg. von W. Kilian, K. Lenk und W. Steinmüller. Frankfurt 1973, S. 279 ff.; Stockhausen, Josef: Die Speicherung medizinischer Daten - Gefahren und Schutzmaßnahmen. In: Deutsches Ärzteblatt, 70. Jg., Heft 40, 1973, S. 2597 ff.; Wagner, G.: Medizinische Datenbanken und ihre Problematik. In: Computer: Aufgaben im Gesundheitswesen, hrsg. von N. Hollberg, B. Pleuss und H. Rittersbacher. Berlin, Heidelberg und New York 1973, S. 22 ff.; Faßbinder, Elmar: a.a.O.; Wolters, Hans-Georg: Datenverarbeitung und Vertraulichkeit medizinischer Informationen. In: Deutsches Ärzteblatt, 71. Jg., Heft 51, 1974, S. 3691 ff.

nische Zwecke erst seit relativ kurzer Zeit eingesetzt wird. Während der Wert der Daten unter dem Aspekt der Vertraulichkeit als sehr hoch erkannt wurde, ist er unter wirtschaftlichen Gesichtspunkten als sehr gering eingestuft worden. Die Datensicherungsmaßnahmen orientieren sich daher mehr an der Wahrung der Vertraulichkeit der gespeicherten Daten. Ganz entscheidende Bedeutung hat "the integrity of personnel, because so many are involved in the delivery of medical care"[1].

- Bei Universitäten[2] ist das Sicherheitsbewußtsein je nach Art der Datenverarbeitungsorganisation mittelmäßig bis hoch. Fast alle Formen der Gefährdungen sind denkbar, da die internen Benutzer wahrscheinlich am erfinderischsten bei der Entdeckung von Sicherheitslücken sind. Der wirtschaftliche Wert der Daten wird als niedrig eingeschätzt. Aufgrund dieser Gefahrenstruktur stellte das MIT vorwiegend Maßnahmen für die Entwicklung eines mehr technischen Lösungsansatzes der Datensicherung fest. So wurden z.B. bei den Betriebssystemen verschiedene Vorkehrungen getroffen, um einen größeren Schutz der Daten zu erreichen. Die meisten Aktivitäten zielten im Hochschulbereich darauf ab, mutwillige Schäden zu verhindern.

- In den Service-Rechenzentren lag das Hauptziel der Bemühungen um ein Sicherungssystem auf der Gewährleistung der internen Verarbeitungssicherheit des Systems. Damit sollten vor allem finanzielle Verluste

---

1) IBM Corp. (Hrsg.): Data Security and Data Processing, Vol. 4, a.a.O., S. 13.
2) Zur Problematik des Datenschutzes und der Datensicherung im Hochschulbereich siehe insbesondere Lenk, Klaus: Datenschutzprobleme im Hochschulbereich. In: Öffentliche Verwaltung und Datenverarbeitung, 4. Jg., Heft 7, 1974, S. 312 ff.

durch Systemzusammenbrüche, die Manipulation der Verrechnungsdaten über den Zeitverbrauch sowie die beabsichtigte oder unbeabsichtigte Preisgabe von Kundendaten verhindert werden.

Nach von zur Mühlen ist das Sicherheitsbewußtsein bei den Führungskräften in der Bundesrepublik kaum entwikkelt. Aufgrund einer von ihm durchgeführten Untersuchung stellte er fest, daß knapp 70% der leitenden Angestellten in deutschen Rechenzentren,die von ihm erfaßt wurden, "sich noch nie Gedanken zur Problematik der Datensicherung gemacht hatten, weil die Lösung derartiger Probleme Aufgabe der Geschäftsleitung und nicht einer untergeordneten Instanz sei"[1]. Daß das mangelhafte Sicherheitsbewußtsein der Unternehmensführung sich oft lähmend auf das gesamte Unternehmen auswirkt, konnte auch der Verfasser in seiner Untersuchung feststellen. Auf die Frage "Wurde mit dem Bau eines systematischen Sicherungssystems schon begonnen?" antworteten die Unternehmen und Verwaltungseinheiten wie folgt:

Tabelle 15: Ansatz eines systematischen Sicherungssystems

Größenklasse (Beschäftigte) / Antworten (in Prozent)	bis 999	1000 1999	2000 4999	5000 9999	10000 19999	über 20000
ja	11	12	14	11	17	30
teilweise	20	23	36	45	35	48
nein	67	62	50	44	44	22
keine Angaben	2	3	-	-	4	-

1) Über die Anzahl der befragten Personen, die Art der Untersuchungen sowie über den Zeitraum der Befragung werden keine Angaben gemacht. Mühlen, Rainer A. H. von zur: Computer-Kriminalität - Gefahren und Abwehrmaßnahmen. Neuwied und Berlin 1973, S. 39.

Aus Tabelle 15 läßt sich erkennen, daß die meisten Unternehmen und Verwaltungseinheiten sich noch nicht um eine systematische Erhöhung der Sicherheit bemühen. Nur wenn das Top-Management das Verständnis für die Notwendigkeit umfassender Sicherungsmaßnahmen hat, kann es auch die geeigneten Aktivitäten in die Wege leiten. Das Management hat letztlich die Verantwortung für den Aufbau von Datensicherungssystemen zu tragen.

Der Zwang zum Aufbau eines planmäßigen Sicherungssystems geht, wie in Kapitel 2 gezeigt wurde, auch aus den relevanten gesetzlichen Normen hervor. Die verantwortlichen Führungskräfte müssen diese Grundlagen kennen, damit sie in der Lage sind, die richtigen Entscheidungen zu treffen. Auf die Frage des Verfassers "Sind die verantwortlichen Stellen in Ihrem Hause über den wesentlichen Inhalt des Entwurfes des Bundes-Datenschutzgesetzes informiert?" erhielt er die folgenden Antworten:

Tabelle 16: Kenntnis des Entwurfes für ein Bundes-Datenschutzgesetz

Größenklasse (Beschäftigte) / Antworten (in Prozent)	bis 4999	über 5000
ja	13	22
teilweise	39	65
nein	45	13
keine Angaben	3	-

3.2 Die Risiken und ihre Wirkungen

3.2.1 Zur Einteilung der Risikotypen und Risiken

Es gibt eine Vielzahl von Risiken, welche die Existenz von gespeicherten Daten und Programmen sowie den störungsfreien Betrieb einer Datenverarbeitungsanlage bedrohen. Die einzelnen Risikotypen sind durch spezielle Wirkungen gekennzeichnet. Wenn es zu den Zielen eines Datensicherungssystems gehört,

- den Eintritt von Risikoereignissen soweit als möglich zu verhindern bzw.

- bei eingetretenen Risikoereignissen die daraus resultierenden Wirkungen zu reduzieren oder zu beseitigen,

dann kann man daraus ersehen, welche Bedeutung einer Analyse der Risikotypen und deren Wirkungen für den Aufbau eines Datensicherungssystems zuzuordnen ist. Da in der Literatur[1)] meistens keine Unterscheidung zwischen Risikotyp, Risiken, Ursachen und Auswirkungen gemacht wird, sind die aufgestellten Kataloge der Risiken oft in sich nicht schlüssig und die verwendeten Begriffe mißverständlich. Dies ist nur bedingt damit zu erklären, daß Risiko, Ursache und Auswirkung nicht nur in ein-

---

1) Auf die Bedeutung einer klaren Unterscheidung zwischen Risiken, Ursachen und Wirkungen haben insbesondere hingewiesen Garbe, Helmut: Inhalt und Wirkungen von materiellen Risiken betrieblicher Datenbestände. In: BIFOA-Arbeitsbericht Nr. 73/4 "Datenschutz und Datensicherung bei automatisierter Datenverarbeitung", hrsg. von E. Grochla und N. Szyperski. Köln 1974, S. 28 ff.; Krause, Jürgen: Die Sicherungsmöglichkeiten durch Hardware- und Softwareorientierte Maßnahmen. In: BIFOA-Arbeitsbericht Nr. 73/4 "Datenschutz und Datensicherung bei automatisierter Datenverarbeitung", hrsg. von E. Grochla und N. Szyperski. Köln 1974, S. 41 ff.

dimensionalkausalem Zusammenhang stehen. Im folgenden verstehen wir den Begriff des Risikos im Sinne einer Wagniskategorie. Vom angesprochenen Sachverhalt her deckt er sich mit den Termini Gefährdung und Gefahr. Zu den Risiken, die unter dem Aspekt des Datenschutzes und der Datensicherung zu behandeln sind, gehören alle Ereignisse (bzw. Zustände), welche die Daten, die Programme, die Datenverarbeitungsanlage sowie die Räumlichkeiten des Rechenzentrums in ihrer Existenz beeinträchtigen können[1].

Jedes Risiko hat spezifische Wirkungen. Aus der Gegenüberstellung der Risiken und ihren möglichen Wirkungen ergeben sich entscheidende Maßnahmen für den Aufbau eines Datensicherungssystems. Die folgende Tabelle zeigt die Zusammenhänge zwischen Risikotyp, Ursache, Gefahr und Wirkung.

Tabelle 17: Interdependenzen zwischen Risikotyp, Ursache, Gefahr und Wirkung

Risikotyp	Ursache	Gefahr (Risiko)	Wirkung
Höhere Gewalt	Feuer	-Kurzschluß -Blitzschlag	-unmittelbare Wirkungen (z.B. Datenverlust -mittelbare Wirkungen (z.B. Einfluß auf die Marktsituation)

1) Vgl. Grochla, Erwin: Datenschutz und Datensicherung in ADV-Systemen. In: BIFOA-Arbeitsbericht Nr. 73/4 "Datenschutz und Datensicherung bei automatisierter Datenverarbeitung", hrsg. von E. Grochla und N. Szyperski. Köln 1974, S. 14.

Der Versuch einer solchen Einordnung wurde vom DV-Programmausschuß des Verbandes der Chemischen Industrie e.V. im Jahre 1974 durchgeführt[1]. Er unterscheidet in seinem Risiken-Katalog nach Risiken, Ursachen und Gefahr/Handlung. Die Zuordnung ist jedoch auch hier nicht immer klar. Es erscheint nicht sinnvoll, dem Risiko (man müßte hier vom Risikotyp sprechen) "Katastrophen" neben den Ursachen "Feuer", "Wasser", "technische Störungen" auch die Ursache "Zerstörung" zuzuordnen, da es sich hier um eine Auswirkung handelt.

Über die Risiken im Bereich der Datenverarbeitung gibt es inzwischen eine umfassende Literatur. Sie werden dabei fast von jedem Autor - je nach Zielsetzung - unterschiedlich gegliedert. So unterscheidet z.B. Garbe[2] sieben Risikotypen:

1. Das Katastrophenrisiko
   Darunter werden alle die Risiken zusammengefaßt, die aufgrund eines Ereignisses höherer Gewalt das gesamte ADV-System einschließlich der Datenbestände bzw. wesentliche Teile des Systems vernichten oder zumindest einen zeitweiligen Ausfall herbeiführen.

2. Das Risiko einer vorsätzlichen Sachbeschädigung
   Mit diesem Risikotyp sollen alle Risikoereignisse gekennzeichnet werden, bei denen die Datenverar-

---

1) Vgl. DV-Programmausschuß des Verbandes der Chemischen Industrie e.V.: Datensicherung. Ein Leitfaden für die Praxis. Frankfurt 1974, S. 9.
2) Vgl. Garbe, Helmut: Inhalt und Wirkungen von materiellen Risiken betrieblicher Datenbestände, a.a.O., S. 28 ff.

beitungsanlage oder bestimmte Hardwareelemente vorsätzlich zerstört oder beschädigt werden.

3. Das Diebstahlrisiko
Dieses Risiko umfaßt nach Garbe alle Ereignisse, bei denen Datenbestände und gegebenenfalls Teile des ADV-Systems vorsätzlich in unberechtigte Hände geraten.

4. Das Risiko widerrechtlicher Eingriffe
Mit diesem Risikotyp werden meistens alle diejenigen Risikoereignisse gekennzeichnet, bei denen ein unberechtigter Täter Programme oder Datenbestände verändert.

5. Das Risiko fahrlässiger Kunstfehler
Dieser Risikotyp liegt dann vor, wenn im ADV-System "Ereignisse wirksam werden, die ihre Ursache ausschließlich in einer ungeeigneten, aber nicht vorsätzlichen Handlungsweise (Kunstfehler) eines Menschen haben"[1]. Zu diesen Kunstfehlern zählen Fehler im Betriebssystem, in den Anwendungsprogrammen und in der Bedienung.

6. Das Risiko technischer Störungen
Zu den Risikoereignissen dieses Typs zählen nicht nur Hardware-bedingte Störungen, sondern auch Stromausfälle und Störungen der Übertragungsweise.

7. Das Risiko unbeabsichtigter Einblicke in den Datenbestand
Garbe zählt zu diesem Risikotyp den unbeabsichtig-

---

1) Garbe, Helmut: Inhalt und Wirkungen von materiellen Risiken betrieblicher Datenbestände, a.a.O., S. 32.

ten Einblick eines grundsätzlich berechtigten Benutzers, z.B. eines Sachbearbeiters an einer Datenstation, in Datenbestände, die ihm eigentlich vorenthalten bleiben sollten.

Von zur Mühlen[1)] unterscheidet die Risikogruppen Irrtum/Nachlässigkeit, technische Defekte, Katastrophen und die Computer-Kriminalität[2)]. Hinsichtlich der letzten Gefahrengruppe stellt er folgende vier Erscheinungsformen fest:

- Manipulation von Input- und Outputdaten sowie von Programmen,
- Spionage,
- Sabotage und
- Zeitdiebstahl.

Martin[3)] unterscheidet sechs Risikotypen:

1. Höhere Gewalt (Acts of God),
2. Hardware- und Programmfehler (Hardware and program failures),
3. Menschliche Nachlässigkeit (Human carelessness),
4. Böswillige Beschädigung (Malicious damage),
5. Kriminelle Verhaltensweisen (Crime) und
6. Einbruch in die Privatsphäre (Invasion of privacy).

---

1) Vgl. Mühlen, Rainer A. H. von zur: Computer-Kriminalität. In: Management heute, Heft 6, 1973, S. 17 ff.

2) Unter Computer-Kriminalität werden alle deliktischen Handlungen verstanden, bei denen der Computer Werkzeug oder Ziel der Tat ist. Vgl. Mühlen, Rainer A. H. von zur: Computer-Kriminalität - Gefahren und Abwehrmaßnahmen, a.a.O., S. 17.

3) Vgl. Martin, James: Security, Accuracy, and Privacy in Computer Systems. Englewood Cliffs 1973, S. 11 ff.

Hauter[1] nimmt eine Dreiteilung in höhere Gewalt, objektbezogene Gefährdungen und subjektbezogene Gefährdungen vor, wobei er die letzte Gruppe unterteilt in

- fahrlässige Handlungen (z.B. Unachtsamkeit, Unzuverlässigkeit, unsachgemäße Eingriffe ins System),
- grobfahrlässige Handlungen (z.B. Unübersichtlichkeit, unsystematische Systemanalyse, unterlassene Programmkontrollen, unsachgemäße Fehlerkorrektur),
- deliktische Handlung (z.B. Betrug, Diebstahl, Einbruch, Sabotage, Spionage).

Gelegentlich werden in der Literatur die Risikotypen bestimmten Sicherungsbereichen zugeordnet. Peck[2] stellt beispielsweise für die ADV-Abteilung folgende fünf Gruppen von Risiken zusammen:

1. Fehler im Bereich der Hard- und Software,
2. Unerlaubter Zugriff durch den Benutzer,
3. Unerlaubte Handlungen der Mitarbeiter der ADV-Abteilung,
4. Unsicherheiten bei Datenübertragungen und
5. Unachtsamkeit.

---

1) Vgl. Hauter, Adolf: Datensicherung. Ein Weg zum EDV-Sicherheitsbericht. In: Online, Zeitschrift für Datenverarbeitung, 11. Jg., Heft 7/8, 1973, S. 515.
2) Vgl. Peck, Paul L.: Data Processing Safeguards. In: Journal of Systems Management, Vol. 23, No. 10, 1972, S. 11 ff.

Eine Analyse dieser und weiterer Gliederungen[1] der Risiken zeigt, daß im allgemeinen alle wesentlichen Risikotypen erfaßt sind. Je nach der vorgenommenen Gruppierung ergeben sich mehr oder weniger starke Überschneidungen[2] bzw. willkürliche Zuordnungen[3]. Dies ist jedoch für die praktische Arbeit von untergeordneter Bedeutung. Viel wesentlicher ist für die Praxis die Beantwortung der Fragen:

- Wie führt man eine Risikoanalyse durch?
- Wie detailliert sind die einzelnen Risiken anzugeben?
- Wo können die Risiken Schaden anrichten?
- Wann kann das Risiko besonders stark auftreten?

---

1) Vgl. z.B. Greenlee, Blake M.: Secure Data Transmission. In: Computer and Software Security, hrsg. von W. F. Brown. New York 1971, S. 53 ff.; Petersen, H. E. and Turn, R.: System Implications of Information Privacy. In: Security and Privacy in Computer Systems, hrsg. von L. J. Hoffman. Los Angeles 1973, S. 79, 92 und 93; Wiesel, Georg: Computerkriminalität - Tatbestände und ihre strafrechtliche Verfolgung. Teil 1. In: Siemens Data Report, 8. Jg., Heft 3, 1973, S. 24 ff.

2) So korreliert z.B. bei der Einteilung von Garbe das Risiko unbeabsichtigter Einblicke in den Datenbestand stark mit dem Risiko fahrlässiger Kunstfehler. Vgl. Garbe, Helmut: Inhalt und Wirkungen von materiellen Risiken betrieblicher Datenbestände, a.a.O., S. 32 ff.

3) Hauter unterteilt die subjektbezogenen Gefährdungen in fahrlässige, grobfahrlässige und deliktische Handlungen. Es ist dabei nicht verständlich, daß er z.B. eine unsystematische Systemanalyse bzw. Programmierung zu den grobfahrlässigen, den unsachgemäßen Eingriff in das System dagegen zu den fahrlässigen Handlungen zählt. Vgl. Hauter, Adolf: Datensicherung. Ein Weg zum EDV-Sicherheitsbericht, a.a.O., S. 515.

Die meisten Ausarbeitungen geben zu diesen Fragen keine Antwort. Eine summarische Einteilung der Risikotypen kann jedoch bestenfalls als Erklärungsmodell dienen. Für die Durchführung der Risikoanalyse ist es zunächst erforderlich, daß die einzelnen Sicherungsbereiche klar definiert werden (siehe Abbildung 3). Sicherungsbereiche können je nach dem Ordnungskriterium (funktionelle Abgrenzung, Anwendungsbereiche usw.) z.B. sein[1]:

- die einzelnen Fachabteilungen,
- die Programmierabteilung,
- das Archiv,
- der Beleg- und Datenträgertransport,
- die Gebäude und Räume,
- die Versorgungsanlagen.

Nach der Fixierung der Sicherungsbereiche sollten für jeden Bereich die Risiken differenziert erarbeitet werden. Je detaillierter sie angegeben werden, desto besser lassen sich die Sicherungsmaßnahmen auswählen und desto genauer wird die Wirtschaftlichkeitsanalyse (siehe Abschnitt 3.4).

Im folgenden werden zunächst drei Risikotypen unterschieden:

1. Höhere Gewalt
   Darunter werden alle Risiken erfaßt, die durch unvorhergesehene Ereignisse außerhalb des menschlichen Einflusses auftreten.

---

1) Vgl. z.B. Hauter, Adolf: Datensicherung. Ein Weg zum EDV-Sicherheitsbericht, a.a.O., S. 514.

2. Objektbezogene Gefährdungen (sachlicher Bereich)
   Zu diesen Gefährdungen gehören alle Risiken, die durch die Organisation und Technik der Datenverarbeitung entstehen.

3. Subjektbezogene Gefährdungen (personeller Bereich)
   Darunter werden alle Gefährdungen durch zielgerichtetes oder fahrlässiges Handeln verstanden.

Abbildung 3: Anforderungen an die Risikoanalyse

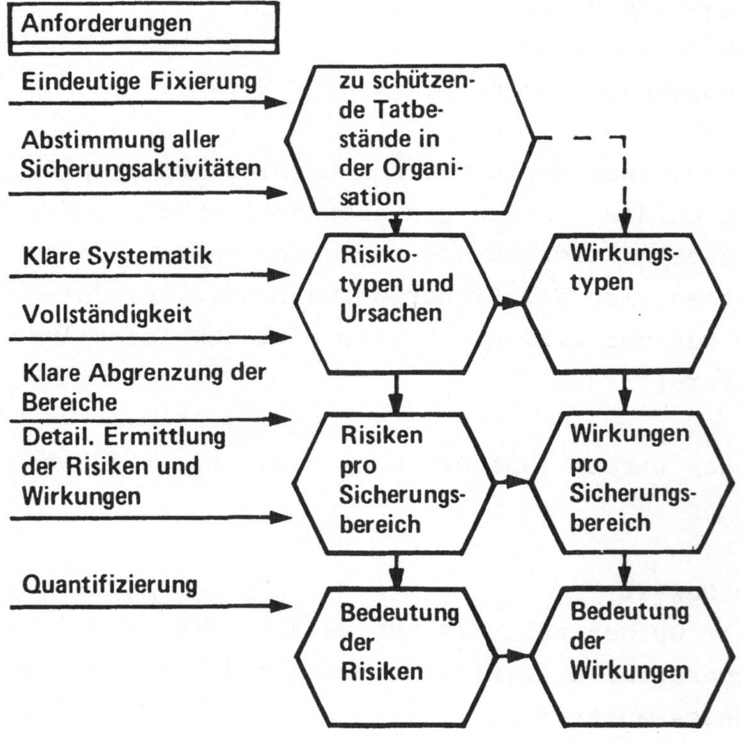

Diese Einteilung erscheint deshalb sinnvoll, weil sie eine relativ klare Zuordnung zu den Ursachen, den einzelnen Risikoereignissen und den Wirkungen ermöglicht und außerdem eine gute Systematik für die Behandlung der Sicherungsmethoden gibt. Nachstehend werden die drei Risikotypen weiter unterteilt in Ursachen und wesentliche Risiken.

1. Höhere Gewalt
   - Feuer,
   - Wasser,
   - Explosion,
   - Flugzeugabsturz,
   - Erdbeben,
   - Sturm und
   - Krieg.

2. Objektbezogene Gefährdungen
   - Stromausfall,
   - magnetische Aufladung,
   - Radarstrahlungen,
   - Ausfall von Schaltelementen bzw. Schaltkreisen und
   - Störungen in der Mechanik bzw. Elektronik.

3. Subjektbezogene Gefährdungen

3.1 Vorsätzliche Handlungen
   - Diebstahl,
   - Sabotage,
   - Manipulation und
   - Spionage.

3.2 Fahrlässige Handlungen
- Mangelnde Sorgfalt,
- unsachgemäße Behandlung und
- Unwissenheit.

Bei der Durchführung der Risikoanalyse wird es in der Praxis im allgemeinen notwendig sein, diese Gruppierung weiter zu unterteilen, um die einzelnen Gefahren bzw. Handlungen noch klarer erkennen zu können. Bei der Ursache Wasser kämen z.B. folgende Unterpunkte in Frage:

- Wasser
  . Unwetter
  . Rohrbruch
  . Überschwemmung
  . Abwässer

Der generelle Katalog der Risikotypen, Ursachen und Gefahren ist die Grundlage für die Analyse der einzelnen Sicherungsbereiche hinsichtlich der speziellen Risiken. So wird man im Sicherungsbereich "Rechenzentrum" zum Teil andere Risiken haben als in der "Kreditorenbuchhaltung". In Tabelle 18 wird die "Mangelnde Sorgfalt" für diese beiden Sicherungsbereiche spezifiziert, wobei bewußt kein Anspruch auf Vollständigkeit erhoben wird.

Tabelle 18: Spezifizierung der "Mangelnden Sorgfalt" in den Sicherungsbereichen "Kreditorenbuchhaltung " und "Rechenzentrum"

KREDITORENBUCHHALTUNG	RECHENZENTRUM
– Eingabefehler über Terminal	– Montieren und Fortschreiben eines falschen Datenträgers
– Falsche Abstimmsummen	– Benutzen einer falschen Programmversion
– Verlust von Rechnungen	– Verlegen eines magnetischen Datenträgers
– Zahlung an falsche Lieferanten	– Unvollständige Testdaten
•	•
•	
•	

3.2.2 Zur Bedeutung der Risiken

Jede Unternehmung und Verwaltungseinheit muß sich Klarheit über die Bedeutung der einzelnen Risiken verschaffen, da sich danach in erster Linie die Methoden und Vorkehrungen der Datensicherung richten. Bei fast allen Risiken ist eine auch nur annähernd zutreffende Schätzung über die Zahl sowie das Ausmaß der jährlichen Schäden im Bereich der automatisierten Datenverarbeitung nicht möglich. Stellvertretend für andere Gefahrentypen seien für den Bereich der subjektbezogenen Gefährdungen einige Gründe für die Schwierigkeiten der Erfassung genannt[1]:

- In der Kriminalstatistik werden die innerbetrieblich begangenen Straftaten nicht gesondert erfaßt.

- Die auf Irrtum und Nachlässigkeit beruhenden Risiken werden nur zu einem kleinen Teil im Rahmen verschiedener Versicherungsarten (siehe Abschnitt 3.5) fixiert.

- Von den deliktischen Handlungen, bei denen der Computer Werkzeug oder Ziel ist, wird von den Betroffenen nur ein sehr kleiner Anteil zur Anzeige gebracht.

- Ein hoher Anteil der vorsätzlich und fahrlässig begangenen Handlungen wird von Wirtschaft und Verwaltung aus verschiedenen Gründen bewußt (z.B. Image, Furcht) nicht publik gemacht.

Um dennoch Anhaltspunkte über gewisse Schadensdimensionen zu erhalten, wird an einigen Risiken der Versuch gemacht, die in der Literatur vorhandenen Angaben und Aussagen aus der Praxis zusammenzutragen.

---

1) Vgl. Mühlen, Rainer A. H. von zur: Computer-Kriminalität - Gefahren und Abwehrmaßnahmen, a.a.O., S. 30 ff.; Trebesch, Karsten: Bekannter Täter. In: VDI-Nachrichten, Heft 37, 1974, S. 30.

Zum Thema Computer-Kriminalität veröffentlichte das Stanford Research Institute[1)] Übersichten über die im Detail bekannt gewordenen Fälle, geordnet nach Tatjahr und -typ. Danach ereigneten sich in den Jahren 1964 - 1973 folgende Fälle:

Tabelle 19: Bekannt gewordene Fälle des Computer-Mißbrauchs in den USA

Jahr	Sabotage	Informations-Diebstahl	Unterschlagung	Zeit-Diebstahl	Gesamt	Verifiz. Fälle
1964	1	1	3	0	5	3
1965	0	1	4	3	8	7
1966	1	0	1	0	2	2
1967	2	0	0	2	4	3
1968	2	2	7	0	11	4
1969	3	6	3	0	12	7
1970	8	5	7	9	29	16
1971	6	18	22	6	52	13
1972	12	15	12	16	55	30
1973	9	15	21	8	53	34
Total	44	63	80	44	231	119

1) Vgl. Parker, Donn B., Nycum, Susan und Oüra, S. Stephen: Computer Abuse, hrsg. vom Stanford Research Institute. Washington 1973, S. 26; Parker, Donn B.: Reported Cases of Computer Abuse, by Year and Type (Veröffentlichtes Manuskript), hrsg. vom Stanford Research Institute. Washington, 4. 6. 1974.

Nach Recherchen von von zur Mühlen[1] ereigneten sich in der Bundesrepublik Deutschland zwischen 1967 - 1973 45 Fälle des Computer-Mißbrauchs, die er folgenden Tattypen zuordnete:

- Programmanipulation	6
- Input-Outputmanipulation	21
- Zeitdiebstahl	6
- Spionage	7
- Sabotage	5

Von zur Mühlen betont, daß ihm wesentlich mehr Fälle benannt wurden; da sie von ihm jedoch nicht mit hinreichender Zuverlässigkeit untersucht werden konnten, sind sie in diesem Zahlenmaterial nicht enthalten[2].

---

1) Vgl. Mühlen, Rainer A. H. von zur: Computer-Kriminalität, a.a.O., S. 18.

2) Zu einzelnen Fällen der Computer-Kriminalität und ihrer Problematik siehe u.a. Freed, Roy N.: Computer Fraud - A Management Trap. In: Business Horizons, Vol. 12, No. 3, 1969, S. 25 ff.; Allen, Brandt R.: Computer Fraud. In: Financial Executive, May 1971, S. 38 ff.; Betzl, Karl Michael: Computerkriminalität - Dichtung und Wahrheit. In: Datenverarbeitung in Steuer, Wirtschaft und Recht, 1. Jg., Heft 11, 1972, S. 317 ff.; Betzl, Karl Michael: Computerkriminalität - Viel Lärm um Nichts. In: Datenverarbeitung in Steuer, Wirtschaft und Recht, 1. Jg., Heft 15, 1972, S. 475 f.; Sieben, Günter und Mühlen, Rainer A. H. von zur: Computerkriminalität - nicht Dichtung, sondern Wahrheit. In: Datenverarbeitung in Steuer, Wirtschaft und Recht, 1. Jg., Heft 13, 1972, S. 397 ff.; Betzl, Karl Michael: Computerkriminalität - Bemerkungen zu einer Richtigstellung. In: Datenverarbeitung in Steuer, Wirtschaft und Recht, 2. Jg., Heft 23, 1973, S. 254 ff.; Sieben, Günter und Mühlen, Rainer von zur: Zur Diskussion: Computerkriminalität. In: Datenverarbeitung in Steuer, Wirtschaft und Recht, 2. Jg., Heft 23, 1973, S. 252 ff.; Alexander, Tom: Waiting for the Great Computer Rip-Off. In: Fortune, Vol. 90, No. 1, 1974, S. 143 ff.

In einem anderen Beitrag[1] bringt er zum Ausdruck, daß sich z.B. in den USA allein im Jahre 1970 ca. 30.000 Bombendrohungen ereigneten, ungefähr 3.700 Anschläge, wovon sich allein ca. 30 gegen Rechenzentren und Datenverarbeitungssysteme richteten. Von diesen 30 Anschlägen gegen Computer konnten jedoch nur einige verifiziert werden. Die Höhe der Schäden, die durch vorsätzliche und fahrlässige Handlungen bei ADV-Organisationen verursacht wurden, läßt sich aus den bereits erwähnten Gründen ebenfalls kaum abschätzen. In den USA[2] dürften die Schäden, die durch kriminelle Verhaltensweisen entstehen, jährlich mehr als 100 Milliarden Dollar betragen; der Verlust, der sich durch die Computer-Kriminalität ergibt, wird jährlich auf über 100 Millionen Dollar geschätzt[3].

Die Manipulationen von Veränderungen des Inputs und Outputs haben den größten Anteil an der Gesamtzahl vorsätzlich begangener Handlungen. Nach Ansicht des Verbandes für Sicherheit in der Wirtschaft[4] machen die Fälschung oder Verfälschung von Eingabedaten, mit dem

---

1) Vgl. Mühlen, Rainer A. H. von zur: Sicherheit im Unternehmen - Kampfansage an die Computer-Kriminalität. In: Marktforscher, 16. Jg., Heft 98/99, 1972, S. 4.

2) Vgl. Mühlen, Rainer A. H. von zur: Computer-Kriminalität - Gefahren und Abwehrmaßnahmen, a.a.O., S. 34 f.; o.V.: Computer Fraud and Embezzlement. In: EDP-Analyzer, Vol. 11, No. 9, 1973, S. 1.

3) Die Verluste von 65 Fällen des Computer-Mißbrauchs in den USA sind dargestellt in Parker, Donn B., Nycum, Susan und Oüra, S. Stephen: a.a.O., S. 78.

4) Vgl. Verband für Sicherheit in der Wirtschaft e.V.: Sicherheitsvorkehrungen für elektronische Datenverarbeitungsanlagen. Essen 1973, Ausgabe März, S. 7.

Ziel der Unterschlagungshandlung oder des Betruges, die Hälfte aller Deliktfälle im ADV-Bereich aus. Die meisten der hierzu bekanntgewordenen Fälle sind auf reine Stammdatenänderungen zurückzuführen und somit unabhängig von der Verarbeitungstechnik[1].

Die Gefährdung durch Spionage ist mit dem Aufbau von Datenbanksystemen um ein Vielfaches gestiegen[2]. Nach einer Analyse bekanntgewordener Ausforschungsaktionen sind die häufigsten Ziele von Ausforschungen im ADV-Bereich[3]:

1. Diebstahl von Kunden- und Lieferantendaten bei der Konkurrenzspionage;

2. Programmspionage, bei der es insbesondere um Know-how-Diebstahl hinsichtlich der entwickelten Programme und deren Anwendungsbereiche geht;

3. Spionageaktionen gegen Rechenzentren, wobei vor allem Betriebssysteme und Planungsprogramme Hauptziel der Ausforschungsaktionen sowohl bei der Konkurrenzspionage wie auch der gegnerischen Nachrichtendienste sind;

4. Diebstahl personenbezogener Daten im Rahmen der nachrichtendienstlichen Ausforschung.

---

1) Betzl bringt in einer kritischen Würdigung verschiedener bekanntgewordener Computerdelikte klar zum Ausdruck, daß die meisten Fälle auch bei konventionellen Buchhaltungen denkbar sind. Vgl. Betzl, Karl Michael: Sicherung des Rechnungswesens. Köln-Marienburg 1974, S. 112 ff.

2) Vgl. Mühlen, Rainer A. H. von zur: Computer-Kriminalität - Gefahren und Abwehrmaßnahmen, a.a.O., S. 82.

3) o.V.: Wirtschaftsspionage. In: Sicherheits-Berater, 1. Jg., Heft 4, 1974, S. 54 f.

Über die Höhe der Schäden, die durch Computer-Mißbrauch verursacht wurden, gibt es aus den bereits erwähnten Gründen ebenfalls nur sehr dürftiges Zahlenmaterial. In den USA bezifferte man die größten Schäden[1], die einem Unternehmen zugefügt wurden, durch

- Spionage mit ca. 6 - 7 Millionen Dollar
- Sabotage mit ca. 4 - 6 Millionen Dollar
- Zeitdiebstahl mit ca. 2,8 Millionen Dollar.

Brände in Rechenzentren sind selten. Nach Angaben einer Versicherungsgesellschaft ereigneten sich in den USA von 1957 bis 1969 insgesamt 36 Brände in Datenverarbeitungsabteilungen. Die Ursache soll in 9 Fällen im Datenverarbeitungssystem selbst und in 15 Fällen im Bereich der Datenverarbeitungsabteilung (z.B. Klimaanlage) gelegen haben. In 12 Fällen entstanden die Brände in anderen Räumlichkeiten und griffen dann auf das Rechenzentrum über. Während die Brände in Rechenzentren relativ selten sind, steigen Zahl und Höhe der Brandschäden im allgemeinen von Jahr zu Jahr. Dies kommt z.B. in den Schadensaufwendungen der deutschen Feuerversicherer zum Ausdruck, die im letzten Jahrzehnt von 350 Millionen auf 1,8 Milliarden Mark kletterten. Im gleichen Zeitraum ereigneten sich viermal soviel Großschäden, d.h. Brände mit Einzelaufwendungen über 1 Million DM. Diese Zahl nimmt laufend zu. Den bisher größten deutschen Brandschaden registrierten die Feuerversicherer 1971 mit ca. 170 Millionen DM Verlust. Ein wesentlicher Grund für die ständig steigenden Brandschadenskurven ist der niedrige Stand des Betriebsbrandschutzes. Der Beratungsdienst der deutschen Sachversicherer stellte Ende 1971 fest, daß 50%

---

1) Vgl. Mühlen, Rainer A. H. von zur: Computer-Kriminalität - Gefahren und Abwehrmaßnahmen, a.a.O., S. 33.

der von ihm besichtigten Betriebe einen äußerst mangelhaften Brandschutz aufweisen[1]. Eine solche Feststellung trifft für den Datenverarbeitungsbereich nicht zu. Hier sorgen sowohl die Hersteller von ADV-Anlagen als auch die Versicherer im Rahmen der Vertragsverhältnisse für die Realisierung von Schadenverhütungsmaßnahmen, bzw. es werden klare Empfehlungen für den Aufbau und Betrieb eines Rechenzentrums unter Sicherheitsaspekten ausgesprochen[2].

Die Versicherungsansprüche durch Wasserschäden in DV-Installationen sind nach Auskunft der Versicherer größer als die Ansprüche durch Brandschäden.

Die Gefahren, die durch Radar und Radioaktivität drohen, werden meist stark überbewertet. Große Permanentmagneten üben auf mehr als 50 cm entfernte Magnetplatten oder -bänder keine meßbare Wirkung aus. Wenn man starke Magneten an Datenträger heranführt, so können diese erst in einem Abstand von ca. 12 cm Sätze unlesbar machen bzw. die Daten löschen[3]. Radarstrahlen stören den Betriebsablauf der Datenverarbeitungsanlage nur dann, wenn der Signalpegel der die Anlage treffenden

---

1) Vgl. Isterling, Fritz: Betrieblicher Brandschutz auf schwachen Füßen. In: Vorbeugender Brandschutz - Brandverhütung und Brandbekämpfung. Gratenau 1974, S. 13 und 15.

2) Vgl. Versicherungs-Aktiengesellschaft für Technische Anlagen (TELA): Schadenverhütungsmaßnahmen für elektronische Datenverarbeitungsanlagen, München 1972.

3) Vgl. Beardsley, Charles W.: Is Your Computer Insecure? In: Security and Privacy in Computer Systems, hrsg. von L. J. Hoffman. Los Angeles 1973, S. 47.

Strahlen mindestens 5 V/m beträgt[1]. Fälle, bei denen Daten in einem Rechenzentrum durch Radarstrahlen eines Flugzeuges gelöscht oder modifiziert worden sein sollen, erscheinen höchst unwahrscheinlich. Befinden sich dagegen ortsfeste Radaranlagen in der Ziellinie und in der Nähe des Computers, dann ist es vorstellbar, daß diese Signale zu Verarbeitungsfehlern führen können[2].

Besteht aufgrund anderer Betriebserfahrungen der Verdacht auf häufige Netzstörungen, dann empfiehlt sich bereits vor Installation eines ADV-Systems eine spezielle Netzuntersuchung über einen längeren Zeitraum hinweg. Die Hersteller von ADV-Anlagen stellen die notwendigen speziellen Meßeinrichtungen zur Verfügung. Die Ergebnisse einer solchen Untersuchung helfen bei der Entscheidung, welche Vorkehrungen (z.B. Installation einer unterbrechungsfreien Stromversorgungsanlage) getroffen werden müssen[3]. Um ein Beispiel für das Ausmaß der Strom-Störungen zu geben, seien die Werte eines Werkes in einem Großunternehmen angeführt: Hier ereigneten sich in der Zeit vom 13. 1. 1970 bis zum 21. 10. 1972 22 Stromstörungen (es handelte sich dabei vorwiegend um Spannungseinbrüche vom Energie-Versorgungsunternehmen). Aus Tabelle 20 geht die Verteilung der Stromstörungen nach der Uhrzeit hervor.

---

1) Eine solche Stärke könnte erreicht werden, wenn man die Antenne des störenden Radargerätes von einem Fenster aus sieht und diese gelegentlich auf das Fenster gerichtet wird. Vgl. IBM Deutschland GmbH (Hrsg.): Betrachtungen zur physischen Sicherheit in der Datenverarbeitung. IBM-Form GH12-1181-0. Stuttgart 1973, S. 11.

2) Vgl. IBM Deutschland GmbH (Hrsg.): Betrachtungen zur physischen Sicherheit in der Datenverarbeitung, a.a.O., S. 11.

3) Vgl. Versicherungs-Aktiengesellschaft für Technische Anlagen (TELA): Schadenverhütung. Sachgebiet: Datentechnik. Ausgabe 1171-2. München o.J.

Tabelle 20: Verteilung der Stromstörungen in einem Werk

Uhrzeit	Anzahl der Stromstörungen
0 - 1	
1 - 2	1
2 - 3	2
3 - 4	1
4 - 5	1
5 - 6	
6 - 7	
7 - 8	
8 - 9	1
9 - 10	1
10 - 11	1
11 - 12	2
12 - 13	
13 - 14	1
14 - 15	3
15 - 16	2
16 - 17	4
17 - 18	2
18 - 19	
19 - 20	
20 - 21	
21 - 22	
22 - 23	
23 - 24	
Gesamt	22

Dieser Verteilung ist zu entnehmen, daß die meisten Stromstörungen während der üblichen Arbeitszeit auftraten und daher den Betrieb eines Rechenzentrums wesentlich stören können, wenn nicht die entsprechenden Maßnahmen getroffen wurden.

Mit am schlechtesten zu schätzen ist der Risikobereich der Unachtsamkeit. Welche Schäden durch kleine Unachtsamkeiten entstehen können, sei an einem Beispiel gezeigt: Während der Bodenreinigung im Rechenzentrum stieß eine Mitarbeiterin mit dem schweren elektrischen Bohnerbesen gegen den Trommelspeicherschrank der ADV-Anlage. Dabei wurden die Magnetschicht des Trommelkörpers und die Schreib-/Leseköpfe beschädigt. Der Schaden belief sich auf DM 47.000.-[1).]

3.2.3 Die Wirkungen der einzelnen Risiken

Die Wirkungen der einzelnen Risiken kann man je nach Betrachtungsziel in verschiedenen Gruppierungen darstellen. Garbe[2)] unterscheidet in die unmittelbaren (primären) Wirkungen auf die zu schützenden Tatbestände, die mittelbaren (sekundären) Wirkungen auf die Aktions- bzw. Reaktionsfähigkeit des Unternehmens (Entscheidungsinhalt und -qualität) und die (tertiären) Wirkungen auf die Vermögens-, Gewinn- und Rechtslage des Unternehmens. Im Vordergrund der weiteren Ausführungen stehen zunächst die unmittelbaren Wirkungen, da sie sich den Risiken gut zuordnen lassen. Auf die weiteren Wirkungen wird im Rahmen der Wirtschaftlichkeitsanalyse eingegangen (Abschnitt 3.4).

Die primären Wirkungen für die zu schützenden Tatbestände lassen sich in drei Formen[3)] darstellen:

---

1) Vgl. Versicherungs-Aktiengesellschaft für Technische Anlagen (TELA): Schadenreport. Sachgebiet: Datenverarbeitungsanlagen. Ausgabe 969-2. München o.J.

2) Vgl. Garbe, Helmut: Inhalt und Wirkungen von materiellen Risiken betrieblicher Datenbestände, a.a.O., S. 34 ff.

3) Die von Garbe für den Bereich der Datenbestände gemachte Unterteilung in (1) Datenverlust, (2) Datenergänzung, (3) Datenverfälschung und (4) Zuführung der Daten an Unberechtigte deckt sich mit der oben gemachten Einteilung, wenn man die Formen (2) und (3) unter die Modifikation zusammenfaßt. Vgl. Garbe, Helmut: Inhalt und Wirkungen von materiellen Risiken betrieblicher Datenbestände, a.a.O., S. 34 ff.

1. Preisgabe,
2. Modifikation und
3. Zerstörung (materiell).

Es genügt nicht, diese Wirkungen nur für die Datenbestände zu untersuchen. Der Aufbau eines umfassenden Sicherungssystems verlangt, daß man neben den Wirkungen auf die Daten auch die Wirkungen auf Programme, Anlagen und das Personal feststellt (Tabelle 21).

Tabelle 21: Zuordnung der Risikotypen zu den Wirkungstypen

Risiken \ Wirkungen	Preisgabe				Veränderung				Zerstörung			
	D	P	A	M	D	P	A	M	D	P	A	M
1. Höhere Gewalt												
1.1 Feuer												
1.2 Wasser												
1.3 Explosion												
1.4 Flugzeugabsturz												
1.5 Erdbeben												
1.6 Sturm												
1.7 Krieg												

Zeichenerklärung:

D = Daten
P = Programme
A = Anlagen
M = Menschen

Für die Praxis dürfte es in den meisten Fällen notwendig sein, auch die Wirkungstypen weiter zu unterteilen. Eine Darstellung über die Zuordnung der Risiken und Wirkungen ist insbesondere dann aussagekräftig, wenn sie Werte über die Wahrscheinlichkeit, mit der ein Ereignis eintritt, enthält. Tabelle 22 zeigt die unmittelbaren Wirkungen für die Datenbestände bei einigen ausgewählten Risiken.

Tabelle 22: Beispiele von Sicherheitsrisiken

→ Wirkungstypen	Preisgabe	Veränderung	Zerstörung	
→ Wirkungen Risiken	Unberechtigtes Lesen u. Kopieren	Veränderung von Datensätzen	Verlust einer ganzen Datei	Verlust einzelner Datensätze
• Feuer			2	
• Wasser			2	
• Fehler im Anwendungsprogramm beschädigt Datensätze		5		4
• Hardware-/Software-Fehler beschädigt eine Datei		5	2	4
• Verlegen eines Magnetbandes	2			
• Boswilliger Programmierer		3	3	3
• Unterschlagung	4	4		3

Der Schlüssel für die Schätzung der Wahrscheinlichkeit, mit der ein Ereignis eintritt, ist dabei[1]:

0 : Eigentlich unmöglich
1 : Könnte einmal in 400 Jahren vorkommen
2 : Könnte einmal in 40 Jahren vorkommen
3 : Könnte einmal in 4 Jahren vorkommen (1000 Arbeitstagen)
4 : Könnte einmal in 100 Arbeitst. vorkommen
5 : Könnte einmal in 10 Arbeitst. vorkommen
6 : Könnte einmal in 1 Arbeitst. vorkommen
7 : Könnte zehnmal am Tag vorkommen

Die in Tabelle 22 eingetragenen Werte sind nur Beispiele. Hier ist es die Aufgabe der Praxis, diese für jeden spezifischen Sicherungsbereich neu zu ermitteln.

3.3 Stand der Sicherungsmethoden

3.3.1 Stand der Hardware-Sicherungen

Seitdem es überhaupt Computer gibt, ist die Frage nach der Zuverlässigkeit für den Computer-Benutzer von größter Bedeutung. Er wünscht sich weitgehend fehlerfrei arbeitende computergestützte Systeme. Dabei ist ihm im allgemeinen klar, daß es für die meisten Anwendungsbereiche in Wirtschaft und Verwaltung nicht möglich ist und wirtschaftlich auch gar nicht zu vertreten wäre - weder heute, noch in näherer oder ferner Zukunft - Rechnerkomponenten mit 100prozentiger Ausfallsicherheit

---

1) Vgl. Martin, James: a.a.O., S. 13 f.

herzustellen[1]. Die Forderungen des Benutzers laufen darauf hinaus, daß der Computer in seiner Gesamtheit fehlertolerant[2] ist, d.h. es können zwar Ausfälle bei Komponenten und/oder Baugruppen eintreten, diese führen jedoch dank geeigneter automatisierter Prüf- und Wiederherstellungsfunktionen nicht zum Ausfall des Gesamtsystems, ja, sie beeinträchtigen nicht einmal den Normalbetrieb in irgendeiner Form. Fehlertolerante Computersysteme setzen voraus, daß einerseits die Bauteile bzw. die einzelnen Komponenten einen hohen Zuverlässigkeitsgrad haben und zum andern das Gesamtsystem ausfallsicher konzipiert und organisiert ist (das Prinzip der Redundanz[3].

---

1) Es gibt selbstverständlich Anwendungssektoren, die eine extreme Zuverlässigkeit des maschinentechnischen Funktionierens verlangen. Computergestützte Systeme, die z.B. in Raumschiffen die Flugbahnen berechnen oder den Gesundheitszustand von Patienten während der Operation überwachen, müssen für bestimmte Zeiten absolut fehlerfrei arbeiten. Bei solchen Spezialcomputern versucht man dieses Ziel durch Verwendung mehrerer redundanter Schaltkreise bzw. Komponenten auch zu erreichen. Vgl. hierzu Brennan, Jean F.: Computer "reparieren" sich selbst. In: IBM-Nachrichten, 20. Jg., Heft 199, 1970, S. 8.

2) Vgl. Joseph, Earl C.: Zukunftstrends der Zuverlässigkeit von Computer-Hardware. In: Datascope, 4. Jg., Heft 11, 1973, S. 4.

3) Das Prinzip der Redundanz geht davon aus, daß in sinnvoller Weise mehr Teile vorgesehen werden, als zur Erfüllung der Aufgabe unbedingt notwendig wären. Es ermöglicht sowohl eine Fehlererkennung als auch eine Fehlerkorrektur. Vgl. Einsele, T.: Tendenzen der technologischen Entwicklung in den siebziger Jahren. Veröffentlichtes Vortragsmanuskript, IBM-Seminar vom 4. - 6. April 1973 in Bad Liebenzell, S. 6; Kopetz, Hermann: Software Redundancy in Real Time Systems. In: Information Processing 74. Proceedings of IFIP Congress 74, hrsg. von J. L. Rosenfeld. New York 1974, S. 182 ff.

Die Zuverlässigkeit der Bauelemente nimmt seit der Entwicklung der empfindlichen Vakuumröhren laufend zu. Ein Maß für die Zuverlässigkeit eines Bauelements ist seine Ausfallrate λ, die in % je 1.000 Betriebsstunden angegeben wird. λ = 1%/1.000 Std. bedeutet, daß bei einem Gerät mit 100 gleichartigen Bauelementen im Durchschnitt alle 1.000 Betriebsstunden ein Bauelement ausfällt. Aus Abbildung 4 geht der große Fortschritt in der Ausfallrate sowie die Anzahl der mittleren Ausfälle /10 Std.-tag für ein hypothetisch angenommenes Gerät mit 100.000 gleichartigen Bauelementen hervor[1].

Abbildung 4: Entwicklung der Ausfallrate

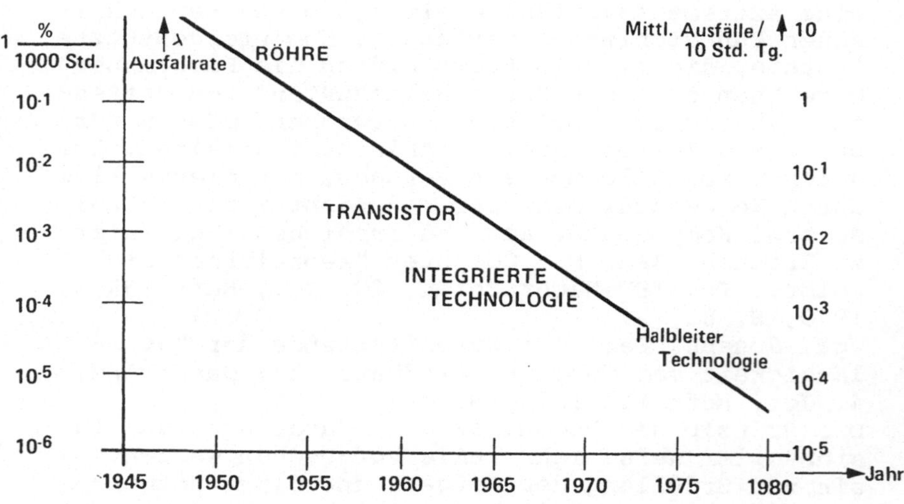

1) Vgl. Einsele, T.: a.a.O., S. 6 und A. 4.

Bei den Rechnern der 1. Generation (1951-1957) betrug die durchschnittliche fehlerfreie Laufzeit meist nur wenige Minuten. Bei einem Computer, der beispielsweise 12.000 Elektonenröhren enthielt, von denen jede durchschnittlich 6.000 Stunden einwandfrei arbeitete, fiel theoretisch nach jeder halben Stunde eine Röhre aus und ein menschlicher Eingriff war erforderlich[1]. Der Übergang von Elektronenröhren auf Transistoren, dem charakteristischen Bauteil der 2. Generation (1958-1963), brachte im Durchschnitt eine weit über 1.000fach höhere Zuverlässigkeit, da bei diesen Bauelementen ein Ausfall erst auf etwa 10.000.000 Betriebsstunden kommt. Bei der zweiten Computer-Generation wurden neben der Verbesserung der Bauelemente die Zuverlässigkeit der Hardware noch erhöht durch[2]:

- Erweiterung der Fehlererkennung (z.B. durch Paritätsprüfung),
- Verfolgung festgestellter Fehler,
- automatische Fehlerkorrektur (zum Teil im Real-Time-Verfahren),
- standardisierte Abnahmetests durch die Hersteller,
- vorbeugende Wartung und
- Funktionskontrolle einzelner Komponenten bzw. der externen Einheiten.

Die Systeme dieser Generation wurden zum Teil bereits als Duplex-Anlagen für Unterstützungs- und Reservezwecke konzipiert. Die durchschnittliche fehlerfreie Laufzeit ging in die Stunden. Beim Auftreten von Störungen waren noch menschliche Eingriffe erforderlich.

---

1) Vgl. Brennan, Jean F.: a.a.O., S. 7.
2) Vgl. Joseph, Earl C.: a.a.O., S. 6.

Die charakteristischen Bauelemente der 3. Generation (1964-1974) sind die integrierten Schaltkreise. Bei diesen Systemen beträgt die durchschnittliche Zeit zwischen dem Auftreten von Fehlern bereits Tage und Wochen. Die Sicherheit und Zuverlässigkeit wurde auch wesentlich durch umfassende Fehlerdiagnosesysteme[1] verbessert, d.h. der Fehler wird klar analysiert und weitgehend automatisch korrigiert.

Die heute zur Auslieferung kommenden Systeme sind charakterisiert durch die MSI/LSI-Technik[2] zur Herstellung von Mikroschaltungen auf Halbleiterplättchen (chips). Die durch die neue Halbleiter-Technologie erreichte Mikrominiaturisierung[3] hat zu einer erheblichen Reduzierung der Schaltverbindungen und damit zu einer weiteren Erhöhung der Ausfallsicherheit geführt[4]. Fachkenner

---

1) Das Problem der Fehlerdiagnose ist ausführlich behandelt in Görke, Winfried: Fehlerdiagnose digitaler Schaltungen. Stuttgart 1973.

2) Miniaturisierung elektrischer Schaltkreise.

3) Die sich aus der Mikroelektronik ergebenden Möglichkeiten und Konsequenzen für den Bau von Computern sind ausführlich dargestellt in Flynn, Michael J.: Trends and Problems in Computer Organizations. In: Information Processing 74. Proceedings of IFIP Congress 74, hrsg. von J. L. Rosenfeld. New York 1974, S. 3 ff.; Ganzhorn, Karl: Mikroelektronik in Computern. In: IBM-Nachrichten, 24. Jg., Heft 222, 1974, S. 241 und Heft 223, S. 344 ff.; Müller, Werner: Großintegration elektronischer Bauelemente - Revolution in Wirtschaft und Technik? In: Siemens-Zeitschrift, 48. Jg., Heft 12, 1974, S. 878 ff.; Turn, Rein: Computers in the 1980s - Trends in Hardware Technology. In: Information Processing 74. Proceedings of IFIP Congress 74, hrsg. von J. L. Rosenfeld. New York 1974, S. 137 ff.

4) Daneben bringt diese Technik auch aufgrund der kürzeren Verbindungswege eine Erhöhung der internen Geschwindigkeit mit sich. Wesentliche Erhöhungen der Geschwindigkeit dürften jedoch bei dieser Technik mit erhöhten Kosten verbunden sein. Die zuständigen Spezialisten halten in diesem Falle ein überproportionales Ansteigen der Kosten für möglich.

vertreten die Ansicht, daß pro Jahr der zu erzielende Fortschritt mit dem Faktor 2 zu bewerten wäre, d.h. ein Verbesserungsfaktor von annähernd 1.000 pro Jahrzehnt[1]. Bei diesen Systemen wird schon bei der Konzeption bewußt Wert darauf gelegt, sie als sogenannte Polysterne auszulegen, d.h. sie werden durch die Verwendung vieler Prozessoren und von Multimikrorechnern zu einem funktionell redundanten System. Durch die Vervielfachung der Systemfunktion wird ebenfalls eine wesentlich höhere Sicherheit erreicht. Weitere Fortschritte in der Hardware-Entwicklung hinsichtlich der Sicherheit ergeben sich durch Direktanschlüsse für Ein-/Ausgabeeinheiten und den damit verbundenen Wegfall eigenständiger Steuereinheiten, die in der Vergangenheit auch Ursachen für Ausfälle darstellten. Prüf- und Wartungsfunktionen werden dabei immer mehr von der Software auf die Hardware ("harte Software") verlagert[2].

Eine weitere schlagartige Verbesserung der Zuverlässigkeit könnte durch die Verwendung der Magnetblasen-Technik und/oder der holographischen Speicher erreicht werden. Während die ersten Prototypen der beiden Speichertechniken bereits im Einsatz sind, schätzt man in Fach-

---

1) Vgl. z.B. Joseph, Earl C.: a.a.O., S. 5.
2) Die Interdependenzen zwischen Software- und Hardware-Sicherungen werden u.a. ausführlicher dargestellt bei Molho, Lee M.: Hardware Aspects of Secure Computing. In: Security and Privacy in Computer Systems. Los Angeles 1973, S. 359 ff.; Grieser, G.: Technisch-organisatorische Probleme und Entwicklungstendenzen in der medizinischen Datenverarbeitung. Veröffentlichtes Vortragsmanuskript, IBM-Seminar vom 13. - 15. März 1974 in Bad Liebenzell, S. 5; Joseph, Earl C.: a.a.O., S. 5.

kreisen der Hersteller von Datenverarbeitungsanlagen, daß nicht vor 1982 eine breite Verwendung in computergestützten Systemen möglich sein wird. Die Magnetblasen-Technik[1)], gelegentlich auch als Domänentransport- oder Zylinder-Domänentransport-Speicher bezeichnet, speichert bits in Form von magnetischen Blasen, die in einem dünnen Film aus magnetischem Material verschoben werden können. Die Blasen[2)] sind kleinste zylindrische Bereiche mit einem Durchmesser von 3/1.000 - 5/1.000 mm und einem Zwischenraum von 1/1.000 - 2/1.000 mm. Die bereits vorhandenen Prototypen haben eine Speicherdichte von 10 Millionen bits/mm^2. Vergleicht man sie beispielsweise mit der höchsten Speicherdichte bei herkömmlichen Magnetbändern, die 6250 bpi = Bytes pro Zoll beträgt, was ungefähr einer Speicherdichte von 248 Bytes/mm^2 oder = 2.000 bits/mm^2 entspricht, dann erkennt man die riesigen Unterschiede. Neben der großen Zuverlässigkeit liegen die wesentlichen Vorteile dieser Speichertechnik in den sehr hohen Kapazitäten auf kleinstem Raum (es wird hier mit einer Vergrößerung der Speicher um den Faktor 6-10 gerechnet), den relativ hohen

---

1) Im Englischen findet sich hierfür der Begriff "Magnetic Bubble". Obwohl der Amerikaner Andrew Bobeck bereits 1965 die Bedeutung dieser Speichertechnik erkannte, erschienen die ersten Veröffentlichungen erst 1971. Ausführungen zur Geschichte und Technik der Magnetblasen-Speicher finden sich insbesondere in Curtis, David A.: Magnetic Bubble Technology: Theory and Applications in Computer and Telecommunications Memories. London 1973; Boner, Andreas: Speichertechnik. In: Computer-Magazin, 3/4. März 1974, S. 5 ff.; Chang, HSU: Capabilities of the Bubble Technology. In: AFIPS Conference Proceedings. Chicago 1974, S. 847 ff.; Enticknap, Nicholas: Memories are Made of Bubbles. In: Data Processing, Vol. 16, No. 6, 1974, S. 367 ff.

2) Das Vorhandensein einer Blase bedeutet binär "1", das Nichtvorhandensein ist binär "0".

Zugriffs-Geschwindigkeiten und einer billigen Herstellung (man glaubt 50% der heutigen Kosten pro bit eines Magnetplattenspeichers zu erreichen).

Ähnliche Fortschritte wie sie die Magnetblasen-Technik bringen wird, erwartet man von der Holographie, der Technik der Bild-Speicherung und Bild-Wiedergabe[1]. Im Rahmen dieser Technik dürften insbesondere räumliche oder Volumen-Hologramm-Speicher mit ihrer scheinbar kaum begrenzten Speicher-Kapazität eine große Bedeutung bekommen[2].

Der Verfasser hat bei seiner empirischen Untersuchung die 402 Befragten auch den Stand ihrer Hardware-Sicherungen beurteilen lassen (Tabelle 23). Aus dieser Beurteilung geht hervor, daß man mit den Hardware-Sicherungen in hohem Umfang zufrieden ist.

Tabelle 23: Beurteilung der Hardware-Sicherungen

Beurteilung	sehr gut	gut	ausreichend	ungenügend	keine Angaben
Antworten (in Prozent)	9	42	33	9	7

1) Zur Technik der Holographie siehe Groh, Gunther: Holographie. Stuttgart, Berlin, Köln und Mainz 1973.

2) Vgl. Boner, Andreas: a.a.O., S. 14 ff.

3.3.2 Stand der Software-Sicherungen

Das Federal Systems Center teilt im Studienbericht (siehe Abschnitt 1.1.2) die Software-Sicherungen im Betriebssystem in fünf Kategorien[1]:

1. Integrität,
2. Isolation,
3. Identifikation,
4. Überwachung und
5. Zugriffskontrolle.

Der Stand und die Entwicklungsperspektiven der Software-Sicherungen werden im folgenden anhand dieser Kategorien kurz erläutert.

Zur Systemintegrität[2] tragen insbesondere folgende Maßnahmen bei[3]:

- Aufrechterhalten der Systembereitschaft

  . Umkonfiguration
  (volle oder teilweise Verarbeitung trotz Ausfall einzelner Systemkomponenten)

  . Ausweichverfahren
  (bei Ausfall notwendiger Systemkomponenten wird ein Ersatzbetrieb an einzelnen oder allen Stellen aufrechterhalten)

  . Wiederanlauf
  (nach Umkonfiguration oder Reparatur des Systems wird ein fehlerfreier Verarbeitungszustand wiederhergestellt)

- Fehlerbehandlung

Da die Kosten für die Gewährleistung der Systemintegrität bei Informationssystemen oft bis zu 50% der gesamten Systemkosten ausmachen[1], haben die Hersteller von ADV-Systemen in den vergangenen Jahren durch verschiedene Maßnahmen versucht, diese zu verbessern. Die IBM z.B. hat dies durch die Einführung des RAS-Konzepts[2] - zum erstenmal für die 370-Serie - versucht, zu deren wesentlichsten Sicherungsmaßnahmen gehören[3]:

- Hardware-Einrichtungen

  . Automatisches Korrigieren aller 1-Bit Speicherfehler
  . Unsichtbarmachung aller intermittierenden Fehler für den Benutzer durch eine automatische Befehlswiederholung
  . Automatische Hardware-Wiederholung, wenn ein Eingabe/Ausgabe-Gerät beteiligt ist und
  . Diagnostik-Programme zur Verbesserung der Fehler-Lokalisierung.

---

1) Vgl. Neidhardt, M.: Verfügbarkeit komplexer Systeme. Veröffentlichtes Vortragsmanuskript, IBM-Seminar vom 2. - 3. Dezember 1970 in Stuttgart, S. 21.
2) RAS ist die Kurzbezeichnung für Reliability (Zuverlässigkeit), Availability (Verfügbarkeit) und Serviceability (Wartungsfähigkeit). Die Zuverlässigkeit, Verfügbarkeit und Wartungsfähigkeit ist um so größer, je größer die durchschnittliche fehlerfreie Verarbeitungszeit zwischen zwei unvorhergesehenen Wartungsperioden und je kleiner die durchschnittliche Dauer einer Systemreparatur ist. Die Interdependenzen zwischen Zuverlässigkeit, Verfügbarkeit und Wartungsfähigkeit sind ausführlich dargestellt in Marcus, M. J.: On Attaining the Availability Required in Future Information Processing Systems. In: Information Processing 74. Proceedings of IFIP Congress 74, hrsg. von J. L. Rosenfeld. New York 1974, S. 141 ff.; Sokolovsky, Zbynek und Varignon, Andre: Sicherheit durch Software im computerunterstützten Informationssystem. In: Öffentliche Verwaltung und Datenverarbeitung, 5. Jg., Heft 7, 1975, S. 315 ff.
3) Vgl. Neidhard, M.: a.a.O., S. 13 f.

- Software-Maßnahmen

  . Feststellen und korrigieren eines Maschinenfehlers
  . Analyse von Kanalfehlern
  . Feststellen von Programmfehlern
  . Gleichzeitiger Test mehrerer Einheiten
  . Schreiben von Prüfpunkten und
  . Wiederanlaufverfahren.

Bei größeren Systemen beträgt heute die durchschnittliche Ausfallzeit nach einem Systemzusammenbruch meist nur wenige Sekunden, da sich die Betriebssysteme in einem solchen Fall automatisch regenerieren. Zur Erkennung und Behebung der Ursache eines Zusammenbruchs werden, während der Betrieb schon wieder läuft, meist Hauptspeicherauszüge auf einem Schnelldrucker gelistet sowie Steueranweisungen zum schrittweisen Nachvollzug des Programmablaufes zur Verfügung gestellt[1].

Unter Isolation versteht man im Rahmen eines sicheren Betriebssystems das Konzept der funktionalen Trennung innerhalb des DV-Systems. Beispiele hierfür sind die Trennung des Betriebssystems von den Benutzerprogrammen und von Benutzerprogrammen untereinander. Ein Großteil der Anwendungsprogramme ist bereits nach dem Isolationskonzept aufgebaut. Dies ist nicht notwendigerweise das Ergebnis von Sicherheitsüberlegungen, sondern resultiert vor allem aus Gründen der Vereinfachung von Tests.

Ein weiteres wesentliches Element für ein sicheres Betriebssystem ist eine eindeutige Identifikation

---

1) Vgl. Klemenc, Hans, Lochner, Hans und Schönherr, Hans-Joachim: VM/370=CP+CMS. Systemsteuerprogramm für den Simultanbetrieb virtueller Maschinen im Dialog auf IBM Systemen/370. IBM-Form F12-1045. Stuttgart 1972, S. 19.

- des Benutzers,
- der Datenstation, von der eine Anfrage kommt,
- der Benutzer-Programme,
- der Einheit (Drucker, Stanzer, Datenstation), zu der die angeforderte Information gesandt wird, und
- der angesprochenen Dateien, bis hinab zum einzelnen Datenelement (falls dies erforderlich ist).

Aus Tabelle 24 geht hervor, welche Elemente von welchen Systemkomponenten identifiziert werden sollten, damit eine lückenlose Kontrolle innnerhalb eines computergestützten Systems gewährleistet ist.

Tabelle 24: Identifikations-Matrix

Zu identifizierendes Element	Identifizierende Systemkomponente					
	Benutzer	Terminal	Programm	Computer	Betriebssystem	System operator
Benutzer		*	*		*	
Datenstation				*	*	
Datenträger				*	*	*
Computer		*		*	*	
Programm					*	
Betriebssystem	*			*		
Datei					*	
Datenelemente					*	

Im Vordergrund der Diskussion um die Identifikation steht die Benutzererkennung. Der Benutzer kann sich ausweisen durch sein Wissen (z.B. Kennwort, Antworten in einem vorprogrammierten Frage- und Antwort-Spiel), durch maschinell identifizierbare Gegenstände und Datenträger (z.B. Plastikausweis, Schlüssel) oder durch ein persönliches physisches Merkmal (z.B. Fingerabdruck, Stimme). Insbesondere von der automatischen Spracherkennung erwartet man in der Zukunft einen Durchbruch hinsichtlich einer sicheren Identifikation. Obwohl zahlreiche technische Entwicklungen das Zusammenspiel von menschlicher Intelligenz und maschineller Leistungsfähigkeit gefördert haben, ist die unmittelbare Verständigungsmöglichkeit über die gesprochene Sprache noch in den Anfängen. Die ersten verfügbaren Spracheingaben erkennen Einzelworte[1)], d.h. man muß nach jedem Wort eine kurze Pause machen. Die weiteren Entwicklungsarbeiten zielen aber auf Systeme ab, die eine normale Redeweise verstehen können. Zu befriedigenden Ergebnissen wird man allerdings erst dann kommen, wenn der Erkennungsprozeß einen hohen Grad an Invarianz gegenüber der großen Mannigfaltikeit der natürlichen Sprache besitzt[2)].

Mit Hilfe von Überwachungseinrichtungen (z.B. Protokollerstellung) sollte im nachhinein festgestellt werden können, wie bestimmte Daten verarbeitet wurden und welcher Benutzer auf welche Daten zugegriffen hat. Nach Withington[3)], der sich sehr intensiv mit den Entwicklungstendenzen der Hard- und Software beschäftigt hat, dürften hinsichtlich der Überwachungsfunktion der Software bis 1985 folgende Möglichkeiten zu erwarten sein:

---

1) Vgl. z.B. das Voice Information Processing System VIP 100 der Threshold Technology Inc. in Cinnaminson, N.Y.
2) Vgl. Einsele, T.: a.a.O., S. 8; o.V.: Spracheingabe in EDV-Systeme. In: Blick durch die Wirtschaft 14. 1. 1975. S. 1.
3) Vgl. Withington, Frederick G.: Beyond 1984: A Technology Forecast. In: Datamation, Vol. 24, No. 1, 1975, S. 65.

DV-Systeme werden automatisch diejenigen Daten aufzeichnen und wiedergeben, die notwendig sind für die Steuerung miteinander verbundener externer Aktivitäten einschließlich Band- und Plattenarchivsteuerung, externe Job-Steuerung und die Kostenerfassung und Rechnungsstellung für die Benutzer. Die Protokollierung wird ebenfalls für die Zugriffe auf geschützte Datenbestände automatisch erfolgen: das Datei-Management-System wird die Berechtigungstabelle kontrollieren, und das Protokollierungssystem (unzugänglich für jeden Benutzer) wird alle Zugriffe erfassen.

Nach den Erfahrungen des Federal Systems Center sind sich heute die Benutzer eines Programmes, auch wenn sie dieses Programm selbst geschrieben haben, nicht genau darüber im klaren, auf welche Unterprogramme, Hilfsprogramme, Datenbestände und Arbeitsspeicher im Laufe des Verarbeitungsprozesses zugegriffen wird. Die Studiengruppe stellte ferner fest, daß ohne eine genaue Analyse des Verarbeitungsweges eines Anwenderprogrammes in den wenigsten Fällen alle erforderlichen Systemelemente beschrieben werden können. Hieraus ergibt sich die Notwendigkeit einer klaren Systemkonzeption. Insofern besteht zwischen einer eindeutigen Identifizierung der Systemelemente und Benutzer sowie der Überwachung der Zugriffe durch Protokolle ein enger Zusammenhang. Die Realisierung des sich aus den Normen des Datenschutzes (Bundes-Datenschutzgesetz §29,2,2) und des Handels- und Steuerrechts (HGB-Neufassung § 43, 4) ergebenden Zwangs zur Protokollierung zahlreicher Programmzustände erfolgt heute bei einer Reihe von Unternehmen automatisch, indem sowohl die Routine- als auch Testprogrammversion zusätzlich gespeichert werden[1].

Ein weiteres Element für ein sicheres Betriebssystem ist die Zugriffskontrolle. Um diese zu realisieren, müssen die Bedingungen[2], unter denen bestimmte Zugriffe erlaubt sind, vollständig und klar beschrieben sein. Viele der heutigen Betriebssysteme ermöglichen eine Zugriffskontrolle nur auf Datei oder Programmebene[3]. Kleinere Elemente wie z.B. Sätze, Satzsegmente und Felder innerhalb von Sätzen, sind meistens nur den Anwendungsprogrammen, die unter der Kontrolle des Betriebssystems laufen, bekannt. Verschiedene Datenbank-Datenkommunikations-Systeme (DB/DC-Systeme), die zwischen der Software des Betriebssystems und den Anwendungsprogrammen angeordnet sind, enthalten Sicherheitstabellen, welche die Zugriffsberechtigung jeweils überprüfen, und ein Log-Band, in dem jeder berechtigte Zugriff und unberechtigte Zugriffsversuch für spätere

---

1) Die Firma Hoesch z.B. speichert zum eigentlichen Programm Tag und Uhrzeit der Übernahme in die Programmbibliothek. Da alle archivierten Läufe nach Programmnummern und Datum sortiert und auf Bändern gespeichert werden, kann man aus einem Inhaltsverzeichnis je Kalenderjahr erkennen, auf welcher Rolle sich welches Programm befindet. Da auch alle Systemnachrichten gespeichert werden, hat man die Möglichkeit, jeden Lauf lückenlos nachzuweisen. Vgl. Obelode, Günter und Windfuhr, Manfred: Methoden zum Datenschutz und zur Datensicherheit - vorgestellt an einem praktischen Beispiel. In: IBM-Nachrichten, 24. Jg., Heft 221, 1974, S. 233.

2) Die Anforderungen an eine umfassende Zugriffskontrolle finden sich bei Friedman, T. D.: The Authorization Problem in Shared Files. In: Security and Privacy in Computer Systems, hrsg. von L. J. Hoffman. Los Angeles 1973, S. 159 ff.

3) Zu den Zugriffskontrollen in Datenbanksystemen vgl. z.B. Plesch, M. und Griese, J.: Eigenschaften von Datenbanksystemen - ein Vergleich. In: Angewandte Informatik, 14. Jg., Heft 11, 1972, S. 496 f.

Auswertungen festgehalten wird[1].

Neben den wesentlichen Verbesserungen in den Betriebssystemen haben sich auch bei der Entwicklung der Programmiersprachen größere Sicherheiten ergeben. Die Verwendung von höheren Programmiersprachen schränkte die Fehlermöglichkeiten bei der Programmierung stark ein. Diese Programmiersprachen enthalten z.B. Kontrollen auf formale Richtigkeit der Sprache. Selbstverständlich ist der erreichbare Sicherheitsgrad bei den einzelnen Programmiersprachen unterschiedlich. APL (A Programming Language) kann, da sie nur eine Interpretation benötigt, leichter gesichert werden als solche Sprachen, für die ein fortlaufendes Übersetzen, wie z.B. für FORTRAN (FORmula TRANslation), erforderlich ist. Grundsätzlich kann auch gesagt werden: je höher die Programmiersprache ist, desto eher kann man jedem Benutzer nur diejenigen Funktionen übertragen, zu denen er berechtigt ist.

Eine Weiterentwicklung der Programmierung läßt sich daran erkennen, daß sich die Programmierer - bei der Verwendung problemorientierter Programmiersprachen - der Dialogverarbeitung[2] als einer modernen Nutzungs-

---

1) Vgl. Winter, H.-J.: Einsatzmöglichkeiten von Datenbanken. Veröffentlichtes Vortragsmanuskript, IBM-Seminar vom 3. - 5. Dezember 1974 in Bad Liebenzell, S. 12.

2) Bei der Dialogprogrammierung erfolgt die Programmierung unter Zuhilfenahme eines Teilnehmersystems. Jeder Aktion des Programmierers, der seine Daten über eine Datenstation am Arbeitsplatz oder in unmittelbarer Nähe seines Arbeitsplatzes eingibt, folgt eine Reaktion des Datenverarbeitungssystems und umgekehrt. Zur Technik der Dialog-Programmierung und ihrer Realisierung in Betriebssystemen siehe u.a. Bode, Gottfried: Neue Methoden und Techniken der Programmierung. Dialog-Programmierung auf IBM-Systemen. In: IBM-Nachrichten, 24. Jg., Heft 223, 1974, S. 405 ff.; Fischer, Ulrich E.: Neue Methoden und Techniken der Programmierung. Überblick und Entwicklungstendenzen. In: IBM-Nachrichten, 24. Jg., Heft 222, 1974, S. 320 ff.

form von Datenverarbeitungssystemen bedienen. Mit Hilfe der Dialog-Programmierung hat man bereits heute erhebliche Produktivitätssteigerungen und größere Sicherheiten erreicht. Nach Fischer[1] liegt in der Praxis die Spanne der beobachteten Produktivitätssteigerungen pro Programmierobjekt zwischen 35% und 100%, wobei Extremwerte nach oben und unten bereits ausgeschlossen sind. Im Dialogbetrieb können in der Phase des Testens, in der die Dialog-Programmierung die größten Vorteile hat, neben den statischen auch dynamische Testhilfen eingesetzt werden, die Programmänderungen während des Programmablaufes und eine Beeinflussung des Programmablaufes zulassen. Zur Dialog-Programmierung können ergänzende verträgliche Techniken treten, die über Standardisierungen weitere Steigerungen in der Produktivität und Sicherheit ermöglichen. Zu diesen Techniken zählen z.B. die Entscheidungstabellentechnik[2], die strukturierte Programmierung im Team und die normierte

1) Vgl. Fischer, Ulrich E.: a.a.O., S. 323.
2) Zur Entscheidungstabellentechnik vgl. u.a. Vieweg, Wolfgang: Die Konstruktion von Entscheidungstabellen. Wiesbaden 1973; Montalbano, Michael: Decision Tables. Chicago, Palo Alto, Toronto, Henley-on-Thames, Sydney und Paris 1974; Fischbach, Franz, Groß, Jürgen und Ott, Winfried: Entscheidungstabellen. Köln-Braunsfeld 1975; Pagenkemper, K. und Heitz, B.: Entscheidungstabellen in Organisation und Datenverarbeitung. Neuwied 1975.

Programmierung[1]. Gerade die Standardisierung der Software dürfte in der Zukunft immer größere Bedeutung erreichen. Nach Wilhelms[2] wird bei Siemens der Anteil mehrfach verwendbarer Programme im Jahre 1980 bei etwa 70% liegen, nachdem er 1960 nur etwa 3% und 1970 etwa 25% betrug.

Der Verfasser hat bei seiner Untersuchung auch die Frage nach der Beurteilung des derzeitigen Standes der verwendeten Software hinsichtlich der Sicherheit gestellt. Der größte Anteil der Befragten beurteilte sie mit ausreichend (Tabelle 25). Verglichen mit den Ergebnissen der Beurteilung der Hardware[3] schneidet die Software

---

1) Zur strukturierten und normierten Programmierung siehe Dahl, O. J. Dijkstra, E. W. und Hoare, C. A. R.: Structured Programming. New York 1972. Henderson, Peter und Snowdon, Robert A.: A Tool for Structured Program Development. In: Information Processing 74. Proceedings of IFIP Congress 74, hrsg. von J. L. Rosenfeld. New York 1974, S. 204 ff.; Martin, Johannes I.: Generalized Structured Programming. In: AFIPS Conference Proceedings. Chicago 1974, S. 665 ff.; Berzheim, Hansbernd: "Fernwirkungsfreie" Strukturierte Programmierung. In: Online, Zeitschrift für Datenverarbeitung, 13. Jg., Heft 3, 1975, S. 118 ff., Heft 4, S. 234 ff. und Heft 5, S. 335 ff.; Bloom, Allan, M.: The "Else" Must Go, Too. In: Datamation, Vol. 21, No. 5, 1975, S. 123; Urschler, G.: Automatic Structuring of Programs. In: IBM Journal of Research and Development, Vol. 19, No. 2, 1975, S. 181 ff.; Yourdan, Edward: Making the Move to Structured Programming. In: Datamation, Vol. 21, No. 6, 1975, S. 52 ff.

2) Vgl. Wilhelms, Helmut: Automatisierungstechnik und wirtschaftlicher Fortschritt. In: Siemens-Zeitschrift, 48. Jg., Heft 12, 1974, S. 909.

3) Vgl. Abschnitt 3.3.1

schlechter ab. Diese Einschätzung dürfte u.a. auch damit zusammenhängen, daß die Fehlerrate bei der Freigabe einer neuen Version eines Betriebssystems relativ höher sein wird als z.B. nach einem halben Jahr und man in der Praxis dazu tendiert, insbesondere die Anwendungs-Software relativ häufig zu verändern - weil es oft an einer längerfristigen ADV-Politik fehlt -, was meist Fehlerquellen in sich birgt[1].

Tabelle 25: Beurteilung der Software-Sicherungen

Beurteilung	sehr gut	gut	ausreichend	ungenügend	keine Angaben
Antworten (in Prozent)	4	28	47	14	7

3.3.3 Stand der Orgware-Sicherungen

Der Verfasser hat auf die Frage "Wie beurteilen Sie den Stand Ihrer Orgware-Sicherungen" folgende Antworten erhalten:

Tabelle 26: Stand der Orgware-Sicherungen

Beurteilung	sehr gut	gut	ausreichend	ungenügend	keine Angaben
Antworten (in Prozent)	2	14	39	34	11

1) Vgl. Joseph, Earl C.: a.a.O., S. 4.

Diese Zusammenstellung läßt erkennen, daß die Befragten den Stand ihrer organisatorischen Sicherungen[1)] wesentlich schlechter einschätzen als den Stand der Hard- und Software-Sicherungen. Vergleicht man die aus der Befragung hervorgehenden Werte der Hard-[2)], Soft-[3)] und Orgware-Sicherungen, dann kann man deutlich ein Gefälle von der Hard- über die Soft- zur Orgware erkennen, wie aus Abbildung 5 hervorgeht.

Abbildung 5: 402 Beurteilungen zum Stand der Hardware – Software – Orgware – Sicherungen

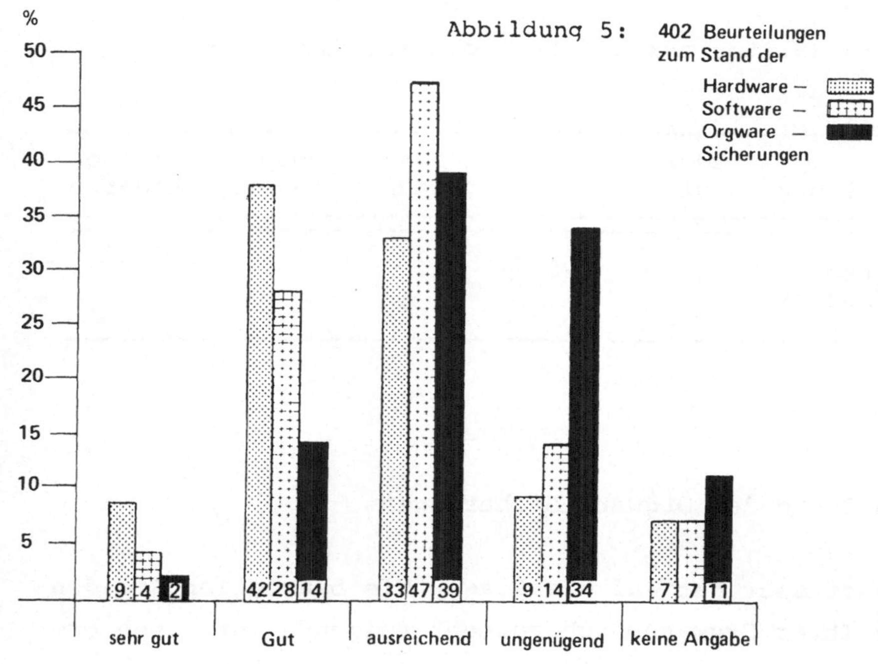

1) Zu den organisatorischen Sicherungsmethoden siehe u.a. Lehmann, Jörg und Müller, Klaus Peter: Aufbau- und Ablauforganisation eines Rechenzentrums. Ludwigshafen 1972; Kraus, Wolfgang: Organisatorische und technische Maßnahmen zur Realisierung des Datenschutzes. In: Datenverarbeitung in Steuer, Wirtschaft und Recht, 2. Jg., Heft 26, 1973, S. 328 ff.; Kraus, Leonard J.: SAFE - Sicherheit in der Datenverarbeitung. München 1973; Tassel, Dennie van: Program Style, Design, Efficiency, Debugging, and Testing. Englewood Cliffs 1974; Lüscher, Fritz: Sicherstellung und Geheimhaltung in bezug auf Datenbanken. In: Output, 4. Jg., Heft 1, 1975, S. 18 ff.; Stadler, Norbert: Organisatorische Vorkehrungen zu Datenschutz und Datensicherung. In: Öffentliche Verwaltung und Datenverarbeitung, 5. Jg., Heft 6, 1975, S. 271 ff.

2) Siehe Tabelle 23

3) Siehe Tabelle 25

Ähnliche Ergebnisse brachte auch die Untersuchung des MIT[1]), das auf die Frage: "Wenn Sie das Budget für die Datenverarbeitung um 5% für die Durchführung von Sicherungsmaßnahmen erhöhen könnten, was würden Sie tun"? folgende Antworten erhielt:

Tabelle 27: Prioritäten bei der Durchführung von Sicherungsmaßnahmen

Rangreihe in % / Maßnahmen	1 = zuerst 1	2	3	4	5 = zuletzt 5
Physische Sicherungsmaßnahmen	5	17	10	19	49
Betriebssystem	10	23	20	38	14
Anwendungsprogramme	28	14	40	9	11
Ausbildung der Mitarbeiter	12	23	10	31	19
Eingabe/Ausgabe-Kontrollen	45	23	20	3	8

Wie mangelhaft die organisatorischen Sicherungsvorkehrungen in Wirtschaft und Verwaltung sind, kann man dann erkennen, wenn man konkret nach einzelnen Maßnahmen fragt. Der Verfasser hat z.B. auf die Frage nach dem Vorhandensein eines Katastrophenhandbuches, das ein wesentlicher Baustein eines Datensicherungsystem ist, folgende Antworten erhalten:

---

1) Vgl. IBM Corp. (Hrsg.): Data Security and Data Processing, Vol. 4, a.a.O., S. 132.

Tabelle 28: Vorhandensein eines Katastrophenhandbuches

Größenklasse \ Vorhandensein eines Handbuches	Werte absolut (Gesamtzahl)	in Prozent
bis 999	12 (218)	6
1000 - 1999	5 (65)	8
2000 - 4999	5 (42)	12
5000 - 9999	7 (27)	26
10000 - 19999	6 (23)	26
über 20000	7 (27)	26
Gesamt	42 (402)	10

Aufgrund dieser Befragung verfügen also nur ca. 10% der Unternehmen und Verwaltungseinheiten mit ADV-Organisationen über ein Katastrophenhandbuch. Sie haben gewisse Vorkehrungen gegen die möglichen Katastrophen getroffen, d.h. sie dürften u.a. Regelungen haben über die[1)]

- Einsatzleitung im Katastrophenfalle;
- Funktionsweise der automatischen Alarmanlagen;
- Sofortmaßnahmen nach Eintritt des Katastrophenfalles;

---

1) Über die Vorgehensweise im Katastrophenfalle siehe insbesondere Jacobson, R. V.: Contingency Planning. In: Computer and Software Security, hrsg. von F. Brown. New York 1971, S. 95 ff.

- Einsatzpläne bei Feuer, Wasser, Unwetter, Bombenalarm usw.
- erforderlichen Ausweichsysteme (z.B. innerhalb des eigenen Hauses, bei befreundeten Firmen oder in Rechenzentren;
- Wiederbeschaffung des Maschinenparks, der Daten und Programme;
- Auslagerung von lebenswichtigen Unterlagen.

Wenn man bedenkt, daß nur relativ wenige der Befragten ein Katastrophenhandbuch erstellt haben, dann zeigt dies in erschreckendem Maße die kaum vorstellbare Sorglosigkeit der Praxis[1]. Dies ist um so bedauerlicher, als der dafür erforderliche Aufwand im allgemeinen sehr gering ist. Beim Brand im Programm Information Department (PID) der IBM Corp. im September 1972[2] war der Katastrophenplan nur drei Seiten lang. Auf sein Vorhandensein

---

1) Auch in den USA sind die Sicherungsvorkehrungen der ADV-Abteilungen gegen Katastrophen im allgemeinen nicht ausreichend. Eine umfassende Analyse dieses Problemkreises findet sich in Marketing Research Department Datamation (Hrsg.): Trends in Computer Room Security. Greenwich, Connecticut 1974.

2) Das PID hat seinen Sitz in Hawthorne (N.Y.) und ist mit der Aufgabe betraut, alle von der IBM erhältlichen Programme an die Kunden in den USA und an fünf weitere Verteilungszentren auf der ganzen Welt zu versenden. Im Durchschnitt werden täglich 1.500 Aufträge ausgeführt. Da jedem Programm die dazugehörenden Dokumentationsunterlagen beigefügt werden, muß das PID große Mengen Verpackungsmaterial und Programmdokumentationen lagern. An der Löschaktion, die über zehn Stunden dauerte, waren über 200 Feuerwehrleute beschäftigt. Diese Brandkatastrophe ist ausführlich beschrieben in: IBM Deutschland GmbH (Hrsg.): Der Brand beim PID... und was dann geschah. IBM-Form GE12-1244-0. Stuttgart 1973; Lindemann, Peter, Nagel, Kurt und Herrmann, Günter: a.a.O., S. 183 ff.; Pfersich, Hans-Peter: Fallstudie "Brand im Rechenzentrum". In: Code, 1. Jg., Heft 1, 1974, S. 10 ff.

führte man jedoch im wesentlichen die Tatsache zurück, daß bereits acht Tage nach dem Brand wieder Kundenaufträge ausgeführt werden konnten. Da alle Manager entweder am Entwurf oder an der Überprüfung des Planes beteiligt waren und die betreffenden Mitarbeiter über den Inhalt des Katastrophenhandbuches informiert wurden, liefen die Schritte zum Wiederaufbau planmäßig und reibungslos ab.

Die erzwungene Disziplin, schon vor dem Notfall den Plan durchzudenken und die Mitarbeiter laufend über den neuesten Inhalt des Katastrophenhandbuches zu informieren, ist im Katastrophenfalle von besonderer Bedeutung. Was nützt ein Katastrophenhandbuch, wenn dessen Inhalt den Mitarbeitern nicht bekannt ist? Auf die Frage: "Sind alle Mitarbeiter über den Inhalt des Katastrophenhandbuches informiert"? antworteten die Unternehmen und Verwaltungseinheiten, die über ein solches verfügen, wie folgt:

ja: 40%
teilweise: 50%
nein: 10%

Ein weiteres Beispiel für den relativ niedrigen Stand der organisatorischen Sicherungsvorkehrungen ergibt sich aus der Beantwortung der Frage nach den Zugangskontrollen zum ADV-Raum. Danach haben 48% der Befragten keine Überwachung des Zugangs zum ADV-Raum. Auf Grund der Ergebnisse dieser und weiterer Untersuchungen[1] kann

1) Vgl. z.B. auch Mühlen, Rainer A. H. von zur: Der Computer als Komplize. In: Die Welt, Nr. 142, 22. 6. 1974, S. III (Die geistige Welt). In diesem Beitrag wird zum Ausdruck gebracht, daß bei 75% der Rechenzentren ein Zugang ohne jede Kontrolle möglich ist.

Helfrich[1] nicht zugestimmt werden, wenn er behauptet, der closed-shop-Betrieb hätte sich durchgesetzt. Ein strenger closed-shop-Betrieb, in dem nur die Maschinenbediener tätig sein dürfen, ist jedoch eine wesentliche organisatorische Maßnahme zur Verhütung von Computer-Mißbrauch.

Bei seiner Befragung über die Nachweisführung bei ADV-Organisationen erfuhr der Verfasser, daß nur jeweils rund ein Drittel der Unternehmen, wobei es sich vorwiegend um Großunternehmen handelte[2], die Testunterlagen bzw. die programmierten Kontrollen dokumentierten. Beide Nachweisgrundlagen sind jedoch ein sehr wesentlicher Bestandteil einer ordnungsmäßigen Dokumentation.

Zur systematischen Dokumentation gehört ein gut organisierter Änderungsdienst. Auf die Frage: "Wird jede Änderung der Organisation und der Programme in der erwähnten[3] Dokumentation mitvollzogen, d.h. ist die Dokumentation immer auf dem neuesten Stand?" antworteten ca. 43% mit Ja.

Da die in Wirtschaft und Verwaltung gespeicherten Daten ein unterschiedliches Schutz- und Sicherungsbedürfnis[4]

---

1) Vgl. Helfrich, Christian: Kontrollierbarkeit von EDV-Abteilungen. In: Output, 3. Jg., Heft 7, 1974, S. 25.

2) In Anlehnung an die amtliche Statistik versteht man unter einem Großunternehmen ein Unternehmen mit mehr als 1000 Beschäftigten. Der Überblick über die 75 befragten Unternehmen findet sich im Abschnitt 1.1.2.

3) In einer vorangehenden Frage wurden folgende Dokumentationsunterlagen genannt: Beschreibung der Ein- und Ausgabedaten, Datenflußplan, Programmablaufplan, Programmbeschreibung, Verzeichnis der programmierten Kontrollen, Testunterlagen und Bedienungsvorschriften.

4) Das Schutzbedürfnis besteht wegen der Personalbezogenheit der Daten, das Sicherungsbedürfnis wegen ihrer Sachbezogenheit.

haben, wird es beim Aufbau eines Sicherungssystems im allgemeinen notwendig sein, die Daten entsprechend zu klassifizieren. Zwar gibt es gelegentlich Beispiele[1] dafür, daß unabhängig von der Schutz- und Sicherungswürdigkeit der Daten umfassende Maßnahmen der Datensicherung ergriffen werden. Ein derartiges Sicherungssystem dürfte aber, wie in Abschnitt 3.4 noch zu zeigen sein wird, aus Wirtschaftlichkeitsgründen für die meisten Anwender von ADV-Systemen nicht in Frage kommen. Um überhaupt die Daten klassifizieren zu können, muß man zunächst die Sicherungsklassen festlegen. In der Literatur gibt es hierfür eine Reihe von Vorschlägen, wobei die meisten Autoren mehr als drei Sicherungsklassen vorsehen, wenn man die freien Daten einmal außer acht läßt. Angermeyer[2] z.B. gliedert die Daten unter dem Aspekt der Vertraulichkeit in die Sicherungsklassen "intern", "vertraulich", "persönlich", "klassifiziert", "geheim", und "streng geheim". Eine ähnliche Gruppierung findet sich bei von zur Mühlen[3], der unterscheidet in "für den internen Gebrauch", "vertraulich", "streng-vertraulich", "geheim" und "streng geheim". Weniger differenziert ist die Klassifizierung von Lindemann/Nagel/Herrmann[4] in "nur für internen Gebrauch", "vertraulich" und "geheim". In der Bundesrepublik haben verschiedene Großunternehmen die Daten in drei Klassen eingeteilt: so unterscheiden

---

1) Vgl. Hefner, Rolf und Weideneder,Franz: Realisierung eines EDV-Kontroll- und Sicherheitssystems. In: IBM-Nachrichten, 24. Jg., Heft 219, 1974, S. 27 ff.
2) Vgl. Angermeyer, Christoph: a.a.O., S. 9.
3) Vgl. Mühlen, Rainer A. H. von zur: Computer-Kriminalität - Gefahren und Abwehrmaßnahmen, a.a.O., S. 122.
4) Vgl. Lindemann, Peter, Nagel, Kurt und Herrmann, Günter: a.a.O., S. 16 ff.

z.B. die IBM Deutschland GmbH[1] und die Siemens AG[2] unter dem Aspekt der Vertraulichkeit in

- "für den internen Gebrauch" (Risikoklasse 1),

- "vertraulich" (Risikoklasse 2) und

- "streng vertraulich" (Risikoklasse 3).

Um einen Hinweis über den Stand der Klassifikation von Daten in der Bundesrepublik zu erhalten, hat der Verfasser im Rahmen seiner empirischen Untersuchung auch die Frage nach dem Vorhandensein einer Klassifikation der Daten (Tabelle 29) und der Anzahl der Klassifikationsgruppen gestellt (Tabelle 30).

Tabelle 29: Vorhandensein einer Klassifikation der Daten

Größenklasse (Beschäftigte) / Antworten (in Prozent)	bis 999	1000-4999	über 5000
ja	16	17	30
teilweise	25	42	57
nein	56	41	13
keine Angaben	3	-	-

1) Vgl. IBM Deutschland GmbH (Hrsg.): Datensicherheit bei der internen Datenverarbeitung. Verfahrensrichtlinien (VRD-Nr. 72-018). Stuttgart 1972, S. 2; vgl. hierzu auch Leibrock, Dieter und Gutmann, Wilhelm: Maßnahmen zur Datensicherung in der Praxis. In: IBM-Nachrichten, 24. Jg., Heft 220, 1974. S. 103 f.
2) Vgl. Siemens AG (Hrsg.): Richtlinien zur Datensicherheit (Bereich Nachrichtentechnik). München 1973, Kap. 2.2.

Tabelle 30: Anzahl der Klassifikationsgruppen

Größenklasse (Beschäftigte) / Antworten (in Prozent)	bis 999	1000-4999	über 5000
zwei	70	63	54
drei	24	27	31
mehr als drei	5	6	13
keine Angaben	1	4	2

Wie aus Tabelle 29 hervorgeht, haben im Durchschnitt ca. 44% der Befragten keine Klassifizierung. Es zeigt sich auch, daß je größer die Unternehmen bzw. Verwaltungseinheiten sind, desto eher ist eine Klassifizierung vorhanden, die dann auch gegenüber kleineren Unternehmen bzw. Verwaltungseinheiten meist mehr Stufen umfaßt.

Alle diese Beispiele bringen zum Ausdruck, daß im organisatorischen Bereich die größten Schwachstellen liegen. Man hat in Wirtschaft und Verwaltung einfach noch nicht klar genug erkannt, welche Bedeutung diese Vorkehrungen und Maßnahmen für den Aufbau eines Datensicherungssystems haben[1].

1) Vgl. Pomeranz, Felix: Securing the Computer. In: The CPA-Journal, Vol. XLIV, No. 6, 1974, S. 50.

3.4 Kosten- und Wirtschaftlichkeitsgesichtspunkte

Die Qualität eines Datensicherungssystems wird auch am Maßstab der Wirtschaftlichkeit gemessen. Wegen der im allgemeinen relativ hohen Kosten, die der Aufbau eines umfassenden Datensicherungssystems mit sich bringt, und wegen der meist längerfristigen Bindung der Unternehmen bzw. Verwaltungseinheit an eine einmal gewählte Systemkonzeption, ist eine gründliche Wirtschaftlichkeitsanalyse notwendig. Während sich die Kosten von Datensicherungsmaßnahmen verhältnismäßig genau feststellen lassen, ist die Quantifizierung des Nutzens, der sich aus der Verhinderung des Schadens bzw. der Minimierung der Wirkungen ergibt, sehr schwierig.

Für die Bestimmung der kostengünstigsten Maßnahme bzw. Kombination von Maßnahmen zur Sicherung der schutzbedürftigen Tatbestände gibt es in der Literatur bereits eine Reihe von Vorschlägen, von denen die wesentlichsten im folgenden zunächst einzeln dargestellt und anschließend beurteilt werden. Die Reihenfolge der Darstellung der einzelnen Modelle wurde durch das Erscheinungsdatum der Veröffentlichungen bestimmt.

3.4.1 Modelle zur Wirtschaftlichkeitsanalyse

3.4.1.1 Modell Lindemann/Nagel/Herrmann

Der Verfasser hat als Mitautor des Buches "Organisation des Datenschutzes"[1] einen Vorschlag zur Wirtschaftlichkeitsanalyse bei Datensicherungssystemen miterarbeitet, der im wesentlichen folgene Schritte enthält:

1. Definition des Zieles für das Datensicherungssystem (bezogen auf einzelne Unternehmensbereiche, Abteilungen oder Anwendungen).

2. Aufstellen der Risiken.

3. Gewichten der Risiken.

4. Erarbeiten der möglichen Sicherungsmaßnahmen.

5. Bewerten der Sicherungsmaßnahmen.

6. Bilden von Alternativen.

7. Bewerten der Alternativen.

8. Auswahl der besten Alternative im Hinblick auf die Zielsetzung.

Am Beispiel einer fiktiven Kreditorenbuchhaltung wird der Entscheidungsprozeß zur Auswahl der Sicherheitsmaßnahmen ausführlich dargestellt.

---

1) Vgl. Lindemann, Peter, Nagel, Kurt und Herrmann, Günter: a.a.O., S. 101 ff.

Die Z i e l e eines Datensicherungssystems in der Kreditorenbuchhaltung werden im wesentlichen darin gesehen, daß

- das richtige und vollständige Datenmaterial eingegeben, verarbeitet und ausgegeben wird,
- Manipulationsmöglichkeiten durch Sachbearbeiter ausgeschlossen sind und
- die gesetzlichen Vorschriften formal erfüllt werden (Grundsätze ordnungsmäßiger Buchführung).

Die R i s i k e n und deren Gewichtung seien:

- Überbezahlung	5%
- Zahlung an falsche Lieferanten	5%
- Einfügen fiktiver Rechnungen	30%
- Nicht termingerechte Zahlung	10%
- Doppelzahlung	10%
- Falsche Buchung auf Sachkonten	2%
- Verlust von Rechnungen	10%
- Manipulation der Stammdaten	10%
- Manipulation der Bewegungsdaten	5%
- Fehler bei der Übertragung der Eingabedaten	13%
	100%

Zur Abdeckung dieser Risiken wurden eine Reihe von möglichen S i c h e r u n g s m a ß n a h m e n fixiert. Wie der Katalog von Maßnahmen - der keinen Anspruch auf Vollständigkeit erheben kann - in Tabelle 31 zeigt, sind diese ausschließlich auf die Kreditorenbuchhaltung selbst bezogen, d.h. er enthält z.B. keine programmtechnischen Sicherungsmaßnahmen. Es ist jedoch eindeutig, daß bei der Realisierung dieses Vorschlages neben den Orgware-Sicherungen auch die Soft- und Hardware-Sicherungen zur Erfüllung der Ziele des einzelnen Sicherungssystems heranzuziehen sind.

Die Bewertung von einzelnen Sicherungsmaßnahmen erfordert die Angabe einer Skala sowie eine Vereinbarung über die Beziehungen zwischen den Zahlen der Skala (z.B. ihre Folge, ihre Abstände). Im wesentlichen unterscheidet man folgende Skalentypen:

- Nominalskalen (=Angabe von Nutzenklassen; z.B. schlecht, befriedigend, gut)
- Ordinalskalen (=Angabe von Rangplätzen; z.B. erster, zweiter, dritter)
- Kardinalskalen (=Angaben von diskreten Werten; z.B. 1,2,3,4,5)
- Intervallskalen (=Angaben von diskreten Werten, wobei die Intervalle verschieden sein können; z.B. Messung in km, Meilen oder in Spazierstunden)
- Verhältnisskalen (=Angabe von diskreten Werten, Intervalle und Skalenursprung sind gleich).

Für die Bewertung von Sicherungsmaßnahmen dürften Verhältnisskalen am besten geeignet sein, da bei ihnen der Nullpunkt eindeutig fixiert ist, die Meßeinheit bestimmt werden kann und die Meßwerte sich addieren lassen[1]. In der praktischen Anwendung können sämtliche

---

1) Die Abstufung gut - mittel - schlecht (Nominalskala) enthält zwangsläufig weniger Informationen über den Beitrag einer Sicherungsmaßnahme zur Abdeckung eines Risikos als eine Klassifizierung auf einer Verhältnisskala, die Werte von 0-10 oder auch von 0-100 zuläßt.

Punktbewertungsverfahren eingesetzt werden[1]. Bei dem gewählten Beispiel wurden den einzelnen Sicherungsmaßnahmen Wertzahlen von 0-10 zugeordnet, wobei der Wert 0 bedeutet, daß eine Maßnahme überhaupt nicht zu einer Verminderung des jeweils betrachteten Risikos führt. Deckt eine Maßnahme das Risiko voll ab, dann wird der Skalenwert 10 vergeben. Die in Tabelle 31 angegebenen Werte haben wie die ausgewiesenen Kosten fiktiven Charakter.

Tabelle 31: Einzelbewertung der Sicherungsmaßnahmen mit Hilfe einer Verhältnisskala

Risiken = (Kriterien) / Sicherheitsmaßnahmen	Sachbezogene Kriterien										Kosten	
	Überbezahlung	Zahlung an falsch. Lieferanten	Einfügen fiktiver Rechnungen	Nicht termingerechte Zahlung	Doppelzahlung	Buchung auf falsches Sachkonto	Verlust von Rechnungen	Manipulation der Stammdaten	Manipulation der Bewegungsdaten	Eingabeübertragungsfehler	Einführungskosten in DM	Laufende Kosten in DM pro Monat
(1) Terminplan				8							1000	200
(2) Kontierungsrichtlinien					2	2					1000	100
(3) Arbeitsplatzbeschreibung				3				2			1500	200
(4) Vier-Augenprinzip		6	9	2	8	6	2	8	8	4	3000	500
(5) Prüfziffern		8								9	10000	1000
(6) Kontrollbuchstaben		9								9	2000	1000
(7) Abstimmsummen für Rechnungsbeträge	2		10		10		8	10	10	10	–	500
(8) Mischsummen		7	10		10		8	10	10	10	1000	500
(9) Begleitzettel			3	5	5		6				2000	200
(10) Beleg-Numerierung			6		7		10				–	300
(11) Beleg-Entwertung					10						–	300
(12) Nachrechnen	10										–	500
(13) Prüflochen										10	1000	2000
(14) Ablochvorlage										5	300	1500
(15) Kontierungsstempel										5	–	1200
(16) Unterstreichen										5	–	–
(17) Ein-Rechnungs-System					10						–	–
(18) Vergleich mit Kontrollbelegen			8		9						500	500
• • • •												
(31) Ausdruck von Stammdatenänderungen (gehört nicht zu Fachabteilung)								10			300	200

1) Vgl. z.B. Winkelmann, Rolf: Wirtschaftlichkeitsüberlegungen zur DV-Systementwicklung. In: Praxis des Rechnungswesens, Heft 5, 1974, Gruppe 12, S. 146 ff.

Da einzelne Maßnahmen meist nur einen Teil des Gesamtrisikos abdecken, benötigt man zur Realisierung eines integrierten Datensicherungssystems die Kombination verschiedener Maßnahmen, d.h. man wird verschiedene A l t e r n a t i v e n bilden. Eine Alternative setzt sich somit aus einem Bündel von Einzelmaßnahmen zusammen, das möglichst alle Risiken abdeckt. Wie aus Tabelle 32 hervorgeht, ergeben sich für jede Alternative entsprechend den Einzelmaßnahmen, aus denen sie sich zusammensetzt, gewichtete Werte. Die Alternativen können aufgrund der einzelnen Gesamtwerte miteinander verglichen werden (z.B. der höchste oder niedrigste Gesamtwert erhält den ersten Platz). Je nach Bewertungsschema bzw. Skalierung läßt sich eine Rangliste der Alternativen aufstellen.

Tabelle 32: Gesamtwertbildung für die einzelnen Alternativen

Kriterien / Alternativen	Sachbezogene Kriterien												Finanzielle Kriterien			
	Überbezahlung	Zahlung an falschen Lieferanten	Einfügen fiktiver Rechnungen	Nicht termingerechte Zahlung	Doppelzahlung	Falsche Buchung auf Sachkonten	Verlust von Rechnungen	Manipulation der Stammdaten	Manipulation der Bewegungsdaten	Eingabe-übertragungsfehler	Zeilensumme	Rang	Einführungskosten	Laufende Kosten	Zeilensumme	Rang
Gewichtung der Kriterien in %	5	5	30	10	10	2	10	10	5	13	100		30	70	100	
1.) (2)+(8)+(9)+(12)	50	35	300*	50	100*	4	100*	100*	50	130	919	①	240	560	800	②
2.) (2)+(6)+(7)+(9)	10	45	300*	50	100*	4	100*	100*	50	130*	889	②	210	490	700	③
3.) (4)+(12)	50	30	270	20	80	12	20	80	40	52	654	④	270	630	900	①
4.) (1)+(3)+(5)+(10)+(12)+(31)	50	40	180	100	70	–	100	100*	–	117	757	③	60	420	480	⑤
5.) (2)+(3)+(14)+(18)+(31)	45	–	240	30	100*	4	–	100*	–	65	584	⑤	240	420	660	④
Maximal erreichbare Punktzahl/Kriterium	50	50	300	100	100	20	100	100	50	130	1000		300	700	1000	

* Das Risiko (Kriterium) ist durch mehr als eine Sicherheitsmaßnahme abgedeckt

Will man die finanziellen und sachbezogenen Kriterien mit einer vergleichbaren Werteskala erfassen, ist es notwendig, die Kosten in eine Bewertungstabelle einzuordnen. In diesem Beispiel gelten folgende Zusammenhänge:

Tabelle 33: Bewertung der Kosten pro Alternative

a.) Einführungskosten pro Maßnahmenpaket (Alternative)

DM-Betrag	Wert
0 - 1500	10
1501 - 3000	9
3001 - 4500	8
4501 - 6000	7
6001 - 7500	6
7501 - 9000	5
9001 - 10500	4
10501 - 12000	3
12001 - 13500	2
über 13500	1

b.) Laufende Kosten pro Maßnahmenpaket (Alternative)

DM-Betrag	Wert
0 - 500	10
501 - 1000	9
1001 - 1500	8
1501 - 2000	7
2001 - 2500	6
2501 - 3000	5
3001 - 3500	4
3501 - 4000	3
4001 - 4500	2
über 4500	1

Die Alternative 2 sei als Beispiel für die Ermittlung des Entscheidungswertes genannt. Sie verursacht laufende Kosten von einem Entscheidungswert 490, der sich ergibt aus:

DM 100.- laufende Kosten der Maßnahme 2
DM 1000.- laufende Kosten der Maßnahme 6
DM 500.- laufende Kosten der Maßnahme 7
DM 200.- laufende Kosten der Maßnahme 9

DM 1800.- erhält laut Tabelle 33 = die Punktzahl 7
Punkte x Gewichtung (7x70) = 490 (Entscheidungswert)

In der Praxis dürfte es sich in vielen Fällen als zweckmäßig erweisen, die Einzelbewertung und die Gewichtung nach sachlichen und finanziellen Gesichtspunkten getrennt durchzuführen. Bei einer solchen Trennung hat man die Möglichkeit, durch eine unterschiedliche Gewichtung von sachbezogenen und finanziellen Kriterien die Rangfolge der Alternativen, wie in Tabelle 34 dargestellt, zu beeinflussen[1].

Tabelle 34: Einfluß der unterschiedlichen Gewichtung von sachbezogenen und finanziellen Kriterien auf die Rangfolge der Alternativen

Verhältnis der Kriterien / Alternativen	sachbezogen : finanziell 1 : 1	Rang	sachbezogen : finanziell 1 : 3	Rang	sachbezogen : finanziell 2 : 1	Rang
1	919 + 800 = 1719	①	919 + 2400 = 3319	②	1838 + 800 = 2638	①
2	889 + 700 = 1589	②	889 + 2100 = 2989	③	1778 + 700 = 2478	②
3	654 + 900 = 1554	③	654 + 2700 = 3354	①	1308 + 900 = 2208	③
4	757 + 480 = 1237	⑤	757 + 1440 = 2397	⑤	1514 + 480 = 1994	④
5	534 + 660 = 1244	④	584 + 1980 = 2564	④	1168 + 660 = 1828	⑤

1) Es sei jedoch darauf hingewiesen, daß es bei der Anwendung der Nutzwertanalyse auch Verfahren gibt, die den Anforderungen multidimensionaler Zielsysteme grundsätzlich gerecht werden. Zum Problem der optimalen Auswahl von Alternativen unter Beachtung eines multidimensionalen Zielsystems siehe Zangemeister, Christof: Nutzwertanalyse von Projektalternativen. In: Produktplanung - Wertanalyse - Zuverlässigkeit. Zürich 1974, S. 75 ff.

3.4.1.2 Modell Broermann

Die von Broermann[1] gewählte quantitative Vorgehensweise zur Untersuchung der Sicherungsvorkehrungen basiert auf drei Indizes:

- dem Sicherheitsindex,
- dem Systemindex und
- dem Anwendungsindex.

Der S i c h e r h e i t s i n d e x zeigt innerhalb einer Skala von 1-100, wo ein bestimmter Investitionsbetrag die größte Sicherungsverbesserung bringt. Er berücksichtigt die folgenden Faktoren:

1. die Wahrscheinlichkeit des Eintrittes eines bestimmten Schadens,

2. die relative Schadenshöhe,

3. die relative Wirksamkeit einer bestimmten Schutzmaßnahme und

4. die relativen Kosten dieser Schutzmaßnahme.

Für die Bewertung dieser vier Faktoren gilt folgende Skalierung:

0 = keine,
30 = unter Durchschnitt,
80 = über Durchschnitt,
100 = voll.

---

1) Vgl. Broermann, Bernard: Computerüberwachung und Computersicherung. In: Output, 1. Jg., Heft 1, 1972, S. 20 ff.

Die durchzuführenden Bewertungen sind:

1. die Schadenswahrscheinlichkeit für jedes Risiko auf einer Skala von 1 bis 100 (definiert als Pj);

2. die relative Schadenshöhe auf einer Skala 1 bis 100 (definiert als Vj).

Aus Pj und Vj läßt sich ein Risikofaktor Ej für den Bereich 1 bis 10 wie folgt errechnen:

$$Ej = \frac{Pj \times Vj}{1000}$$

3. die relative Schutzwirksamkeit im Hinblick auf das Risiko Rj im Bereich 1 bis 100;

4. die relativen Kosten dieser Schutzmaßnahme Cj im Bereich 1 bis 100.

Broermann errechnet aus Rj, Cj und dem Risikofaktor Ej den Sicherheitsfaktor Wj wie folgt:

$$Wj = \frac{Ej \times Rj}{Cj}$$

Zur Errechnung des S y s t e m i n d e x e s, der die relative Sicherung auf einer Skala von 1 bis 100 zeigt, muß für "jedes EDV-System jede vorhandene Schutzmaßnahme hinsichtlich ihrer Qualität (Sj) bewertet werden"[1]. Hierfür wird folgende Skala vorgeschlagen:

---

1) Broermann, Bernard: a.a.O., S. 21.

0 = mangelhaft,
30 = schwach,
50 = durchschnittlich,
80 = gut,
100 = ausgezeichnet.

Der Systemindex errechnet sich wie folgt:

$$\text{Systemindex} = \frac{(Sj \times Wj)}{(100\ Wj)}$$

Für die Berechnung des A n w e n d u n g s i n d e x e s, der die relative Sicherung für jeden Anwendungsbereich zeigt, muß die relative Bedeutung (Aj) für jeden Anwendungsbereich hinsichtlich eines möglichen Schadens oder Verlustes geschätzt werden. Die Formel für den Anwendungsindex ist:

$$\text{Anwendungsindex} = \frac{(Sj \times Wj)}{(100\ Wj)} \times \frac{Aj}{100}$$

3.4.1.3 Modell Angermann/Thome

Nach Angermann und Thome entziehen sich die Ziele des Datenschutzes und der Datensicherung weitgehend einem monetären Nutzenvergleich[1]. Sie betrachten daher vorwiegend nur die Kostenseite und versuchen diese einem Minimierungsprozeß zu unterwerfen. In sieben Phasen versuchen die Autoren die Auswahl und Kombination derjenigen Strategien festzustellen, die mit geringstem Aufwand die erstrebte Sicherung erreichen.

---

1) Vgl. Angermann, Adolf und Thome, Rainer: Ansätze für eine Kosten-Nutzen-Analyse des Datenschutzes. In: Siemens Data Report, 8. Jg., Heft 4, 1973, S. 18 ff.

In der ersten Phase wird ein Katalog der möglichen Täterstrategien aufgestellt. In der Phase 2 werden jeder Täterstrategie Schutzstrategien des Anwenders, die sich aus Schutzmaßnahmen zusammensetzen, entgegengestellt. Anschließend werden für jede aufgestellte Schutzstrategie bzw. Schutzmaßnahme die zu erwartenden Kosten festgestellt. In der Phase 4 wird der Schutzstrategienkatalog im allgemeinen zu reduzieren sein. Dies ist nach Angermann und Thome deshalb notwendig, weil bei der Aufstellung der zahlreichen Einzelmaßnahmen sich oft die gleichen Konsequenzen ergeben[1]. Die fünfte Phase hat die Zuordnung der Schadenserwartung zu den einzelnen Täterstrategien zum Ziel. Für Daten, die nicht dem gesetzlichen Datenschutz unterliegen, ist eine Kosten-Nutzen-Analyse möglich (Phase 6). Hier wird von den Autoren festgestellt, daß das Unternehmen auf den Schutz der Daten verzichten sollte, wenn die Kosten für die Maßnahmen der Datensicherung höher sind als der zu erwartende Schaden. Daten, für die ein übergeordnetes, gesetzlich fixiertes Schutzinteresse besteht, müssen grundsätzlich geschützt werden, unabhängig davon, ob der meßbare Nutzen die Kosten der Datensicherung übersteigt oder nicht. In der siebten Phase geht es um die Auswahl der günstigsten Strategienkombination aus dem Bündel von Einzelmaßnahmen.

Nach Angermann und Thome ist das Optimierungsproblem mit Hilfe der Graphentheorie und eines Algorithmus zur Konstruktion minimaler Schritte in Kapazitätsnetzen relativ gut lösbar, weil die Aufstellung der Verknüpfungen zwi-

---

1) Angermann und Thome sprechen hier von dominierenden und dominierten Maßnahmen. Die dominierten Maßnahmen, die in ihren Konsequenzen in den Konsequenzen der dominierenden Maßnahme enthalten sind, sollten dann eliminiert werden, wenn ihre Kosten größer als die der dominierenden sind. Vgl. Angermann, Adolf und Thome, Rainer: a.a.O., S. 22.

schen den einzelnen Sicherungsmaßnahmen "mit Hilfe eines Netzes konsequent und ziemlich fehlersicher möglich ist"[1]. Es besteht jedoch auch die Möglichkeit, bei diesem Konzept die kostengünstigste Kombination von Sicherungsmaßnahmen mittels anderer Operations-Research-Methoden zu finden.

3.4.1.4 Modell des MID

Die Wirtschaftlichkeitsanalyse der Management Information Division (MID) des Department of Finance des Staates Illinois basiert auf drei Elementen[2]:

- der Risikoschätzung (exposure assessment),
- dem Wert der Information (information valuation),
- den Kosten der Datensicherung (safeguard cost).

Um die R i s i k e n in Wirtschaft und Verwaltung abschätzen zu können, muß man Kenntnis haben über den Ort der Daten und die Art und Weise, wie die Daten von den verschiedenen Systemelementen (z.B. Maschinen, Programme, aber auch Maschinenbediener, Programmierer und Mitarbeiter der Fachabteilungen) verarbeitet werden. Zur Identifizierung des Standortes der Daten innerhalb des Informationssystems ist es notwendig, daß man die verschiedenen Phasen der Datenverarbeitung (z.B. die Erfassung, Übertragung, Aufbereitung und Weitergabe) genau kennt. Einen wesentlichen Einfluß auf das Risiko hat auch die Speicherungsform. Um die potentiellen Gefahren an jedem einzelnen Punkt innerhalb des Informationssystems realistisch einschätzen zu können, sollte man in den verschiedenen Phasen der Datenverarbeitung über die physische

1) Angermann, Adolf und Thome, Rainer: a.a.O., S. 22.
2) Vgl. IBM Corp. (Hrsg.): Data Security and Data Processing, Vol. 3, Part 2, a.a.O., S. 101 ff.

Speicherungsform genau Bescheid wissen. Alle Systemelemente, vor allem der Mensch, stellen wesentliche Gefahrenmomente für die Datensicherheit dar. In der Studie wird zum Ausdruck gebracht, daß die Risikowahrscheinlichkeit von der Anzahl der Mitarbeiter und Programme, die Zugriff zu den Dateien haben, sowie von der Art des Zugriffs abhängt.
Beim Wert der Information unterscheidet das MID drei Perspektiven:

1. den Wert für den Datenhalter,

2. den Wert für den Betroffenen, über den die Daten gespeichert sind und

3. den Wert für einen Dritten, der die Daten in Erfahrung bringen will.

In diesem Wirtschaftlichkeitsmodell wird von der These ausgegangen, daß verschiedene Sicherheitsstufen erreicht werden können, indem man unterschiedliche Kombinationen von Sicherungsmaßnahmen benutzt. Um das für eine Unternehmung bzw. Verwaltungseinheit adäquate Sicherungssystem zu finden, wird mit folgender Formel operiert:
EGK (i) = K(i) + V(i)

Dabei bedeutet:

EGK (i) = erwartete Gesamtkosten (DM/Jahr) bei der Anwendung des Sicherungssystems (i)

K (i) = Kosten (DM/Jahr) für die Einführung und den laufenden Betrieb des Sicherungssystems (i)

V (i) = Erwarteter Verlust (DM/Jahr) der als Restrisiko trotz Vorhandensein des Sicherungssystems (i) für die Organisation verbleibt.

Die erste Komponente der erwarteten G e s a m t k o s t e n sind die Kosten für den Kauf oder die Miete der Sicherungseinrichtungen einschließlich Installation, Schulung, erhöhte Aufwendungen für die zusätzliche Belastung des ADV-Systems. Die zweite Komponente erfaßt die geschätzten Verluste, die ermittelt werden aus dem Wert der Information und der Wahrscheinlichkeit, mit der die Gefahren tatsächlich eintreten können.

Abbildung 6: Erwartete Gesamtkostenkurve

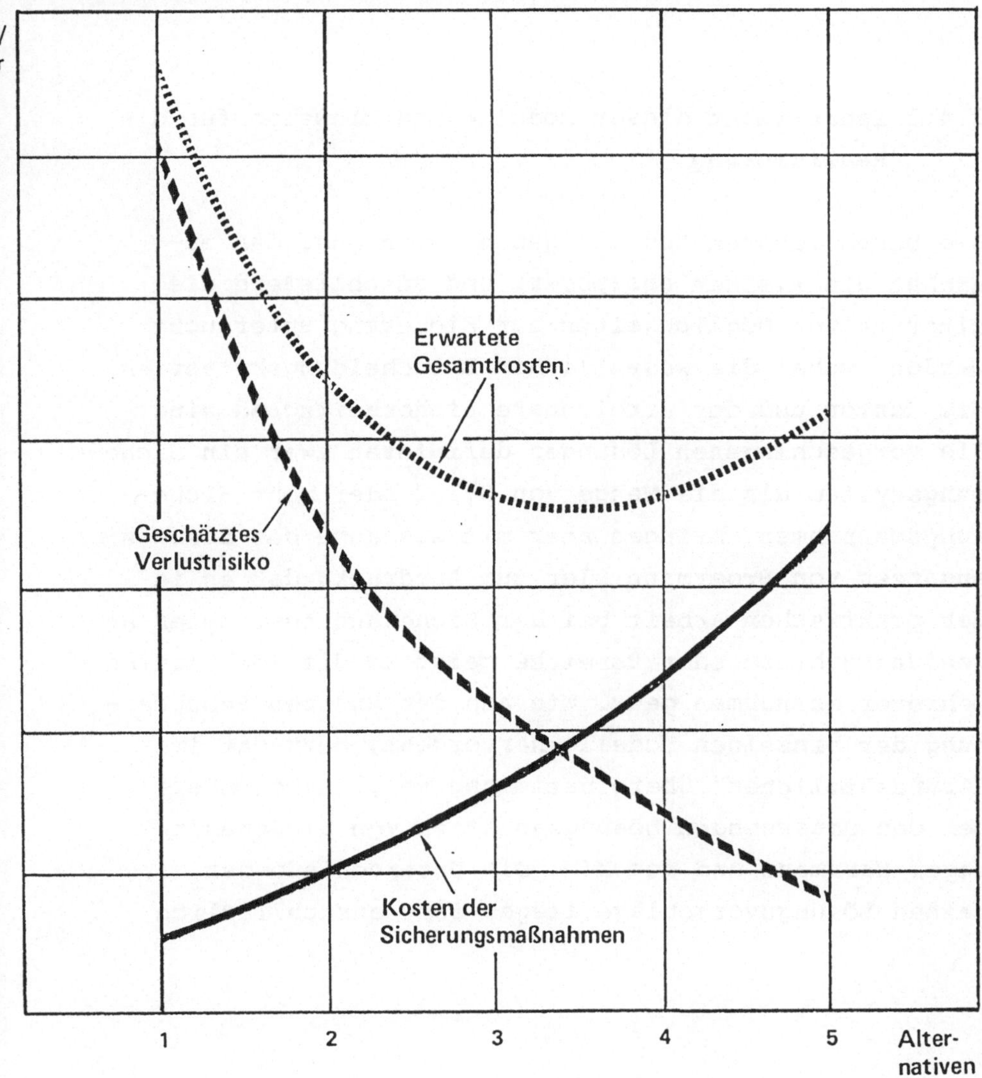

Aus Abbildung 6 geht hervor, daß die Alternativen 1-5, die die einzelnen Maßnahmenkombinationen zur Datensicherung darstellen, zunehmend einen höheren Sicherheitsgrad erreichen und in steigendem Maße das geschätzte Verlustrisiko (=Restrisiko) vermindern. Die Kosten der Maßnahmen zur Datensicherung (Einführungskosten und laufende Betriebskosten) nehmen von der Alternative 1 bis zur Alternative 5 zu. Die erwarteten Gesamtkosten sind am niedrigsten zwischen den Alternativen 3 und 4.

3.4.2 Beurteilung dieser Modelle und Hinweise für die Realisierung

Die beschriebenen Modelle gehen davon aus, daß zunächst die Risiken analysiert und anschließend die alternativen Möglichkeiten zur Sicherung untersucht werden, wobei die wesentlichen Entscheidungskriterien die Kosten und der erreichbare Sicherheitsgrad sind. Die vorgeschlagenen Lösungen definieren zwar ein Sicherungssystem als die Menge von 0,1,2 oder mehr Sicherungsmaßnahmen, bringen aber mit Ausnahme des Lösungsansatzes von Broermann klar zum Ausdruck, daß es in der praktischen Arbeit bei der Sicherung bestimmter Anwendungsgebiete oder Bereiche meist um die Kombination mehrerer Maßnahmen geht. Wie aus der knappen Beschreibung der einzelnen Modelle hervorgeht, herrscht im "Grundsätzlichen" Übereinstimmung vor, insbesondere bei den umfassenden Lösungsansätzen von Lindemannn/ Nagel/Herrmann und des MID. Die Unterschiede der einzelnen Lösungsvorschläge liegen fast ausschließlich im methodischen Bereich, d.h. in der Frage der Realisierung.

Im folgenden werden die einzelnen Phasen für die Bestimmung des optimalen Sicherungssystems unter Berücksichtigung der vorhandenen Konzepte analysiert und Lösungsmöglichkeiten für die Realisierung aufgezeigt.

Das Risiko (R) einer Unternehmung bzw. Verwaltungseinheit setzt sich zusammen aus der Wahrscheinlichkeit des Eintreffens eines Schadens für ein bestimmtes Risiko (innerhalb eines bestimmten Zeitraumes) und der jeweiligen Schadenshöhe. In der praktischen Arbeit dürfte, wie das MID[1)] ausführlich an einem Beispiel mit realen Werten gezeigt hat - es handelte sich um den Schutz der Geburtsdaten der Bürger des Staates Illinois, die vom "Office of Vital Records" und dem MID gespeichert und verarbeitet werden - das Rechnen mit absoluten Werten sinnvoll sein. Tabelle 35 zeigt anhand von fünf Möglichkeiten eines unberechtigten Zugriffs zu Geburtsdaten[2)], wie sich aus dem Verlust bei Eintritt des jeweiligen Schadenfalles und aus der Häufigkeit des Eintreffens des Schadenfalles der zu erwartende Gesamtverlust ergibt.

---

1) Vgl. IBM Corp. (Hrsg.): Data Security and Data Processing, Vol. 3, Part 2, a.a.O., S. 119 ff.
2) Diese wurden einem Katalog von 48 Möglichkeiten entnommen.

Tabelle 35: Schadenshöhe und Schadenswahrscheinlichkeit am Beispiel einer Geburtsdaten-Datei

Lfd. Nummer des unber. Zugriffs	Beschreibung des unber. Zugriffs	Verlust bei Eintritt des Schadenfalles in Dollar	Schadens-Wahrscheinlichkeit pro Jahr	Zu erwartender Gesamtverlust in Dollar
2	Unberechtigter Zugriff auf Daten und Datenträger bei Datenverarbeitung durch Mitarbeiter	250.000	0.4	100.000
5	Unbeabsichtigte Veränderung von Daten bei Datenfernverarbeitung	775.000	1.2	930.000
6	Absichtliche Veränderung von Daten bei Datenfernverarbeitung	775.000	0.4	310.000
26	Unberechtigter Zugriff auf maschinelle Datenträger im Unternehmen durch Mitarbeiter	250.000	0.4	100.000
38	Unberechtigter Zugriff auf manuell lesbare Daten in dem Unternehmen durch Mitarbeiter	250.000	0.4	100.000

Aus der Häufigkeit (H) des Eintreffens des jeweiligen Schadenfalles und dem Verlust (V) bei Eintritt des Schadens kann also der Risikofaktor R wie folgt errechnet werden:

$$R = H \times V$$

Die Bewertung der Häufigkeit hängt, wie aus Abschnitt 3.2.1 hervorgeht, im wesentlichen von den spezifischen Problemen der jeweiligen Unternehmung bzw. Verwaltungseinheit ab. Auch bei der Ermittlung des Schutzwertes müssen die besonderen Gegebenheiten berücksichtigt werden. In der Literatur gibt es bis heute kaum Lösungsvorschläge für die Wertermittlung. Zahlreiche Autoren[1)] bezweifeln sogar ernsthaft, daß eine Bestimmung des Schutzwertes möglich sei, wobei besonders auf die personenbezogenen Daten hingewiesen wird. So schwierig die Beantwortung dieser Frage in Einzelfällen auch sein mag, man wird beim Aufbau eines umfassenden Sicherungssystems nicht umhin können, zumindest ein Wertgefüge aufzustellen. Im folgenden wird der Versuch gemacht (Tabelle 36), die wichtigsten Einflußgrößen für die Wertbestimmung einer Datei zu beschreiben.

---

1) Vgl. z.B. Hauter, Adolf: Datenschutz - Datensicherung. Teil II: Was kann der Informationsgefährdung entgegengesetzt werden? In: Datascope, 3. Jg., Heft 8, 1972, S. 3

Tabelle 36: Wesentliche Einflußgrößen für die Wertbestimmung einer Datei

	DM	Wertgefüge
1. Entwicklungskosten der Datei		
- Kosten der Datensammlung		
- Kosten der Datenaufbereitung		
- Dateiaufbau und -Organisation		
2. Materieller Wert der Datei		
- Kosten der Datenträger		
3. Immaterieller Wert der Datei		
3.1 Einfluß der Daten auf das laufende Geschäft		
. Werden Rechnungen später versandt?		
. Kundenverärgerungen?		
. Gibt es Schwierigkeiten in der Produktion?		
3.2 Einfluß der Daten auf das künftige Geschäft		
. Gehen evtl. Aufträge verloren?		
. Verzögert sich die Produktionsentwicklung?		
3.3 Wert der Daten für andere?		
. Schutzwert der Daten wegen der Personenbezogenheit?		
. Schutzwert der Daten wegen der betriebsinternen Vertraulichkeit (z.B. Gehaltsdaten, Produktionsgeheimnis)		

	DM	Wert- gefüge
4. Kosten der unmittelbaren Wirkungen		
4.1 Wiederherstellkosten bei Zerstörung		
. Kosten für die Wiederbeschaffung der Daten		
. Kosten für Übergangslösungen (z.B. manuelles Verfahren)		
. Opportunitätskosten für die Übergangszeit		
. Rekonstruktion des Datenaufbaus		
. Maschinenkosten für Rekonstruktion der Datei		
. Testkosten		
. Image-Verlust (verlorenes Vertrauen)		
4.2 Wiederherstellkosten bei Veränderungen		
. Kosten der Entdeckung		
. Schäden bis zur Entdeckung (z.B. entgangene Zinsen, Unterschlagung)		
. Korrektur des falschen Outputs während der Zeit bis zur Entdeckung		
. Berichtigung der Daten		
. Rekonstruktionskosten		
. Vertrauensschäden bei Geschäftspartnern und Mitarbeitern		

	DM	Wert-gefüge
4.3 Kosten durch Preisgabe		
. Verlust von Betriebsgeheimnissen oder sonstigen Wettbewerbsvorteilen		
. Verschlechterung des Betriebsklimas		
. Image-Verlust (intern und extern)		
5. Kosten durch Rechtsverletzung		
- Nichteinhalten der gesetzlichen Normen des Datenschutzes		
- Verstoß gegen das Betriebsverfassungsgesetz		
- Nichteinhalten der GoB		
- Verlust von Steuervergünstigungen		

Wie vielschichtig das Problem der Wertermittlung von Daten ist, zeigt sich darin, daß bei dieser Übersicht u.a. Kriterien wie das Alter, die Menge und der Grad der Wiedergabe der Daten zu berücksichtigen sind. Normalerweise nimmt der Wert der Daten mit ihrem Alter ab (siehe Abbildung 7), in einigen Fällen jedoch, in welchen es auf die Wechselwirkung von Vergangenheits- und Gegenwartswerten oder auf große Mengen von Daten ankommt, kann der Wert steigen[1].

1) Vgl. hierzu u.a. IBM Corp. (Hrsg.): Data Security-Instructor's Guide. White Plains, N.Y. 1974, S. 145.

Abbildung 7: Einfluß des Alters der Daten auf ihren Wert

Abbildung 8: Einfluß der Datenmenge auf den Wert der Daten

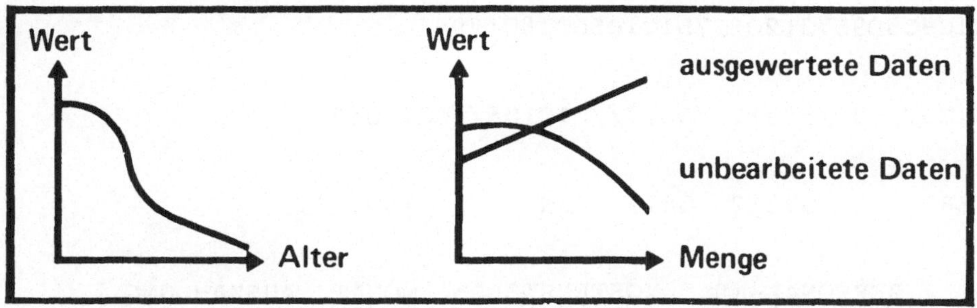

Dies dürfte z.B. beim Bau von Simulationsmodellen der Fall sein, bei denen es vor allem darum geht, die Realität möglichst genau abzubilden[1]. In solchen Modellen steigt im allgemeinen der Wert der Daten mit zunehmender Menge, wie sich aus Abbildung 8 entnehmen läßt. Die Kurve in dieser Abbildung soll den Wert von unbearbeiteten Daten für jemanden darstellen, der diese Daten zu verstehen versucht. Dies könnte z.B. der Fall sein, wenn jemand unrechtmäßig in den Besitz von Daten gelangte. "In this case the volume of data may help him up to certain point after which he becomes overwhelmed. At this point - more data only slows down his efforts to interpret it"[2].

---

1) Vgl. z.B. Lindemann, Peter: Betriebswirtschaftliche Funktionsmodelle. In: Fortschritte der Kybernetik, hrsg. von W. Kroebel. München und Wien 1967, S. 431 ff.; Koller, Horst: Simulation und Planspieltechnik. Wiesbaden 1969, S. 154 ff.; Gross, Ursula und Edlinger, Werner: Simulationstechnik in Theorie und Praxis. In: Computerunterstützte Planungsverfahren und Entscheidungshilfen. Heft 5 der IBM-Beiträge zur Datenverarbeitung, Methoden und Techniken, IBM-Form F12-0005. Stuttgart 1974, S. 22 ff.

2) IBM Corp. (Hrsg.): Data Security-Instructor's Guide, a.a.O., S. 145.

Wie der Wert der Daten mit dem Grad der Wiedergabe zunimmt, soll im nachstehenden Beispiel gezeigt werden:

D4C1C9C5D957312O817D1C1D500180439

D4C1C9C5D9//57312//0817//D1C1D5//00180439

MAIER 57312 0817 JAN 1804.39

NAME	PERSONAL-NR.	KOSTENSTELLE	MONAT	AUSZAHLUNG
MAIER	57312	0817	JAN	1804.39

Ausgangspunkt dieses Beispiels ist eine sedezimalverschlüsselte Aussage. Diese wird zunächst in logische Felder aufgeteilt, anschließend werden die Buchstaben, Ziffern und die Interpunktion eingesetzt und in der letzten Zeile erfolgt die Zuordnung zu den Begriffen.

Wie unterschiedlich das Risiko beim Diebstahl eines Programmes sein kann, sei ebenfalls am Beispiel einer Speicherungsform gezeigt, in der ein FORTRAN-Befehl in die symbolische und vom System generierte Maschinensprache übertragen wird.

FORTRAN BEFEHL	GO TO XDAP
ASSEMBLER	BC15,XDAP
GENERIERTE MASCHINENSPRACHE	47F0D06E

Aus diesem Beispiel geht hervor, daß der Besitz einer Programmliste wertvoller sein kann als der Besitz einer Programmkopie in der Maschinensprache. Zwar gibt es bereits eine Reihe von Programmen, sog. "Dis-Assemblers", die teilweise eine Rückübersetzung der Maschinensprache übernehmen können. Im allgemeinen sind diese jedoch noch relativ einfach und daher nicht in der Lage, komplexe logische Muster sinngemäß zu erkennen.

Bei der Wertermittlung ist auch darauf zu achten, daß die verschiedenen Einflüsse auf die zu schützenden Tatbestände oft recht unterschiedlich sind. Während z.B. der Wert der Daten mit ihrem Alter im allgemeinen abnimmt, ist der Wert eines ganz neuen Programmes vielfach geringer als der Wert eines seit Monaten bewährten Programmes, weil dieses fehlerfrei arbeitet und voll die betrieblichen Erfordernisse abdeckt. Nach einem bestimmten Zeitpunkt wird der Wert eines solchen Programmes dann nicht mehr steigen (siehe Abbildung 9).

Abbildung 9: Einfluß des Alters eines Programmes auf seinen Wert

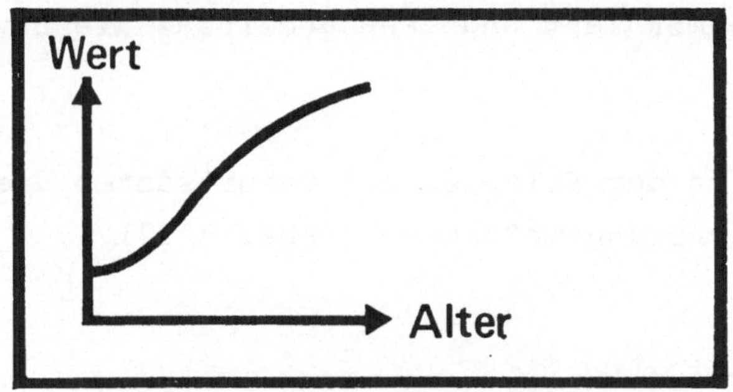

Zur Bestimmung des Wirkungsgrades von Sicherungsmaßnahmen gibt es, wie aus den einzelnen Modellen hervorgeht, verschiedene Möglichkeiten. Der Verfasser hat mit dem von ihm mitentwickelten Modell, in welchem die Bewertung der Sicherheit aufgrund von Verhältnisskalen vorgenommen wird, in der Praxis gute Erfahrungen gemacht. Im allgemeinen reicht es für die Bestimmung des Wirkungsgrades jedoch aus, mit einer Skala von 0 bis 5 zu arbeiten, wobei der Wert 5 vergeben wird, wenn die Maßnahme das Risiko voll abdeckt. Arbeitet man nicht mit Verhältniszahlen, sondern mit einem anderen Skalentyp (z.B. Nominalskalen, Ordinalskalen), dann müssen zur Ermittlung des Gesamtwertes einer Alternative unterschiedliche Entscheidungsregeln verwendet werden. So eignet sich z.B. für Nominalskalen die "Regel der befriedigenden Lösung", auch "Simon-Regel" genannt, für Ordinalskalen die "Majoritätsregel", die "Copeland-Regel", die "Thurstone-Regel" oder die "Rangordnungssummenregel"[1].

Es empfiehlt sich jedoch bei dem Konzept von Lindemann/Nagel/Herrmann, wie bereits beschrieben, mit Punktbewertungsverfahren zu arbeiten. Die Anwendung dieses Verfahrens kann bei schwer zu quantifizierenden Kriterien dadurch objektiviert werden, daß man Richtbeispiele bildet und/oder die Bewertung von mehreren Personen vornehmen läßt und dann gemeinsam die Bewertung fixiert[2].

Das MID zeigt an dem Beispiel der Geburtsdaten die Bewertung der Sicherungsmaßnahmen (Tabelle 37).

---

1) Beschreibungen dieser und weiterer Entscheidungsregeln finden sich in Zangemeister, Christof: Nutzwertanalyse in der Systemtechnik. 2. Aufl. München 1971, S. 252 ff.

2) Vgl. Verband für Arbeitsstudien-REFA-e.V.: Methodenlehre der Planung und Steuerung. Teil 2: Planung. München 1974, S. 349.

Tabelle 37: Bestimmung des Wirkungsgrades von Sicherungsmaßnahmen

Sicherungsmaßnahmen	Schutz des Zugriffs (Nr.)	Art der Sicherungsmaßnahme	Wahrscheinlichkeit, daß die Sicherungsmaßnahme das Risiko nicht abdeckt
0	-	Keine neue Sicherungsmaßnahme	1.00
1	2,6	Protokollierung bei Datenfernverarbeitung (Software-Sicherung)	0.05
2	5	Identifikation bei Datenfernverarbeitung (Hardware- und Orgware-Sicherung)	0.02
3	2,6	Überprüfung der Berechtigung bei Datenfernverarbeitung (Software-Sicherung)	0.00
4	26,38	Zugangskontrolle (closed-shop) im Rechenzentrum (Orgware-Sicherung)	0.02
5	26,38	Überwachung am Arbeitsplatz (Hardware- und Orgware-Sicherung	0.30

Aus Tabelle 37 geht hervor, daß die Sicherungsmaßnahme 1 gegen die Zugriffe Nr. 2 und 6 großen Schutz gibt, aber die anderen Risiken (über Zugriffe Nr. 5, 26 und 38) nicht abdeckt. Tabelle 38 gibt einen Überblick über den Wirkungsgrad der einzelnen Sicherungsmaßnahmen.

Tabelle 38: Zuordnung der Sicherungsmaßnahmen zu den Risiken

Sicherungs-maßnahme	Abdeckung der Risiken 2	5	6	26	38
0	1.00	1.00	1.00	1.00	1.00
1	0.05	1.00	0.05	1.00	1.00
2	1.00	0.02	1.00	1.00	1.00
3	0.00	1.00	0.00	1.00	1.00
4	1.00	1.00	1.00	0.02	0.02
5	1.00	1.00	1.00	0.30	0.30

Zur Fixierung der einzelnen Sicherungsmaßnahmen gehört neben der Bestimmung des Wirkungsgrades auch die Ermittlung der Kosten. Diese setzen sich zusammen aus den Einführungskosten (EK) und den laufenden Betriebskosten (BK). Zu den Einführungskosten zählen insbesondere[1]:

- Kosten für den Kauf von Hardware-Sicherungen,
- Programmierkosten für die Software-Sicherungen,
- Umstellungskosten für die organisatorischen Maßnahmen,
- Kosten für die physische Sicherung (z.B. Gebäudekosten) und
- Schulungskosten.

Die laufenden Kosten umfassen u.a.:

- Miete für die Software-Pakete,
- Personalkosten für die Datensicherungsaufgaben,
- Kosten für eine höhere Systembelastung,

1) Zu den Kosten von Datensicherungssystemen vgl. u.a. Wortmann, Heinrich: Datensicherung in der Datenverarbeitung. Kiel 1973, S. 8 f.; Goldstein, Robert C. und Nolan, Richard L.: Personal Privacy Versus the Corporate Computer. In: Harvard Business Review, Vol. 53, No. 2, 1975, S. 62 ff.

- Kosten für eine reduzierte Systemleistung aufgrund umfassender Software-Maßnahmen und
- Kosten für die regelmäßige Überprüfung der Sicherungsmaßnahmen.

Während in dem Modell von Lindemann/Nagel/Herrmann die eingesetzten Werte nur fiktiven Charakter haben, basiert das Modell des MID auf echten Werten.

Die Kosten für die 5 Sicherungsmaßnahmen sind[1]:

Tabelle 39: Kosten der Datensicherungsmaßnahmen

Sicherungsmaßnahmen	Kosten pro Jahr (in Dollar)	
	Einführungskosten	Laufende Kosten
0	0	0
1	10.000	6.000
2	2.000	6.900
3	50.000	36.000
4	6.000	60.000
5	16.000	60.000

1) Wie diese Kosten im einzelnen ermittelt wurden, ist in dem Studienbericht ausführlich dargestellt. Vgl. IBM Corp. (Hrsg.): Data Security and Data Processing, Vol. 3, Part 2, a.a.O., S. 122.

Auf der Basis der Tabellen 35, 37, 38 und 39 ermittelte das MID die erwarteten Gesamtkosten[1)] (Tabelle 40).

Tabelle 40: Errechnung der erwarteten Gesamtkosten

Sicherungssystem i	Sicherungsmaßnahmen i	Einführungskosten (EK (i)	Betriebskosten BK (i)	Gesamtkosten GK (i)	Erwarteter Verlust V (i)	Erwartete Gesamtkosten EGK (i)
0	0	0	0	0	1,540,000	1,540,000
1	1	10,000	6,000	16,000	1,150,500	
2	2	2,000	6,900	8,900	628,600	637,500
3	3	50,000	36,000	86,000	1,130,000	
4	4	6,000	60,000	66,000	1,342,000	
5	5	16,000	60,000	76,000	1,400,000	
6	1,2	12,000	12,000	24,900	239,100	264,000
7	1,3					
8	1,4	16,000	66,000	82,000	954,500	
9	1,5	26,000	66,000	92,000	1,010,500	
10	2,3	52,000	42,900	94,900	218,600	
11	2,4	8,000	66,900	74,900	432,600	
12	2,5	18,000	66.900	84,900	488,600	
13	3,4	56,000	96,000	152,000	934,000	
14	3,5	66,000	96,000	162,000	990,000	
15	4,5	16,000	60,000	76,000	1,341,200	
16	1,2,3					
17	1,2,4	18,000	72,900	90,900	43,100	134,000
18	1,2,5	28,000	72,900	100,900	99,100	
19	1,3,4					
20	1,3,5					
21	1,4,5	26,000	66,000	92,000	951,700	
22	2,3,4	58,000	102,900	160,900	22,600	183,500
23	2,3,5	68,000	102,900	170,900	78,600	
24	2,4,5	18,000	66,900	84,900	429,800	
25	3,4,5	66,000	96,000	162,000	931,200	
26	1,2,3,4					
27	1,2,3,5					
28	1,2,4,5	28,000	72,900	100,900	40,300	141,200
29	1,3,4,5					
30	2,3,4,5	68,000	102,900	170,900	19,800	190,700

1) Alle Kosten wurden in Dollar angegeben. Der erwartete Verlust errechnet sich für die Sicherungssysteme 0 und 6 wie folgt:

V(0) = 100.000x(1.00)+930.000x(1.00)+310.000x(1.00)
+100.000x(1.00)+100.000x(1.00) = 1.540.000

V(6) = 100.000x(0.05)x(1.00)+930.000x(1.00)x(0.02)
+310.000x(0.05)x(1.00)+100.000x(1.00)x(1.00)
+100.000x(1.00)x(1.00) = 239.100

Für verschiedene Sicherungssysteme (z.B. 7, 16, 19, 20) wurden in Tabelle 40 die Kosten nicht errechnet, da jedes dieser Sicherungssysteme die Sicherungsmaßnahmen 1 und 3 enthält. Die Sicherungsmaßnahme 1 bringt jedoch keine zusätzliche Risikoabdeckung, da die Maßnahme 3 den vollen Schutz bei Zugriffen über Nr. 2 und Nr. 6 gewährleistet.

Während in dem Modell des MID alle möglichen Alternativen von Sicherungssystemen dargestellt sind, wurden in dem Konzept von Lindemann/Nagel/Herrmann (siehe Tabelle 32) nur fünf Alternativen aufgezeigt. In der Praxis wird es im allgemeinen ausreichend sein, wenn nur die sinnvollsten und wesentlichsten Alternativen bewertet werden. Bei der Zusammenstellung der Alternativen sollte dabei besonders beachtet werden, daß die einzelnen Risiken nicht mehrfach durch verschiedene Sicherungsmaßnahmen abgedeckt sind. Aus Tabelle 32 geht z.B. klar hervor, daß in der Alternative 3, die sich aus den Einzelmaßnahmen (4) + (12) zusammensetzt, die verschiedenen Risiken nicht mehrfach abgedeckt werden.

Bei der Auswahl der zu realisierenden Alternative muß man sich neben dem verbleibenden Restrisiko und den Kosten auch über die sonstigen Vor- und Nachteile der einzelnen Alternativen im Hinblick auf die Zielsetzung im klaren sein. Wenn z.B. einzelne Sicherungsmaßnahmen kraft gesetzlicher Normen wesentliche Voraussetzungen für die Gewährleistung des Datenschutzes bzw. für eine vollständige und schlüssige Nachweisführung sind, dann muß dies bei der Auswahl des zu realisierenden Sicherungssystems berücksichtigt werden. Denkt man an die

Auswirkung der verschiedenen Datenschutzgesetze und der steuerrechtlichen und handelsrechtlichen Vorschriften, dann geht es nicht nur - wie z.B. in dem Konzept von Angermann/Thome[1)] zum Ausdruck kommt - um Daten, für die ein gesetzlich fixiertes Schutzinteresse besteht, sondern auch um die Sicherungsmethoden, die kraft dieser Normen zu realisieren sind. Obwohl eine solche kasuistische Regelung der Sicherungsmethoden, wie in Abschnitt 2.1.3.3 gezeigt wird, nicht zweckmäßig erscheint, müssen jedoch in allen Ländern, in denen derartige Vorschriften bestehen, die Verantwortlichen für die Auswahl eines Sicherungssystems dies berücksichtigen. Es erscheint daher sinnvoll, diese Forderungen und die sonstigen "Wirkungen" der einzelnen Sicherungsmaßnahmen festzuhalten. Bezogen auf Sicherungsmaßnahmen in der Kreditorenbuchhaltung (siehe Tabelle 31), könnten z.B. zu den einzelnen Sicherungsmaßnahmen u.a. folgende Bemerkungen gemacht werden:

Sicherungsmaßnahme	Bemerkungen
(7) Abstimmsummen für Rechnungsbeträge	Wesentliche Voraussetzung für die Erfüllung der Grundbuchfunktion
(9) Begleitzettel	Einfluß auf die Erfüllung der Grundbuchfunktion

1) Vgl. Angermann, Adolf und Thome, Rainer: a.a.O., S. 22.

Während in den Modellen des MID und Lindemann/Nagel/Herrmann die Auswahl des relevanten Sicherungssystems im wesentlichen aufgrund konkreter absoluter Werte erfolgen kann, ermittelt Broermann mit Hilfe des Sicherheitsindex die Alternative, welche die größte Sicherungsverbesserung bringt. Um den Sicherheitsindex errechnen zu können, wird zunächst der Risikofaktor ermittelt, der sich (siehe Abschnitt 3.4.1.2) aus der Schadenswahrscheinlichkeit und der relativen Schadenshöhe ergibt. Für die Risiken "Wasser", "Stromausfall" und "vorsätzliche Schädigung" könnten z.B. folgende fiktive Werte gelten:

Tabelle 41: Berechnung des Risikofaktors

Risiko	Schadenswahrscheinlichkeit	Relative Schadenhöhe	Risikofaktor
Wasser	1	100	0,1
Stromausfall	10	30	0,3
Vorsätzliche Schädigung	20	10	0,2

Stellt man den Risiken Sicherungsmaßnahmen gegenüber, dann läßt sich der Sicherheitsindex errechnen, indem man den Risikofaktor mit der relativen Schutzwirksamkeit multipliziert und das Produkt durch die relativen

Kosten dividiert. Errechnet man für die wichtigsten Risiken den Sicherheitsindex, dann erhält man eine Präferenzliste (Tabelle 42), in der die lohnendsten Investitionen durch die höchsten Sicherheitsindizes erkennbar sind.

Tabelle 42: Präferenzliste der Datensicherungsmaßnahmen

Risiko	Sicherungsmethode	Relative Wirksamkeit	Relative Kosten	Risiko Faktor	Sicherheitsindex
Wasser	2. Etage oder höher	100	1	0,1	10
Stromausfall	Notstromaggregat	90	30	0,3	0,9
Vorsätzliche Schädigung	Funktionstrennung	10	1	0,2	2

Eine solche Präferenzliste gibt bestenfalls Hinweise für die Reihenfolge der zu realisierenden Sicherungsmaßnahmen. Die Grenzen dieses Lösungsansatzes liegen vor allem darin, daß eine Alternativenbildung von Maßnahmen kaum möglich ist. Da bei diesem Konzept aber auch Kenntnisse über die absoluten Werte der Risiken und Kosten vorhanden sein müssen, dürfte es zweckmäßiger sein, die Lösungsansätze des MID bzw. von Lindemann/Nagel/Herrmann zu wählen.

3.5 Versicherung als Instrument der Datensicherung

3.5.1 Überblick über die Versicherungsformen

Der Abschluß von Versicherungen ist kein Ersatz für angemessene Sicherungsmaßnahmen. Vielmehr sollte im Grundsatz davon ausgegangen werden, daß Versicherungen nur flankierende Maßnahmen innerhalb eines Datensicherungssystems sein können.

Die Versicherungswirtschaft hat für die sich aus der maschinellen Datenverarbeitung ergebenden Gefahrentatbestände verschiedene Versicherungsformen entwickelt. Diese sind, wie im folgenden gezeigt wird, in gewissem Umfang geeignet, die Restrisiken, die auch bei guten Datensicherungssystemen unvermeidlich sind, "kalkulierbar zu machen"[1]. Es ist nicht ratsam, sich nur auf konventionelle Versicherungen zu verlassen, um damit spezifische Versicherungsbedürfnisse von ADV-Organisationen zu decken. Als Beispiel sei die Datenträger-Versicherung genannt, die nicht nur - wie die konventionellen Versicherungen - die zur Wiederbeschaffung des Datenträgermaterials erforderlichen Kosten ersetzt, sondern auch die Kosten, die zur Wiederherstellung der auf den Datenträgern enthaltenen Daten anfallen. Die Notwendigkeit einer solchen ADV-spezifischen Versicherungsform ergibt sich schon dadurch, daß im allgemeinen die Kosten für Lochkarten, Magnetbänder, Magnetplatten usw. wesentlich niedriger sind als die Kosten für die Rekonstruktion der Daten. Während z.B. der Material-

---

1) Hamann, Volker: Sicherung und Versicherung von Datenverarbeitungs-Systemen. In: Praxis des Rechnungswesens, Heft 3, Gruppe 12, 1973, S. 38.

wert für ein Magnetband nicht einmal DM 50.- beträgt, können die Rekonstruktionskosten, wenn die Belege nochmals abgelocht werden müssen, eine Größenordnung von etwa DM 100.000 annehmen (130.000 Lochkarten à DM 0.80); die Kosten der Rekonstruktion einer Lochkarte werden von Versicherungsunternehmen je nach Dateninhalt mit DM 0.20 bis 0.80[1] angegeben.

Die Versicherungswirtschaft unterscheidet sachbezogene Versicherungen, Folgeschaden-Versicherungen und personenbezogene Versicherungen. Während die Sachversicherungen nur den Schaden an den versicherten Gegenständen selbst decken, wird der Schaden, der als Folge der Zerstörung, Beschädigung oder des Entzugs der Sache entsteht, von den Folgeschaden-Versicherungen gedeckt. Die personenbezogenen Versicherungen haben mit der Zunahme der innerbetrieblichen Kriminalität an Bedeutung gewonnen. Dies gilt sowohl für die Zahl und Höhe der Vertrauensschäden als auch für den Computer-Mißbrauch als neue Variante der Wirtschaftskriminalität.

Die folgenden Ausführungen über die verschiedenen Versicherungsarten für ADV-Anlagen sind im wesentlichen auf die in der Bundesrepublik Deutschland angebotenen Versicherungen zugeschnitten. Es ist jedoch festzustellen, daß in fast allen Ländern, in denen Versicherungsmöglichkeiten für Computer bestehen, ein ähnliches Angebot vorliegt. So bieten z.B. die St. Paul Insurance Companies[2] in den USA u.a. Sachversicherungen für Daten-

---

1) Vgl. auch Kohlscheen, Peter: Versicherungsschutz in der EDV. In: Öffentliche Verwaltung und Datenverarbeitung, 4. Jg., Heft 10, 1974, S. 487.

2) Vgl. Tassel, Dennie van: Computer Security Management. Englewood Cliffs, N.J., 1972, S. 114 ff.; vgl. auch Migliaccio, Guy R.: Computer Risk Insurance. In: Computer Security Handbook, hrsg. von B. Hoyt. New York und London 1973, S. 138 ff.

verarbeitungsanlagen, Sachversicherungen für Datenträger und Folgeschaden-Versicherungen an. In Österreich[1] lassen sich - ähnlich auch in der Schweiz[2] - die Versicherungsformen für ADV-Anlagen in vier Sparten einteilen:

1. Sachversicherung der ADV-Anlage und der Peripheriegeräte,
2. Versicherung der externen Datenträger und der darauf gespeicherten Daten und Programme,
3. Versicherung gegen Mehrkosten bei Ausfall der ADV-Anlage,
4. Versicherung gegen Computer-Kriminalität und Datenmißbrauch.

3.5.2 Sachversicherungen

Zu den üblichen betrieblichen Sachversicherungen (siehe Tabelle 43) zählen die Feuerversicherung, die Einbruchdiebstahl- und Leitungswasserversicherung. Diese werden im folgenden sowohl unter dem Aspekt des Versicherungsschutzes für Datenverarbeitungsanlagen als auch dem für Datenträger analysiert.

Bei der F e u e r v e r s i c h e r u n g ist es üblich, die Versicherungssummen anhand der Gruppenerläuterungen (Positionen) in den Urkunden zu deklarieren. Datenverarbeitungsanlagen zählen gemäß Position/Gruppe 2 zur technischen und kaufmännischen Betriebseinrich-

---

1) O.V.: Versicherungs-Studie für EDV-Anlagen. In: Die Computer-Zeitung, Heft 6, 1974, S. 6.
2) Vgl. Kunz, Edwin: Versicherungsmöglichkeiten in der EDV. In: Output, 4. Jg., Heft 3, 1975, S. 14 ff.

Tabelle 43: Überblick über den sachbezogenen Versicherungsschutz beim Einsatz von ADV-Anlagen

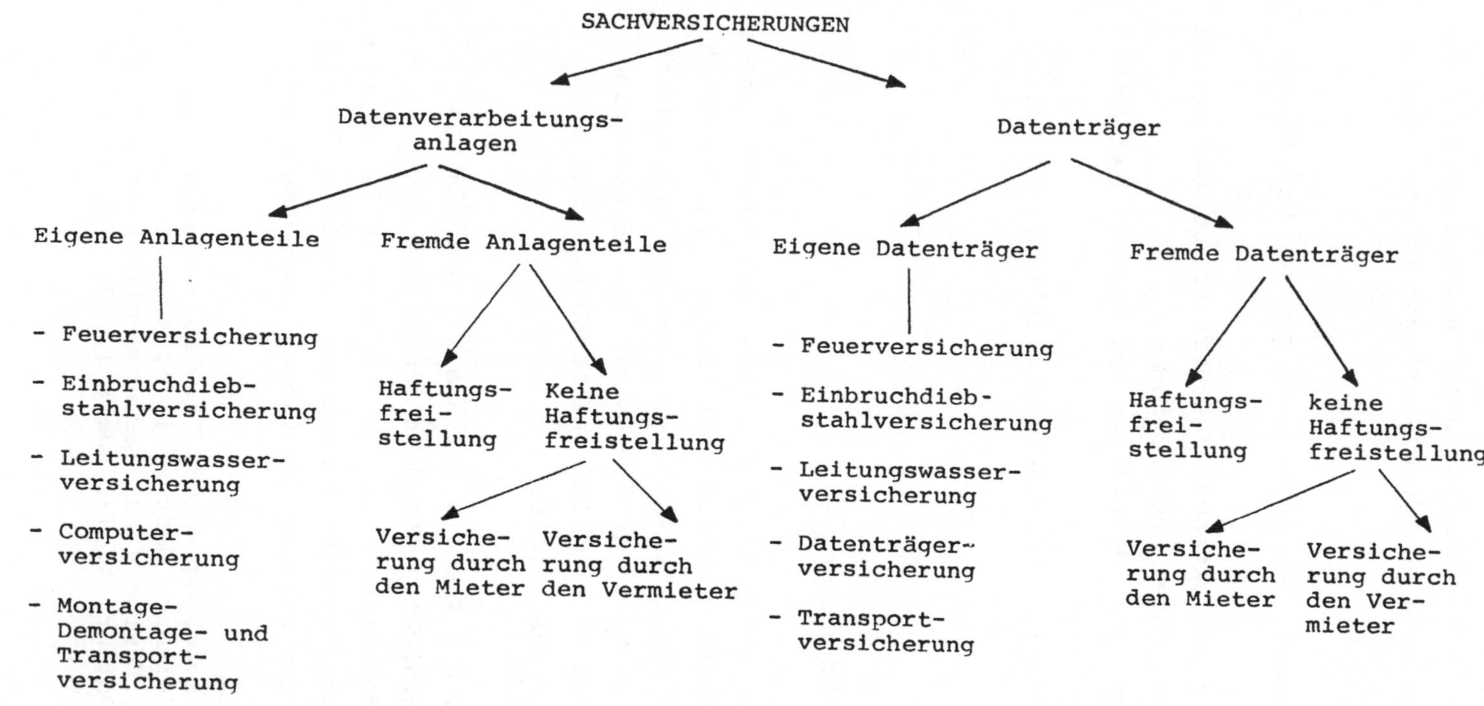

tung. Im allgemeinen wird für diese Gruppe die Neuwertversicherung empfohlen, d.h. eine ausreichende Versicherungssumme ist dann gegeben, wenn die Wiederbeschaffungspreise einschließlich der Transport- und Montagekosten berücksichtigt werden. Ist der Wert der eigenen Datenverarbeitungsanlage bei der Bemessung der Versicherungssumme richtig angesetzt, der Wert der übrigen Einrichtung jedoch nicht ausreichend erfaßt, dann wirkt sich die dadurch gegebene Unterversicherung auch auf die eigene Datenverarbeitungsanlage aus, weil die gesamte technische und kaufmännische Betriebseinrichtung summarisch versichert ist[1)].

Bei gemieteten Datenverarbeitungsanlagen stellen im allgemeinen die Herstellerfirmen den Mieter von der Haftung für alle versicherbaren Schäden, also auch für Feuerschäden frei. So lauten z.B. die entsprechenden Bedingungen der Mietverträge bei der IBM Deutschland[2)] und bei der Siemens AG[3)] wie folgt:

"Die IBM stellt den Mieter, soweit gesetzlich zulässig, von der Haftung für Verlust oder Beschädigung der Maschinen frei, mit Ausnahme des Verlustes oder der Beschädigung durch Kernreaktion, radioaktive Strahlung oder durch radioaktive Verseuchung, soweit der Mieter diese Ursachen gesetzlich vertreten muß".
"Ansprüche von SIEMENS gegen den Mieter wegen Beschädigung, Zerstörung oder Verlust der Geräte sind ausgeschlossen, gleich durch welche Umstände die Schäden verursacht sind; der Mieter haftet jedoch, soweit Schäden durch die von ihm gesetzlich zu vertretende Wirkung eines Kernspaltungsvorganges oder einer radioaktiven Strahlung verursacht sind".

Bei der Haftungsfreistellung erübrigt sich somit eine Versicherung durch den Mieter. Da aber bei den üblichen betrieblichen Sachversicherungen das fremde Eigentum

---

1) Vgl. Jörger, Günther: Versicherungsschutz beim Einsatz von EDV-Anlagen. In: Die Wirtschaftsprüfung, 27. Jg., Heft 10, 1974, S. 264.
2) IBM Deutschland GmbH: Mietvertrag, IBM-Form 30501-5.
3) Siemens AG: Mietvertrag, ZVZ 5711 Mietvertr. VD 2500 3.73 1099.

regelmäßig pauschal mitversichert ist ("Fremdversicherungsklausel"), muß dem Feuerversicherer der Ausschluß der fremden Datenverarbeitungsanlage von der Feuerversicherung mitgeteilt werden. Dadurch kann man der Gefahr, daß der Versicherer in einem Schadenfall Unterversicherung geltend macht, entgehen[1].

Bei der Einbruchdiebstahl- und Leitungswasserversicherung muß bei eigenen Datenverarbeitungsanlagen zunächst geklärt werden, ob diese unter die pauschale Deckung fallen. Wenn "die technische und kaufmännische Betriebseinrichtung" versichert ist, dann sind Datenverarbeitungsanlagen mitversichert, weil sie zur kaufmännischen Betriebseinrichtung gehören. Wie bei der Feuerversicherung ist auch hier die Gefahr der Unterversicherung zu beachten. Bei gemieteten, geleasten oder sonstwie überlassenen Anlagen bzw. -teilen ist zu prüfen, welche Haftungsvereinbarungen mit dem Eigentümer getroffen sind. Bei Haftungsfreistellung ist eine Versicherung durch die Mieter nicht erforderlich. Sorgt der Vermieter für den Versicherungsschutz, so sollte sich der Mieter über den Umfang des Versicherungsschutzes genauestens informieren, damit er diesen notfalls durch Abschluß einer zusätzlichen Versicherung ergänzen kann[2].

---

1) Vgl. Müller, Wolfgang: Schadensverhütung und Versicherung für Datenverarbeitungsanlagen, Datenträger und Programmierungsunterlagen. In: IBM-Nachrichten, 19. Jg., Heft 195, 1969, S. 711 f.

2) Vgl. Jörger, Günther: a.a.O., S. 264 ff.

Die C o m p u t e r - V e r s i c h e r u n g[1] (Sachversicherung für ADV-Anlagen) ist eine modernisierte Form der traditionellen Schwachstromversicherung, die ursprünglich nur für Telefonanlagen vorgesehen war. Die wesentlichste Abweichung der Computer-Versicherung von der Schwachstromversicherung liegt in der generellen Haftung bei Zerstörung, Beschädigung durch ein plötzlich auftretendes Ereignis höherer Gewalt, Sabotage und Entwendung. Obwohl die Zusatzbedingungen einen Katalog beispielhafter Aufzählungen von Schadensursachen enthalten, hat dieser infolge der Generalklausel nur eine informatorische Bedeutung. Nach Ziff. 1.1 der Zusatzbedingungen[2] erstreckt sich der Versicherungsschutz auf Schäden, die entstehen durch "Fahrlässigkeit, unsachgemäße Handhabung, Vorsatz Dritter, Kurzschluß, Überspannung, Induktion, Brand, Blitzschlag, Explosion, Implosion einschließlich Löschen, Niederreißen, Ausräumen und Abhandenkommen, Wasser, Feuchtigkeit, Überschwemmung, Einbruchdiebstahl, Diebstahl, Beraubung, Plünderung, Sabotage, Material- und Konstruktionsfehler, Störung oder Ausfall der Klima- oder Stromversorgungs-Anlage".

---

1) Vgl. hierzu u.a. Renz, Helmut und Weiß, Edwin: Versicherungsschutz bei Verwendung von elektronischen Datenverarbeitungsanlagen. In: Handbuch der maschinellen Datenverarbeitung, Lieferung 29, September 1969, 13/6, S. 1 f.; o.V.: Datensicherung mit kalkuliertem Risiko. In: Diebold Management Report, August 1971, S. 6; Hammerstein, A. W. von: Die Versicherung von Datenverarbeitungsanlagen. In: Der Betrieb, 24. Jg., Heft 9, 1971, S. 3 f.

2) Vgl. Versicherungs-Aktiengesellschaft für Technische Anlagen (TELA): Zusatzbedingungen für die Sachversicherung, Mehrkostenversicherung und Datenträgerversicherung von elektronischen Datenverarbeitungsanlagen. Nr. 40c, S. 72.

Ausgeschlossen vom Versicherungsschutz sind Schäden, die entstehen bzw. verursacht werden durch Kriegsereignisse, innere Unruhen, Erdbeben, Atomenergie, Vorsatz des Versicherungsnehmers oder des Versicherten, Abnutzung und die durch die Eigenart des Betriebes verursachte Einwirkung von Wasser- und Säuredämpfen.

Versichert wird der jeweils gültige Listenpreis zuzüglich der jeweiligen Kosten für Verpackung, Fracht und Montage (Versicherungswert). Die Einbeziehung der erhöhten Nebenkosten für Eilfracht-, Überstunden- und Feiertagszuschläge ist möglich. Die Ersatzleistung im Teil- als auch im Totalschadenfall sieht im allgemeinen die Zahlung der vollen Kosten, die zur Wiederherstellung des ADV-Systems notwendig sind, vor. Es ist keine Selbstbeteiligung erforderlich, und für die ersetzten Geräte oder Teile wird kein Abzug "Neu für Alt" vorgenommen. Ist jedoch im Falle des Totalschadens der Zeitwert der versicherten Sache niedriger als 40 v. H. des Versicherungswertes, dann ersetzt der Versicherer nur den Zeitwert. Die Errechnung der Prämien wird individuell durchgeführt, wobei insbesondere die Angaben zum Risiko und die bereits vorhandenen Sicherungen, die in Form von Fragebögen erfaßt werden (siehe Abschnitt 3.5.5), wesentlich sind.

Da die Computer-Versicherung durch ihren umfassenden Schutz auch Risiken abdeckt, die beispielsweise im Rahmen der Feuerversicherung, Einbruchdiebstahl-Versicherung oder Leitungswasser-Versicherung gedeckt sind, ist es zweckmäßig, die Datenverarbeitungsanlage von den üblichen betrieblichen Sachversicherungen ausdrücklich auszuschließen. Ein Abschluß der Sachversicherung für ADV-Anlagen kommt im allgemeinen nur für die Käufer von

Computern in Frage, da meist mit dem Abschluß eines Computer-Mietvertrages bzw. -Leasing-Vertrages über den Hersteller eine Computer-Versicherung verbunden wird[1].

Durch die Montage-, Demontage- und Transport-Versicherung wird den Unternehmen und Verwaltungseinheiten eine durchgehende lückenlose Abdeckung des Risikos geboten. Ist eine Computer-Versicherung abgeschlossen, dann erübrigt sich der Abschluß einer Montage- und Demontage-Versicherung, da der Versicherungsschutz so lange besteht, wie sich das Versicherungsobjekt am Versicherungsort befindet. Es ist jedoch bei der Computer-Versicherung auf einen rechtzeitigen Abschluß und eine nicht zu frühe Aufhebung des Vertrages zu achten. Hat die Unternehmung bzw. Verwaltungseinheit keine Computer-Versicherung, dann sollte in Einzelfällen der Abschluß einer Montage- und Demontage-Versicherung erwogen werden. Diese dürfte insbesondere dann in Frage kommen, wenn das Risiko der Montage und/oder Demontage nicht von einem Dritten (z.B. Verkäufer der Anlagenteile) getragen wird. Ob eine Transportversicherung abgeschlossen werden sollte hängt ebenfalls davon ab, von wem das Risiko während des Transportes getragen wird[2].

Datenträger können, wie Datenverarbeitungsunterlagen, mit der üblichen Betriebs-Feuerversicherung versichert werden. Am 18. 5. 1973 wurden die

1) Vgl. Hamann, Volker: Die Sparten der kommerziellen Versicherung im ADV-Bereich. In: Arbeitsunterlagen zum Fachseminar "Datensicherung in ADV-Systemen", veranstaltet vom Betriebswirtschaftlichen Institut für Organisation und Automation an der Universität zu Köln (BIFOA), 28./29. 3. 1974, S. 5.

2) Vgl. Jörger, Günther: a.a.O., S. 265.

Gruppenerläuterungen[1] u.a. auch hinsichtlich der Versicherung der Datenträger geändert. Während nach der alten Gruppenerläuterung Datenträger zur technischen und kaufmännischen Betriebseinrichtung gemäß Position 2 zählten (wenn sie nicht unter Pos. 8 auf Erste Gefahr versichert waren), sind Datenträger nach der neuen Gruppenerläuterung nur noch versichert, wenn eine Versicherungssumme unter der Position 8b (Akten, Pläne, Karteien usw.) fixiert ist. Sie müssen also auf Erste Gefahr versichert werden, d.h. über den festen Betrag hinaus findet keine Entschädigung statt. Die alte Gruppenerläuterung, die für die meisten Betriebs-Feuerversicherungen noch maßgebend ist , darf nicht ohne weiteres durch die neue ersetzt werden[2].

Der Abschluß einer Feuerversicherung kommt im allgemeinen nur für gekaufte Datenträger in Frage, da gemietete Datenträger in der Freistellungserklärung der Herstellerfirmen von ADV-Anlagen enthalten sind. Sie können, wie die freigestellten Datenverarbeitungsanlagen, aus der Feuerversicherung ausgeklammert werden.

Der Einschluß von Datenträgern in die Einbruchdiebstahl- und Leitungswasserversicherung ist ebenfalls möglich. Die sogenannte Pauschaldeklaration sieht die "Wiederherstellung von Akten, Plänen, Geschäftsbüchern, Karteien und dgl. sowie von Lochkarten, Magnetbändern, Magnetplatten und sonstigen Datenträgern" vor, wobei als Entschädigungsgrenze 10% der Gesamtversicherungssumme, höchstens 10.000 DM (auf Erstes Risiko), vorgesehen sind. Diese Grenze läßt sich jedoch gegen Beitragszuschlag erhöhen.

---

1) Vgl. Verband der Sachversicherer e.V. (VdS): Rundschreiben F2071.

2) Vgl. Verband der Sachversicherer e.V. (VdS): Rundschreiben F2092 vom 24. 8. 1973.

Im Rahmen der D a t e n t r ä g e r v e r s i c h e r u n g werden die Kosten ersetzt, die für die Wiederbeschaffung des Datenträgermaterials und die Wiederherstellung der auf ihnen enthaltenen Daten entstehen. Diese Versicherung spricht dabei nur die externen Datenträger an. Die Risiken bei internen Datenträgern (wie z.B. Magnetkernspeicher), die zur Datenverarbeitungsanlage selbst zählen, sind im Rahmen der Sachversicherungen für Datenverarbeitungsanlagen abzudecken. Da die Kosten, die im Schadenfall entstehen, sehr stark vom Stand des Sicherungssystems (insbesondere von den Rekonstruktionsmöglichkeiten) abhängen und somit von vornherein nicht genau festzulegen sind, entschloß sich der Versicherer zu einer Versicherung auf Erstes Risiko. Er leistet bis zur Höhe der vereinbarten Versicherungssumme vollen Schadensersatz. Der Versicherungsnehmer sollte jedoch beachten, daß geleistete Schadenzahlungen die Gesamtversicherung für das laufende Versicherungsjahr vermindern. Es ist daher angebracht, nach jedem Schadensfall die Versicherungssumme um die Höhe der Schadensleistung wieder aufzustocken. Zusätzlich zu den Ausschlüssen der Computer-Versicherung sind nicht ersatzpflichtig die Kosten, die entstehen durch falsches Programmieren, Lochen, Einlegen, Beschriften, versehentliches Löschen oder Wegwerfen sowie Informationsverlust durch Magnetfelder.

Ist die Wiederherstellung der auf den Datenträgern enthaltenen Daten nicht notwendig oder erfolgt diese nicht innerhalb eines Jahres nach Eintritt des Schadens, so erhält man nur die Wiederbeschaffungskosten für das Datenträgermaterial ersetzt. Da diese Frist im Falle eines Großschadens nicht ausreichend sein kann, empfiehlt es sich, sie - in Anlehnung an die Feuerversicherung - auf zwei Jahre auszudehnen. Der Versicherungsnehmer hat einen Selbstbehalt zu tragen, der im allgemeinen 5% der Entschädigung, aber mindestens DM 1.000.-, beträgt. Es besteht die Möglichkeit, den Selbstbehalt gegen Beitragsnachlaß zu erhöhen. Die Kosten einer Datenträgerversicherung liegen bei einer Versicherungssumme von 1 Million DM bei ca DM 5.000.- pro Jahr[1], wenn man im Rahmen der Versicherungsprämien von 3,5 v. T. bis 7 v. T. einen mittleren Wert von 5 v. T. ansetzt. Bei der Ermittlung der Versicherungssumme läßt sich der physische Wert des externen Datenträgermaterials relativ einfach ermitteln. Die Bestimmung der Rekonstruktionskosten ist dagegen wesentlich schwieriger. Der Versicherungsnehmer muß hier zunächst den Rekonstruktionsweg bestimmen, da die Kosten, die im Schadenfall entstehen, je nach der Rekonstruktionsmöglichkeit sehr unterschiedlich sind. Der Rekonstruktionsweg ist im allgemeinen in das Ermessen des Versicherungsnehmers gestellt.

Da die Datenträgerversicherung nur so lange Versicherungsschutz bietet, wie sich die Datenträger am Versicherungsort befinden, muß die Frage des Versicherungsschutzes für Datenträger auf dem Transport geklärt werden. Dies ist insbesondere bei der Auslagerung von Datenbeständen zu beachten. Ein vollständiger Versicherungsschutz könnte in solchen Fällen über eine besondere Transportversicherung erreicht werden.

---

1) Vgl. o.V.: Datensicherung mit kalkuliertem Risiko, a.a.O., S. 7; Kohlscheen, Peter: Versicherungsschutz in der EDV, a.a.O., S. 487.

3.5.3 Folgeschadenversicherungen

Unterbrechungsschäden, die als Folge einer Beschädigung oder Vernichtung der Datenverarbeitungsanlage selbst entstehen, werden durch die Feuer-Betriebs-unterbrechungs-Versicherung (FBU-Versicherung) abgedeckt. Dabei ist es unerheblich, ob für die Anlage eine Sachversicherung abgeschlossen ist. Da der Versicherungsnehmer zur Schadensminderung verpflichtet ist, muß er - wenn die Möglichkeit besteht - auf eine fremde Anlage ausweichen. In diesem Fall hat der Versicherer dem Versicherungsnehmer die entstehenden Kosten als sogenannte Schadensminderungskosten zu ersetzen. Versicherungsschutz für Betriebsstörungen oder -unterbrechungen, die als Folge einer Beschädigung, Vernichtung oder des Entzugs von Datenträgern und Programmierungsunterlagen entstehen, wird von der FBU-Versicherung nicht geboten. Dies geht aus § 2 Absatz 4 der FBU-Versicherung hervor, wonach Schäden, soweit sie darin bestehen, daß Bargeld, Wertpapiere, Urkunden, Pläne, Zeichnungen, Lochkarten, Magnetbänder und sonstige Datenträger, Geschäftsbücher oder Schriften aller Art zerstört oder beschädigt werden oder abhanden kommen, nicht als Sachschäden gelten. Während jedoch für Urkunden, Pläne, Zeichnungen, Geschäftsbücher oder Schriften aller Art dieser Ausschluß in gewissem Umfang aufgehoben werden kann[1], ist dies für Lochkarten, Magnetbänder und sonstige Datenträger nicht möglich.

Während die FBU-Versicherung nur die Folgen von Sachschäden aus Brand, Blitzschlag, Explosion und Anprall oder Absturz eines bemannten Flugkörpers, seiner Teile

---

1) Durch die FBU-Klausel 9.13

oder seiner Ladung umfaßt, gelten in der M e h r - k o s t e n v e r s i c h e r u n g als Sachschäden die Ereignisse, die auch für die Computer-Versicherung und Datenträgerversicherung gelten. Hierzu zählen insbesondere[1])

- Fahrlässigkeit, unsachgemäße Handhabung, Vorsatz Dritter;
- Kurzschluß, Überspannung, Induktion;
- Brand, Blitzschlag, Explosion, Implosion einschließlich Löschen, Niederreißen, Ausräumen und Abhandenkommen;
- Wasser, Feuchtigkeit, Überschwemmung;
- Einbruchdiebstahl, Diebstahl, Beraubung, Plünderung, Sabotage;
- Material und Konstruktionsfehler;
- Störung oder Ausfall der Klima- oder Stromversorgungsanlage.

Die Mehrkostenversicherung kann im allgemeinen nur dann abgeschlossen werden, wenn für die gleiche Anlage eine Computer-Versicherung besteht. Ein separater Abschluß ist lediglich dann möglich, wenn der Mieter von der Haftung für Schäden an der Anlage vom Vermieter voll freigestellt ist und daher eine Sachversicherung nicht notwendig ist. Bei Ausfall der ADV-Anlage übernimmt die Versicherung diejenigen Aufwendungen, die dem Versicherungsnehmer durch die Benutzung des Ausweichsystems zusätzlich entstehen. Hierzu zählen insbesondere

---

1) Vgl. Versicherungs-Aktiengesellschaft für Technische Anlagen (TELA): Klausel 25-Zusatzbedingungen für die Sachversicherung, Mehrkostenversicherung und Datenträgerversicherung von elektronischen Datenverarbeitungsanlagen. Form-Nr. 40c 4000, München 1974.

- Miet- bzw. Benutzungsgebühren,
- Transportkosten für Datenträger und
- Mehraufwendungen für Personalkosten.

Bei Beginn der Versicherung vereinbaren Versicherer und Versicherungsnehmer eine Tageshöchstentschädigung, die den Mehraufwand für alle mit der Benutzung der Fremdanlage zusammenhängenden Kosten abdecken soll. Die Versicherungssumme errechnet sich im wesentlichen aus der Multiplikation der Tageshöchstentschädigung mit der Anzahl der in die Haftzeit fallenden Tage. Als Haftzeit können Zeiträume zwischen einem und zwölf Monaten vereinbart werden. Neben der Tageshöchstentschädigung und der Haftzeit ist für die Errechnung des Grundprämiensatzes auch der zeitliche Selbstbehalt ausschlaggebend. Dieser muß mindestens zwei Tagesentschädigungen betragen und liegt normalerweise nicht höher als fünf Tagesentschädigungen.

3.5.4 Personenbezogene Versicherungen

In Deutschland wurde die Vertrauensschadenversicherung zum erstenmal 1896 aufgenommen. Während sie in England und Amerika eine sehr große Bedeutung erlangt hat, ist das geschätzte Prämienaufkommen für die Vertrauensschadenversicherung in der Bundesrepublik Deutschland relativ niedrig[1]. Dieser

---

1) Die Gründe für die sehr unterschiedliche Entwicklung dieses Versicherungszweiges in Deutschland und den Vereinigten Staaten werden aufgezeigt in: Post, Kurt und Post, Manfred: Die Unterschlagung im Betrieb und ihre Bekämpfung unter Berücksichtigung der elektronischen Datenverarbeitung. 3. Aufl., Köln 1971, S. 102 f.

Versicherungszweig schützt das Unternehmen in erster Linie gegen solche Vermögenschäden, die ihr durch vorsätzliche unerlaubte Handlungen von Arbeitnehmern entstehen. Als "klassischer" Versicherungsfall der Vertrauensschadenversicherung (VSV) wird die Unterschlagung im Betrieb genannt. Durch ausdrückliche Vereinbarung kann der Versicherungsschutz auch ausgedehnt werden auf Schäden aus fahrlässigen Handlungen sowie auf den ohne Verschulden entstehenden Schaden, der auf Raub, Erpressung, Diebstahl und schuldloses Verlieren anvertrauter Werte zurückzuführen ist. Sind in den Vertrag Vorsatz, Fahrlässigkeit und "Ohne Verschulden" einbezogen, spricht man von "VFO"-Versicherung.

Der Versicherungsvertrag kann in einer Vielzahl von Formen abgeschlossen werden, die sich auf zwei Haupttypen zurückführen lassen: Versicherung mit Namensnennung und Versicherung ohne Namensnennung. Bei der Versicherung mit Namensnennung ist der Versicherer für die personelle Prüfung der in den Vertrag einzubeziehenden Mitarbeiter zuständig. Die Prüfung über die Vertrauenswürdigkeit der zu versichernden Mitarbeiter sieht u.a. genaue Angaben zur Person sowie die Nennung der Arbeitgeber in den letzten 10 bis 15 Jahren vor. Bei der Versicherung ohne Namensnennung ist im allgemeinen das Unternehmen für die Auswahl der Vertrauensperson zuständig. Bei diesem Versicherungstyp gibt es zwei Unterformen: die Postenversicherung und die Pauschalversicherung. Die Postenversicherung schließt diejenigen Mitarbeiter ein, die zum Zeitpunkt des Schadenfalles die im Versicherungsvertrag aufgeführten Funktionen, (z.B. Kassierer, Buchhalter) innehatten. Bei der Pauschalversicherung werden meist ganze Unternehmensbereiche versichert (z.B. alle Mitarbeiter des Rechnungswesens). Sie ist die in Deutschland vorherrschende Form der Vertrauenschadenversicherung.

Die Pauschalversicherungssummen liegen meistens zwischen DM 50.000 und DM 200.000; der Höchstwert ist auf DM 500.000 fixiert. Die Prämiensätze werden von der Versicherungssumme, der Zahl der einbezogenen Vertrauenspersonen und einem eventuellen Einschluß von Fahrlässigkeit und Ohne-Verschulden in den Versicherungsschutz bestimmt. Mit der Vertrauensschadenversicherung werden im Grundsatz auch die Schäden gedeckt, die von den in die Versicherung einbezogenen Vertrauenspersonen mit Hilfe von Datenverarbeitungsanlagen oder gegen Datenverarbeitungsanlagen, Datenträger und die Datenverarbeitung selbst begangen werden. Ein wirksamer Schutz für größere ADV-Organisationen wird jedoch dieser Versicherung aus verschiedenen Gründen abgesprochen[1]:

- die übliche personelle Begrenzung auf Mitarbeiter aus dem kaufmännischen Innendienst läßt die Gefahr der Beschädigung, Zerstörung oder das Beiseiteschaffen von Datenverarbeitungsanlagen, Programmen und Datenträgern durch andere Mitarbeiter offen;

- die Versicherungssummen sind für größere ADV-Anwender unzureichend;

- das Bedingungswerk der Vertrauensschaden-Versicherung ist hinsichtlich der Risiken und Schäden bei ADV-Organisationen zu allgemein gefaßt.

---

1) Vgl. hierzu Schmütz, Horst: Zum Thema Computer-Mißbrauch-Versicherung. In: Die Computer-Zeitung vom 8. 9. 1971, S. 6.; Hamann, Volker: Die Sparten der kommerziellen Versicherung im ADV-Bereich, a.a.O., S. 8 f.

Im Jahre 1971 wurde von einer Hamburger Kreditversicherung die sog. Computer-Mißbrauch-Versicherung vorgestellt. Die Zielsetzungen des Versicherers mit dieser Versicherung waren[1]:

- die spezifischen Vertrauensschäden bei ADV-Organisationen zu erfassen,
- alle Mitarbeiter des Unternehmens - und nach Sondervereinbarung auch bestimmte externe Personen - in den Versicherungsschutz einzubeziehen,
- den Deckungsumfang bei ADV-Organisationen eindeutig zu fixieren und
- die Versicherungssummen (zunächst DM 500.000.- bis DM 3.000.000.-) den Schadenserfahrungen nach ausreichend hoch zu bemessen.

Die Computer-Mißbrauch-Versicherung ersetzt Vermögensschäden, die dem Unternehmer von Mitarbeitern zugefügt werden durch[2]

(§ 1, Ziffer 1)
- Löschen von Daten, Beschädigen, Zerstören oder Beiseiteschaffen von Datenträgern oder Programmen, Datenverarbeitungsanlagen oder Teilen davon;

(§ 1, Ziffer 2)
- ungerechtfertigte Bereicherung an Vermögenswerten des Versicherungsnehmers mit Hilfe von Programm-

---

1) Vgl. Hamann, Volker: Sicherung und Versicherung von Datenverarbeitungs-Systemen, a.a.O., S. 43.
2) Vgl. HERMES-Kreditversicherungs-AG: Allgemeine Bedingungen der Computer-Mißbrauch-Versicherung. CMV 1f - 02 73 5, S. 1.

Manipulationen oder Unterdrückung, Veränderung oder Einschieben von Datenträgern.

Die beiden Voraussetzungen für eine Entschädigungsleistung sind:
1. Die Tat muß vorsätzlich[1] geschehen sein und
2. der Name der Vertrauensperson muß feststehen[2].

Im Falle der vorsätzlichen Schädigung des Versicherungsnehmers nach Ziffer 1 werden dem Versicherungsnehmer die zur Wiederherstellung der Dateien, der Datenträger, der Programme oder der Datenverarbeitungsanlage erforderlichen Kosten ersetzt. Bei den Bereicherungsdelikten nach Ziffer 2 ersetzt der Versicherer den rechtswidrig erlangten Geldbetrag oder Vermögenswert. Da als Vermögensschäden nur alle unmittelbaren materiellen Einbußen des Versicherungsnehmers gelten, sind vom Versicherungsschutz alle mittelbaren oder Folgeschäden ausgeschlossen (z.B. entgangener Gewinn). Vertrauenspersonen sind in der Computer-Mißbrauch-Versicherung sämtliche Mitarbeiter des Versicherungsnehmers, mit denen zum Zeitpunkt des Versicherungsfalls ein Arbeitsvertrag besteht.

Insgesamt betrachtet werden von der Computer-Mißbrauch-Versicherung wesentliche Risiken, die die Sachversicherungen nicht abdecken, übernommen. Es werden bei-

---

1) Zu den vorsätzlich unerlaubten Handlungen zählen nicht nur Straftaten wie Betrug, Diebstahl und vorsätzliche Sachbeschädigung, sondern auch alle sonstigen Verstöße gegen die durch Deliktregeln des BGB geschützten Rechte.
2) Nach Ansicht der Versicherer hat die Erfahrung gezeigt, daß in den meisten Fällen eine eindeutige Feststellung des Täters möglich ist. Vgl. Hamann, Volker: Die Sparten der kommerziellen Versicherung im ADV-Bereich, a.a.O., S. 12.

spielsweise gegenüber der Datenträgerversicherung u.a. auch Schäden, die z.B. durch falsches Lochen entstehen, ersetzt. Ebenso sind Datenträgertransporte durch Mitarbeiter automatisch gedeckt. Die Computer-Mißbrauch-Versicherung kennt gegenüber den Sachversicherungen keinen Selbstbehalt, keinen Einwand der Unterversicherung und keinen Ausschluß der "Repräsentanten". Da aber die Computer-Mißbrauch-Versicherung sich als spezifische ADV-Versicherung bei der Datenträgermanipulation nur auf die Datenträger der ADV bezieht, empfiehlt sich u.U. für den Bereich der manuellen Be- und Verarbeitung von Belegen der ergänzende Abschluß einer Vertrauensschadenversicherung[1].

Die Versicherungssumme bewegt sich im allgemeinen zwischen DM 500.000 und DM 3.000.000[2]. Sie vermindert sich mit der Deckung eines Versicherungsfalles für alle weiteren Schäden um den Betrag der Entschädigung. Mit Beginn der nächsten Versicherungsperiode ist sie für danach verursachte Schäden wieder in der ursprünglichen Höhe verfügbar.

---

1) Eine Abgrenzung der Computer-Mißbrauch-Versicherung zu den verschiedenen Formen der Sachversicherung findet sich u.a. bei Kethers, Friedhelm: Computer-Mißbrauch-Versicherung - eine neue Versicherungsart? In: Die Computer-Zeitung vom 14. 7. 1971, S. 10; Schmütz, Horst: a.a.O., S. 6; Hamann, Volker: Die Sparten der kommerziellen Versicherung im ADV-Bereich, a.a.O., S. 11 f.; Hamann, Volker: Versicherungsschutz gegen Computerkriminalität in der öffentlichen Verwaltung. In: Öffentliche Verwaltung und Datenverarbeitung, 2. Jg., Heft 7, 1972, S. 284 f.

2) Vgl. Steguweit, Hans-Dieter: Computermißbrauch-Versicherung. In: Datenverarbeitung in Steuer, Wirtschaft und Recht, 3. Jg., Heft 6, 1974, S. 170 f.

Die Höhe der Prämien in der Computer-Mißbrauch-Versicherung richtet sich im wesentlichen nach

- der Versicherungssumme,

- der Zahl und Zusammensetzung der Belegschaftsmitglieder (insbesondere des ADV-Personals),

- der Art, Größe und Zusammensetzung der ADV-Anlage einschließlich der Peripherie[1],

- den von der ADV bearbeiteten Sachgebieten und

- dem Stand der Datensicherungsmaßnahmen.

Tabelle 44 enthält drei Prämienbeispiele[2]. Bei der Beurteilung der Höhe der Prämien ist immer davon auszugehen, daß sich die Computer-Mißbrauch-Versicherung auf das gesamte Vermögen des Unternehmens bezieht. Der im Rahmen dieser Ausarbeitung wesentliche Aspekt des Einflusses der Datensicherungsmaßnahmen auf die Prämienberechnung wird u.a. auch für die Computer-Mißbrauch-Versicherung im folgenden Abschnitt behandelt.

---

1) Um Benutzer gekaufter und gemieteter Anlagen gleich zu behandeln, setzt man als Kaufpreis 60 Monatsmieten an, d.h. die Jahresmiete beträgt ein Fünftel des Kaufpreises. Vgl. Steguweit, Hans-Dieter: Computermißbrauch-Versicherung. In: Bürotechnik, 23. Jg., Heft 1, 1975, S. 51.

2) In der Literatur finden sich weitere Beispiele bei Hamann, Volker: Die Sparten der kommerziellen Versicherung im ADV-Bereich, a.a.O., S. 15; Steguweit, Hans-Dieter: Computermißbrauch-Versicherung. In: Computer-Praxis, Heft 9, 1974, S. 264.

Tabelle 44: Prämien in der Computer-Mißbrauch-Versicherung

Prämienbeispiele	Nr. 1	Nr. 2	Nr. 3
Art des Unternehmens	Versicherungsgesellschaft	Metallindustrie	Dienstleistungsunternehmen der Datenverarbeitung
Personalstruktur Gesamt:	1 000	4 000	25
ADV:	50	32	
davon nur Erfassung:	17	13	
Eingesetzte Anlage	Siemens 4004/1 mit 256 K-Bytes	IBM 370/145 mit 1024 K-Bytes 2 Terminals mit Eingabemöglichkeit	IBM 370/135 mit 384 K-Bytes
Stand der Organisation	gut	mittelmäßig	gut
Stand der Sicherungsmaßnahmen	im wesentlichen ausreichend	im wesentlichen ausreichend	im wesentlichen ausreichend
Versicherungssumme	500.000 DM	3.000.000 DM	1.000.000 DM
Jahresprämie	6.400 DM	21.675 DM	9.729 DM

3.5.5 Der Einfluß des Sicherungssystems auf die Prämienberechnung

Bei den spezifischen ADV-Versicherungen gibt es keine detaillierten allgemein gültigen Tarifierungsunterlagen, aus denen hervorgeht, welche Zuschläge bzw. Nachlässe bei Vorliegen der einzelnen Risikogegebenheiten zu gewähren sind. Gewisse Anhaltspunkte können den Fragebögen für die "Versicherung von elektronischen Datenverarbeitungsanlagen"[1] und "Computer-Mißbrauch-Versicherung"[2] entnommen werden. Da aber sonst in der Literatur so gut wie keine Aussagen über den Einfluß des Sicherungssystems auf die Prämienrechnung zu finden sind, konnten zusätzliche Informationen nur durch Rückfrage bei den Versicherern beschafft werden.

Im folgenden werden die wesentlichen Tatbestände und Risikofaktoren in einer ADV-Organisation unter dem Aspekt der Prämienberechnung für die Computer-, Datenträger und Computer-Mißbrauch-Versicherung behandelt, wobei die genannten Fragebögen zugrundegelegt werden. Die Ausführungen zu den einzelnen Fragen dürfen jedoch nicht isoliert betrachtet werden. Für den Versicherer ist es im allgemeinen sehr wesentlich, die Interdependenzen der einzelnen Fragen mit den jeweiligen Risikomerkmalen zu analysieren. Eine solche Analyse wird zeigen, ob in die Prämienberechnung zusätzliche Zu- oder Abschläge aufzunehmen sind.

---

1) Vgl. Versicherungs-Aktiengesellschaft für Technische Anlagen (TELA): Fragebogen für die Versicherung von elektronischen Datenverarbeitungsanlagen (EDV-Anlagen), Sachversicherung (Ziff. 2), Mehrkostenversicherung (Ziff. 3), Datenträgerversicherung (Ziff. 4). Nr. 66 3000, 7.70.
2) Vgl. HERMES Kreditversicherungs-AG: Fragebogen zur Computer-Mißbrauch-Versicherung. CMV 19 772 10.

Die Beantwortung der folgenden Fragen[1] hat insbesondere Einfluß auf die Prämienberechnung für die Computer-Versicherung.

- "Was steht im Mietvertrag über Ihre Haftung bei Beschädigung der EDV-Anlage?"

Sind von seiten des Herstellers oder Vermieters gewisse Bestimmungen über die Haftung festgelegt, dann haben diese für die Festsetzung des Versicherungsschutzes große Bedeutung. In der Regel handelt es sich hier für den Versicherer um erforderliche Risikoausschlüsse, da der Mieter nur für einen Teil der Schäden haften muß. Je nach Umfang des einzuschränkenden Versicherungsschutzes wird der Prämienrabatt gebildet. Haftet der Mieter beispielsweise nur für selbstverschuldete Schäden, dann dürfte sich die Prämie um ca. 1/4 ermäßigen.

- "Wo ist die EDV-Anlage aufgestellt (Versicherungsort mit Gebäudebezeichnung, Stockwerk)?"

Ist aufgrund des Aufstellungsortes mit einem erhöhten Risiko zu rechnen, was für die Versicherer beispielsweise bei einer Aufstellung unter Erdgleiche gegeben ist, dann wird stets ein Prämienzuschlag gefordert. Als normales bzw. gutes Risiko wird ein Aufstellungsort angesehen, der mindestens erdgleich ist und bei dem sich nicht darüber oder daneben ein Naßtrakt befindet. Der Prozentsatz für den Prämienzuschlag hängt von der spezifischen Risikolage ab. Er wird aber mindestens bei 10% liegen.

---

1) Die Fragen sind dem Fragebogen für die "Versicherung elektronischer Datenverarbeitungsanlagen" entnommen. Vgl. Versicherungs-Aktiengesellschaft für technische Anlagen (TELA): Fragebogen ..., a.a.O., Ziff. 1.

- "Bauweise der/des Gebäude(s) (z.B. Stahlskelett, Beton, Ziegel, Holz)?"

Die Bauweise des Gebäudes hat einen großen Einfluß auf das Feuerrisiko. Die Versicherer von ADV-Anlagen lehnen sich daher eng an die Tarifierungsrichtlinien der Feuerversicherer an.

- "Welchen Zwecken dient das Gebäude (z.B. Bürohaus, Fabrikation, Lager, Labor)?"

Da die möglichen gefahrerheblichen Umstände sehr unterschiedlich sind, muß auch hier eine spezifische Analyse vorgenommen werden. Bei einem Gebäude, das z.B. der Fabrikation dient, wird immer von einem erhöhten Risiko ausgegangen, wobei beispielsweise bei der Fabrikation von Kunststoff oder bei der Verarbeitung von Holz der Risikozuschlag wesentlich höher ist als bei der Metallverarbeitung.

- "Sind die Vorschriften/Empfehlungen der Hersteller hinsichtlich Aufstellung und Betrieb (z.B. Klimatisierung und Stromversorgung) eingehalten?"
- "Wird die EDV-Anlage ausschließlich vom Eigentümer/Mieter und von speziell ausgebildetem Fachpersonal benutzt?"

Die Versicherer legen großen Wert auf die Einhaltung der von den Herstellern gegebenen Vorschriften und Empfehlungen. Hierzu gehört z.B. auch die richtige Bedienung der Anlagen. Werden Auflagen der Hersteller nicht oder nur teilweise erfüllt, so wird dies in der Regel zu einer Einschränkung des Versicherungsschutzes, in sehr extremen Fällen sogar zur Ablehnung des gesamten Risikos führen.

- "Die Klimatisierung gewährleistet: Einhaltung der durch den Hersteller der EDV-Anlage vorgeschriebenen Werte für Temperatur/Feuchtigkeit/Staubfreiheit/ Schutz gegen korrosive Gase"

- "Durch wen wird der Klimaschrank/die Klimaanlage regelmäßig gewartet?"

- "Schaltet sich die Klimatisierung automatisch ab, wenn die zulässigen Werte für Temperatur und Feuchtigkeit über- bzw. unterschritten werden?"

- "Ist eine unabhängig von der Klimaanlage arbeitende Signalanlage vorhanden, die eine Störung oder einen Ausfall der Klimatisierung optisch und akustisch meldet?"

- "Welche Vorsorge ist getroffen, daß auf die Signale hin sofort entsprechende Schadenverhütungsmaßnahmen auch außerhalb der Betriebszeit der EDV-Anlage eingeleitet werden?"

Die Versicherer legen größten Wert darauf, daß die Klimatisierung wie vom Hersteller empfohlen erfolgt und auch die erforderlichen Sicherungsvorkehrungen getroffen werden. Werden z.B. die letzten drei Fragen mit "nein" bzw. mit "nicht ausreichenden Sicherungsmaßnahmen" beantwortet, dann führt dies fast immer zum Ausschluß von Schäden durch fehlerhafte oder unzureichende Klimatisierung. Dies kommt z.B. in der Klausel 26 der Versicherungs-Aktiengesellschaft für Technische Anlagen (TELA) zum Ausdruck: "Schäden, die aufgrund fehlerhafter, unzureichender oder fehlender Klimatisierung an der EDV-Anlage entstehen, fallen nicht unter den Versicherungsschutz"[1].

---

1) Versicherungs-Aktiengesellschaft für Technische Anlagen (TELA): Beilage zum Versicherungsschein, Klausel 26, Nr. 91a 20 000, 8.73.

- "Liegt im Umkreis von 30 m vom Gebäude eine erhöhte Brand- oder Explosionsgefahr durch Inhalt, Betrieb oder Nachbarschaft vor?
  Wenn ja, welche?"

Beim Vorliegen einer erhöhten Brand- oder Explosionsgefahr gehen die Versicherer nach den Grundsätzen der Feuerversicherung vor.

- "Sind im EDV-Raum, in dessen Wänden oder Decken Installationsleitungen verlegt? Wenn ja, Zentralheizung, Wasser-, Dampf-, Gasleitungen, Sprinkleranlage?"

Die Versicherer betrachten es als normales Risiko, wenn in den Wänden oder Decken des ADV-Raumes keine Installationsleitungen verlegt werden. Bei Dampf- oder Gasleitungen ist eine einzelfallweise Risikobeurteilung notwendig, aus der sich dann die Zuschläge errechnen. Das Vorhandensein einer Sprinkleranlage stellt ebenfalls eine Gefahrenerhöhung dar. Der Prämienzuschlag dürfte bei diesen Anlagen mindestens bei 0,5% der Versicherungssumme liegen.

Bei der D a t e n t r ä g e r - V e r s i c h e r u n g sind neben den aus dem Rechenzentrum zu berücksichtigenden gefahrenerheblichen Umständen, wo also auch die unter den bisherigen Fragen gemachten Ausführungen gelten, auch die Risikoumstände der Räume von Bedeutung, in denen die ausgelagerten Daten aufbewahrt werden. Die getroffenen Datensicherungsmaßnahmen sind für die Prämienkalkulation sehr bedeutsam, wie das folgende Beispiel zeigt: Werden die versicherten Datenträger in feuersicheren Schränken untergebracht, dann erhält der Versicherungsnehmer normalerweise einen Nachlaß von ca. 0,25% der Versicherungssumme.

Im Rahmen des Fragebogens[1] zur Computer-Mißbrauch-Versicherung interessieren sich die Versicherer vor allem für die vorhandenen Sicherungsmaßnahmen. Sie sind sich dabei der Tatsache bewußt, daß diese Vorkehrungen im allgemeinen in größeren Unternehmen besser vorhanden sind als in kleineren Unternehmen. Es wird aber auch bei kleineren Unternehmen ein Ausgleich des Risikos erkannt, wenn z.B. der ADV-Leiter einen ständigen Überblick über alle Arbeitsplätze hat oder die Anwendungsprogramme eine Reihe von Kontrollfunktionen wahrnehmen. Daher gibt es bei den Versicherern für die Analyse der vorhandenen Sicherungsmaßnahmen auch keine schematisierten Richtlinien.

Bei den Fragen zur Funktionenverteilung (Abschnitt 3) wird zunächst nach der organisatorischen Eingliederung der ADV-Abteilung gefragt. Das Risiko ist für den Versicherer am günstigsten, wenn die ADV-Abteilung eine organisatorisch selbständige Einheit bildet. Da direkte Verbindungen zwischen den Fachabteilungen und dem Datenverarbeitungssystem das Risiko erhöhen, wird im Fragebogen auch die Frage gestellt: "Sind EDV-Mitarbeiter berechtigt, von Fachabteilungen angelieferte, fehlerhafte Belege zu verändern?" Die Veränderung fehlerhafter Eingabedaten durch ADV-Mitarbeiter sollte grundsätzlich untersagt sein. Für die Richtigkeit und Vollständigkeit der zu verarbeitenden Daten ist normalerweise nur die Fachabteilung zuständig. Daher fragen die Versicherer ausdrücklich nach dem Verantwortungsbereich der Fachabteilungen.

---

1) Vgl. HERMES-Kreditversicherungs-Aktiengesellschaft: Fragebogen zur Computer-Mißbrauch-Versicherung, a.a.O., S. 2 ff.

- "Sind die Fachabteilungen verantwortlich

  . für die sachliche Richtigkeit der Eingabedaten?

  . für die Vollständigkeit der Eingabedaten? Werden hierfür auch maschinelle Kontrollen verwendet (Abstimmsummen)?

  . für die Überprüfung der Verarbeitungsergebnisse auf ihre sachliche Richtigkeit (wenigstens Plausibilität)?

  . für die Überprüfung der Richtigkeit der Stammdateien durch gelegentliches Ausdrucken und anschließende Kontrolle?

  . für die Fehlerkorrektur bei zurückgewiesenen Eingaben?"

Da Art und Ort der Datenerfassung einen wesentlichen Einfluß auf den Umfang des Risikos haben, werden verschiedene Fragen diesem Problemkreis gewidmet. Die Versicherer fordern eine höhere Prämie bei der Direkteingabe, d.h. wenn die Daten entweder über eine Tastatur (Konsolschreibmaschine, Bildschirmeinheit) manuell eingegeben werden oder als Meßwerte (z.B. bei der Prozeßdatenverarbeitung) unmittelbar über Leitungswege eingegeben und verarbeitet werden. Der für das Versicherungsrisiko günstigste Ort der Datenerfassung ist die Datenerfassung außer Haus, der ungünstigste die Fachabteilung. Bei der Datenerfassung außer Haus geht man im allgemeinen davon aus, daß hier "der notwendige Überblick für eine erfolgreiche Manipulation"[1] fehlt.

Die strikte Funktionstrennung ist nicht nur zwischen den Fachabteilungen und der ADV, sondern auch innerhalb der ADV notwendig. Im Abschnitt "Funktionstrennung im

---

1) Steguweit, Hans-Dieter: Computermißbrauch-Versicherung, a.a.O., S. 172.

Bereich der ADV" hat der Versicherungsnehmer folgende Fragen zu beantworten:

- "Sind die Bereiche Organisation und Programmierung vom Betrieb des Rechenzentrums/Operating getrennt?"
- "Ist den Programmierern das Arbeiten mit dem Computer gestattet?
  Jederzeit?
  Nur bei Tests?"

Aus der Beantwortung dieser Fragen kann der Versicherer bestenfalls nur einen groben Überblick über die Funktionstrennung innerhalb der Datenverarbeitungsabteilung gewinnen. Für eine bessere Beurteilung dieses Problemkreises sollten noch zusätzliche Fragen gestellt werden wie[1]:

- Umfaßt die Datenverarbeitungsabteilung aus Gründen einer noch stärkeren Funktionstrennung mehrere "Gruppen?"
- Sind innerhalb der Datenverarbeitungsabteilung die einzelnen Arbeitsbereiche durch Stellenbeschreibungen eindeutig definiert?
- Gilt die Funktionstrennung auch für Führungskräfte?
- Ist gewährleistet, daß der Abnahmetest eines Programmes nicht von dem Programmierer durchgeführt wird, der das Programm entworfen und/oder erstellt hat?

---

1) Meyer, Carl W. und Nagel, Kurt: a.a.O., S. 82 ff.; Herrmann, Günter, Kraus, Wolfgang, Lindemann, Peter, Nagel, Kurt: Checkliste zur Datensicherung. In: Datenschutz und Datensicherung. Organisationsprobleme, hrsg. von G. Herrmann, P. Lindemann und K. Nagel. IBM-Form F12-0007. Stuttgart 1975, S. 53 ff.

Große Bedeutung haben für den Versicherer auch die Zutrittbeschränkung zum Rechenzentrum und die Archivorganisation. Während der closed-shop-Betrieb bei Großunternehmen bereits in hohem Umfang realisiert ist, hat man bei kleineren und mittleren Unternehmen diese Sicherungsmaßnahme nur zum Teil realisiert. Für den Fall, daß das Rechenzentrum durch Katastropheneinwirkungen für einen bestimmten Zeitraum ausfällt, muß Vorsorge getroffen werden, daß die Datenträger, welche wertvolle Information enthalten, ausgelagert werden. Eine gute Datenarchivorganisation hat zu gewährleisten, daß die Datenträger nur an berechtigte Personen für Verarbeitungszwecke ausgegeben werden, über den Verbleib der ausgegebenen Datenträger genau Buch geführt wird und die Archivräume den Sicherheitsvorschriften entsprechen.

Im Rahmen des Fragebogens wird auch nach der Herkunft der Programme und ihrer Dokumentation gefragt. Bei der Herkunft der Programme gehen die Versicherer davon aus, daß bei selbsterstellten Programmen das Rekonstruktionsrisiko und die Manipulationsgefahr größer ist als bei Programmen, die vom Hersteller oder von Softwarehäusern übernommen wurden. Der Nutzen einer Programmdokumentation ist für die Versicherer fraglos.

In einem weiteren Abschnitt wird nach den programmierten Kontrollen gefragt. Der Versicherungsnehmer hat dabei vor allem anzugeben, ob eine sachlogische Überprüfung der Verarbeitungsergebnisse mit Grenz-, Plausibilitäts-, Vorzeichenprüfungen usw. vorgenommen wird. Die Bedeutung der Innenrevision als Instrument der Datensicherung ist den Versicherern im Rahmen der Computer-Mißbrauch-Versicherung klar. Unternehmen, die über Revisoren verfügen und diese beim Aufbau von Datensicherungssystemen mitwirken lassen, können dadurch die Risikobeurteilung und Beitragsbemessung positiv beeinflussen.

3.6 Systematische Planung

3.6.1 Aufbauphasen eines Datensicherungssystems

Der Aufbau und die Einführung eines Datensicherungssystems verlangt eine systematische Planung. Je umfassender die technischen und organisatorischen Änderungen sind, desto wesentlicher wird die Planung für den Erfolg eines Sicherungssystems. Beim Aufbau eines umfassenden Sicherungssystems geht es nicht um einzelne punktuelle Maßnahmen bestimmter Bereiche, sondern um die Überprüfung und Reorganisation des gesamten Systems. Dies bedeutet, daß man hinsichtlich des Zeitbedarfs und der Kosten mit entsprechenden Größenordnungen zu rechnen hat. Wie in Abschnitt 2.1.3.6 bereits dargestellt wurde, ist im Bundes-Datenschutzgesetz jetzt eine Karenzfrist von zwei Jahren zur Realisierung der technischen und organisatorischen Maßnahmen vorgesehen. Über die Kosten gibt es sehr unterschiedliche Schätzungen. Nach einer Untersuchung von Goldstein und Nolan[1)] betrugen die jährlichen Kosten für Datenschutz- und Datensicherungsmaßnahmen in % der jährlichen Datenverarbeitungskosten:

- in einem Gehaltsabrechnungssystem eines Unternehmens, in dem die Daten von über 10.000 Mitarbeitern gespeichert waren, 12%;

- in einem Datenbanksystem einer Versicherungsgesellschaft, das die Daten von 3,3 Millionen Versicherungsnehmern enthielt, 15% und

---

1) Vgl. Goldstein, Robert C. und Nolan, Richard, L.: a.a.O., Seite 62, 66.

- in einer medizinischen Datenbank, in der die Daten von ca. 1 Million Menschen gespeichert waren, 45%.

Hieraus läßt sich erkennen, daß es zweckmäßig erscheint, zur Einengung des Risikos, das Gesamtprojekt in zeitlich und kostenmäßig überschaubare Phasen einzuteilen. In Anlehnung an die in der Literatur über Planung und Einführung von Informationssystemen[1)] häufig vorgenommene Phasenfolge unterscheiden wir vier Aufbauphasen für ein Datensicherungssystem:

1. Voruntersuchung,
2. Detailuntersuchung und Konzeption des Sicherungssystems,
3. Realisierung des Sicherungssystems und
4. Einführung und Kontrolle des Systems.

---

1) Vgl. hierzu u.a. Wahl, Manfred P.: a.a.O., S. 59 ff.; Nagel, Kurt: Grundlagen und Aufbau eines Management-Informationssystems. In: Zeitschrift für Organisation, 39. Jg., Heft 3, 1970, S. 107 ff.; Dworatschek, Sebastian: Management-Informations-Systeme. Berlin und New York 1971, S. 99 ff.; Haberlandt, Karlheinz: Zur Planung automatisierter Management-Informationssysteme. In: Probleme der Unternehmensführung. Festschrift zum 70. Geburtstag von Eugen Hermann Sieber, hrsg. von H. Koller und H.-P. Kicherer. München 1971, S. 102 ff.; Franzen, Hans M.: Management-Informationssystem (MIS) - ein Lernprozeß. In: Management-Informationssysteme. Beiträge aus der Praxis, hrsg. von P. Lindemann und K. Nagel. Neuwied und Berlin 1972, S. 45 ff.; Kormann, Helmut und Borrmann, Werner A.: Managementorientierte Vorgehensweise beim Aufbau von Informationssystemen. In: Management-Informationssysteme. Beiträge aus der Praxis, hrsg. von P. Lindemann und K. Nagel. Neuwied und Berlin 1972, S. 134 ff.; Meyer, Carl W.: EDV als Mittel des Marketing. Herne und Berlin 1972, S. 110 ff.; Bächler, H. G.: Einführung eines Personalinformationssystems bei der IBM-Schweiz. In: Datenverarbeitung in Steuer, Wirtschaft und Recht, 3. Jg., Heft 7, 1974, S. [illegible]4 ff. und Heft 8, S. 234 ff.; Gildersleeve, Thomas R.: Data Processing Project Management. New York, Cincinnati, Toronto, London und Melbourne 1974, S. 52 ff.

In der Voruntersuchung sind zunächst die schutzbedürftigen Tatbestände zu benennen, zu katalogisieren und mit einem Schutzwert zu versehen sowie die vorhandenen Sicherungsmethoden zu erfassen. Ausgehend von dieser Analyse, die die Risiken und Wirkungen der einzelnen zu schützenden Tatbestände zeigt, wird man anschließend die Sicherungsmöglichkeiten definieren, klassifizieren und quantifizieren. Im Schlußbericht der Voruntersuchung sollten neben der Rahmenkonzeption des Sicherungssystems noch Aussagen über die wesentlichsten Kosten der einzelnen Sicherungsmöglichkeiten sowie Planungen über den Zeitaufwand für den Aufbau des Sicherungssystems zu finden sein.

Der Aufwand für die Phase Detailuntersuchung und Systemkonzeption ist wegen des größeren Personaleinsatzes und der längeren Zeitdauer (siehe Tabelle 45) wesentlich größer als in der ersten Phase. In dieser Phase geht es insbesondere um eine detaillierte Analyse der zu schützenden Tatbestände und der in Frage kommenden Hardware-, Software und Orgware-Sicherungen sowie um die Verknüpfung der zu schützenden Tatbestände mit den Sicherungsmethoden. Bei der Konzeption des Sicherungssystems muß dabei darauf geachtet werden, daß das Sicherungssystem die gesetzlichen Anforderungen berücksichtigt, den Zielsetzungen entsprechend Sicherheit bietet und wirtschaftlich tragbar ist. Am Ende dieser Phase muß der realisierbare Systementwurf stehen.

In der Phase der Realisierung des Sicherungssystems stehen folgende Aufgaben im Vordergrund:

- Durchführung der Hard-, Soft- und Orgware-Maßnahmen,
- Koordination sämtlicher Maßnahmen mit den entsprechenden Stellen,

Tabelle 45: Aufbauphasen eines Datensicherungssystems

1. Phase: Voruntersuchung	2. Phase: Detailuntersuchung und Systemkonzeption	3. Phase: Systemrealisation	4. Phase: Einführung und Kontrolle
Zeitdauer			
1 - 3 Monate	6 - 12 Monate	12 - 18 Monate	
Wesentliche Aufgaben			
- Bildung eines Datenschutzausschusses - Ernennung eines Datenschutzbeauftragten - Formulieren der internen Schutzbedürfnisse - Ermittlung der externen Normen - Analyse der Sicherungsmöglichkeiten	- Klassifizierung und Quantifizierung der zu schützenden Tatbestände - Quantifizierung der Sicherungsmethoden - Motivation der Mitarbeiter - Wirtschaftlichkeitsanalyse für die einzelnen Sicherungssysteme	- Durchführung der Sicherungsmaßnahmen - Test des Systems - Zuordnung der Aufgaben bei der Systemnutzung auf die Funktionsträger - Erstellen von Arbeitsanweisungen und Richtlinien - Schulung der Mitarbeiter	- Laufende kritische Überwachung des Sicherheitssystems hinsichtlich der Funktion und Zuverlässigkeit - Kontrolle des Systems hinsichtlich der gesetzlichen Vorschriften - Laufende Anpassung des Sicherheitssystems
Wichtige Entscheidungen			
Festlegen der Sicherungskonzeption	Bestimmung der zu schützenden Tatbestände und Auswahl der einzelnen Sicherungsmaßnahmen	Realisierung der Sicherungsmaßnahmen	Kontrolle und Revision des Systems

- Test des Systems,
- Zuordnung der Aufgaben bei der Systemnutzung auf die Funktionsträger,
- Ausarbeitung der Arbeitsanweisungen für die Mitarbeiter, die im Datensicherungssystem Aufgaben zu erfüllen haben,
- Schulung der Mitarbeiter in der Systemnutzung.

Die Einführung eines Sicherungssystems bedarf einer guten Umstellungsplanung. Ist das Sicherungssystem einmal eingeführt, dann sollte es hinsichtlich seiner Funktion und Zweckmäßigkeit laufend kritisch überwacht und weiterentwickelt werden.

Dieser Vorschlag für die Vorgehensweise beim Aufbau eines Datensicherungssystems kann nur Anhaltspunkte geben. Im Einzelfall müssen die Aktionspläne auf die speziellen Belange der Organisation zugeschnitten sein, d.h. sie haben Faktoren zu berücksichtigen wie z.B. die Größe der Unternehmung bzw. Behörde, die bereits vorhandenen Sicherungsmaßnahmen, das Sicherheitsbewußtsein und die Aufgaben der Organisation. Vergleicht man den oben skizzierten Aktionsplan mit den in der Literatur[1] zu findenden Ansätzen, dann kann man, zumindest was die Reihenfolge der Aktionen betrifft, größere Übereinstimmungen feststellen. Dies sei im folgenden an den von der Studiengruppe des MID und an von zur Mühlen entwickelten Aktionsplänen dargestellt.

---

1) Siehe neben den dargestellten Vorschlägen des MID und bei von zur Mühlen u.a. Healy, Richard J.: Design for Security. New York, London und Sydney 1968, S. 107 ff.; Browne, Peter S.: Taxonomy of Security and Integrity. In: Security and Privacy in Computer Systems, hrsg. von L. J. Hoffman. Los Angeles 1973, S. 369 ff.

Das MID[1)] schlägt zehn Schritte für den Aufbau und die Einführung eines Datensicherungssystems vor:

Schritt 1: Daten- und Informationsanalyse

Schritt 2: Analyse der Vertraulichkeit und des Sicherheitsbedürfnisses der Daten und Informationen

Schritt 3: Abschätzen der Risiken und Gefahren

Schritt 4: Beschreiben und Klassifizieren der Sicherungsmöglichkeiten

Schritt 5: Kosten- und Wirtschaftlichkeitsanalyse

Schritt 6: Funktionale Zuordnung der Aufgaben

Schritt 7: Festlegen individueller Verantwortlichkeiten

Schritt 8: Implementierung der Sicherungsmaßnahmen

Schritt 9: Schaffung eines Sicherheitsbewußtseins

Schritt 10: Kontrolle und Revision des Systems.

Ordnet man die Schritte dieses Aktionsplanes vier Phasen zu, dann würden die Schritte 1 bis 5 zur Konzeption des Sicherungssystems führen, die Schritte 6 bis 9 zur Realisierung des Systems zählen und Schritt 10 wäre identisch mit der Phase der Einführung und Kontrolle.

---

1) Vgl. IBM Corp. (Hrsg.): Data Security and Data Processing, Vol. 3, Part 2, a.a.O., S. 17 ff.

Von zur Mühlen[1] unterscheidet zwischen Diagnosephase, Planungs- und Entscheidungsphase, Realisierungsphase und permanenter Kontrollphase. Während in der Diagnosephase die Grundlagen zur Entwicklung eines umfassenden Sicherungssystems erarbeitet werden, ist die zweite Phase durch die Planung der Sicherungsmaßnahmen gekennzeichnet. In der dritten Phase wird das Sicherungskonzept realisiert und in der vierten Phase werden die realisierten Maßnahmen laufend auf ihre Effektivität hin untersucht. In der Literatur[2] werden die Phasen der Analyse und Konzeption des Sicherungssystems meistens nicht unterteilt in Voruntersuchung und Detailuntersuchung. Die Voruntersuchung sollte jedoch als ein klar abgetrenntes Unterprojekt angesehen werden, weil hier wesentliche Entscheidungsgrundlagen für die weiteren Phasen erarbeitet werden können. Während das Ziel der Voruntersuchung in erster Linie darin zu sehen ist, einen Gesamtüberblick zu gewinnen, muß bei der Detailuntersuchung der Anspruch auf Vollständigkeit auch in den Einzelheiten erhoben werden[3].

---

1) Vgl. Mühlen, Rainer A. H. von zur: Computer-Kriminalität - Gefahren und Abwehrmaßnahmen, a.a.O., S. 116 ff.
2) Vgl. z.B. Scholz, Einar: Firmenpleite durch Datenverlust. In: Blick durch die Wirtschaft, 2. 9. 1974, S. 1.
3) In der Literatur über Informationssysteme wird eine solche Unterteilung u.a. befürwortet von American Data Processing Inc. (Hrsg.): Management Information Systems. Detroit 1968, S. 32.; Wahl, Manfred P.: a.a.O., S. 87; Dworatschek, Sebastian: a.a.O., S. 103; Grochla, Erwin: Computer-gestützte Gestaltung von Informationssystemen. In: Angewandte Informatik, 15. Jg., Heft 12, 1973, S. 508.

3.6.2 Zuordnung von Aufgaben und Funktionen

Bei der Diskussion um den Datenschutzbeauftragten wird fast immer der Eindruck erweckt, daß er allein für die Fragen der Datensicherung und des Datenschutzes verantwortlich sei. Hier muß jedoch festgestellt werden, daß das Top Management den gesamten Komplex der Datensicherung und des Datenschutzes nach innen und nach außen primär zu verantworten hat[1]. Dies kommt auch in der Untersuchung des Massachusetts Institute of Technology[2] zum Ausdruck, wonach 60 Prozent der Befragten die Verantwortlichkeit für Datenschutz und Datensicherung dem Top Management zuordnen, 24% dem mittleren Management und 16% dem unteren Management. Von der aktiven Mitwirkung des Top Management hängt im wesentlichen die Qualität eines Sicherungssystems ab. Zu den wichtigsten "Datensicherungs-Geboten" für das Top Management zählen:

- Ermitteln und Festlegen der Ziele

  Die Definition der Ziele sollte im allgemeinen auch die Bekanntgabe der zukünftigen Politik umfassen. Dies ist insbesondere dann notwendig, wenn sich dadurch Einflüsse auf das Sicherungssystem ergeben (z.B. durch den Abschluß eines Mietvertrages über ein neues ADV-System).

---

1) Vgl. Hutt, Arthur E.: Management's Role in Computer Security. In: Computer Security Handbook, hrsg. von B. Hoyt. New York und London 1973, S. 2 ff.; Lindemann, Peter, Nagel, Kurt und Herrmann, Günter: a.a.O., S. 118 u. 125; Nagel, Kurt: Praktische Hinweise zur Planung und Einführung eines Sicherungssystems. In: Datenverarbeitung in Steuer, Wirtschaft und Recht, 2. Jg., Heft 27, 1973, S. 374; Hemphill, Charles F.: Security for Business and Industry. Homewood 1974, S. 1 ff.

2) Vgl. IBM Corp. (Hrsg.): Data Security and Data Processing, Vol. 4, a.a.O., S. 133.

- Erstellen von Grundsatzregeln für die Zielerreichung

  Um eine gewisse Formalisierung, Objektivierung und Kontrolle bei der Realisierung von Sicherungssystemen zu erreichen, müssen verschiedene Richtlinien für die Datensicherung erstellt werden (z.B. Richtlinien über die Beschreibung und Klassifikation der Daten, für die Auslagerung von Datenbeständen). Das Top Management hat hierfür die notwendigen Grundsatzentscheidungen zu treffen.

- Ernennung eines Datenschutzbeauftragten

  Der Datenschutzbeauftragte, der im Namen der Unternehmensleitung die Datensicherung und den Datenschutz nach außen zu vertreten hat, muß vom Top Management ernannt werden.

- Bildung eines Ausschusses für Datenschutz und Datensicherung

  Ein solcher Ausschuß, der im Gegensatz zum Datenschutzbeauftragten eine rein interne Angelegenheit ist, sollte insbesondere bei Großunternehmen und größeren Verwaltungseinheiten gebildet werden. Die Mitglieder dieses Ausschusses werden am zweckmäßigsten aus den wesentlichsten Ressorts des Unternehmens bzw. der Verwaltung kommen.

- Festlegen der Arbeitsphasen

  Das Top Management muß sich der Bedeutung und des Risikos des Gesamtprojektes bewußt sein. Um das Risiko möglichst klein zu halten, wird es dafür Sorge tragen, daß das Gesamtprojekt in bestimmte zeitlich aufeinanderfolgende Arbeitsphasen gegliedert wird.

- Motivation der Mitarbeiter

  Fehlt die Motivation der Mitarbeiter, dann kann der Aufbau eines Datensicherungssystems schon von Anfang an gefährdet sein. Das Management sollte durch gezielte Information bereits vor dem eigentlichen Projektbeginn versuchen, das Sicherheitsbewußtsein aller Mitarbeiter zu verbessern.

Aus diesen Geboten geht hervor, daß das Top Management in den Phasen der Zielsetzung und Planung die Grundsatzentscheidungen zu treffen hat. In der Organisationsphase des Datensicherungssystems wird die direkte Mitwirkung der Unternehmens- bzw. Verwaltungsleitung gering sein. Sie sollte aber für diese Phase genau festlegen, über welche Aktivitäten und Ergebnisse sie jeweils unterrichtet werden will[1].

Der Datenschutzbeauftragte hat zunächst die von der Unternehmensleitung und dem Datenschutzausschuß fixierten Ziele zu programmieren, d.h. die Schritte zur Erreichung der Ziele festzulegen. Anschließend steuert und koordiniert er sämtliche Aktivitäten, die für den Aufbau des Datensicherungssystems erforderlich sind. Er wird dabei insbesondere mit der Organisationsabteilung zusammenarbeiten, die am Aufbau wohl am stärksten beteiligt ist. Zu den wesentlichsten Aufgaben der Organisationsabteilung zählen die Analysen über die zu schützenden Tatbestände und die Sicherungsmethoden sowie die Realisierung der organisatorischen Maßnahmen. Zum Aufgabengebiet

---

1) Zusammenstellungen über die Zuweisung von Aufgaben auf die Hauptfunktionen sind enthalten in Farr, M. A. L., Chadwick, B. und Wong, K. K.: Security for Computer Systems. Manchester und London 1973, S. 69 ff.; Lindemann, Peter, Nagel, Kurt und Herrmann, Günter: a.a.O., S. 118 ff.

der D a t e n v e r a r b e i t u n g gehört die Realisierung der Hardware- und Softwaresicherungen. Die W e r k s i c h e r u n g ist hauptsächlich für die Sicherung dinglicher Objekte zuständig. Die Mitwirkung der F a c h a b t e i l u n g e n ist von wesentlicher Bedeutung bei der Klassifizierung der Daten nach ihrer Schutzwürdigkeit, bei der Beschreibung der Verarbeitungsregeln, beim Aufbau der organisatorischen Abstimmsysteme und bei der Überprüfung der Testergebnisse. Die R e v i s i o n s a b t e i l u n g hat beim Systemaufbau insbesondere sicherzustellen, daß die Prüfbarkeit des Systems mitorganisiert wird. Da ein wirksames Datensicherungssystem eine vollständige Nachweisführung voraussetzt, muß die Revisionsaufgabe ein integraler Bestandteil bei der Realisierung des Sicherungssystems sein[1)]. Nach der Einführung wird das System zum Revisionsobjekt. Die Revisionsabteilung prüft dann im Auftrag der Unternehmensleitung den Tätigkeitsbereich des Datenschutzbeauftragten und prüft im Auftrag des Datenschutzbeauftragten das Sicherungssystem[2)].

---

1) Siehe hierzu u.a. Grochla, Erwin: Gestaltung und Überwachung computer-gestützter Informationssysteme zur Unterstützung des Managements im Entscheidungsprozeß. In: Zeitschrift Interne Revision, 8. Jg., Heft 1, 1973, S. 15 ff.; Derlin, Gerald W.: EDP Security Control. In: The Internal Auditor, Vol. 31, No. 4, 1974, S. 16 ff.; Jancura, Elise G.: Audit and Control of Computer Systems. New York 1974, S. 6 ff.

2) Eine Abgrenzung der Funktionen des Datenschutzbeauftragten und der Internen Revision findet sich in Lindemann, Peter: Datenschutz - Organisation - Revision, a.a.O., S. 24 f.

3.6.3 Das Ausbildungsprogramm

Die Grundlage für jedes Ausbildungsprogramm[1)] bildet die Untersuchung des Ausbildungsbedarfes, der für alle am Datenschutz und an der Datensicherung beteiligten Funktionen so genau wie möglich ermittelt werden sollte. Eine grobe Zuordnung von Ausbildungsbedarf und einzelnen Funktionen zeigt Tabelle 46.

Nach Ermittlung des Lehrstoffes ist eine Analyse der Lehrmethoden erforderlich. Die Auswahl der geeigneten Methoden ist nicht leicht, da Faktoren zu berücksichtigen sind wie:

- Budgetabhängige Kriterien
- Teilnehmerabhängige Kriterien
- Ausbilderabhängige Kriterien
- Stoffabhängige Kriterien
- Zeitabhängige Kriterien.

Bei der Analyse dieser Kriterien wird man erkennen, daß die Lehrmethoden für die Ausbildung der einzelnen Mitarbeitergruppen sehr unterschiedlich sein werden. Grundsätzlich sollte man jedoch davon ausgehen, daß die aktiven Lehrmethoden meist einen größeren Wirkungsgrad als die passiven Methoden haben. Würde man beispiels-

---

1) Im Rahmen dieser Arbeit erscheint es wenig sinnvoll, begrifflich scharfe Trennungsstriche zwischen Grundausbildung, Weiterbildung und Fortbildung zu ziehen. Der Begriff "Ausbildung" wird daher auch dort verwendet, wo in der Literatur gelegentlich von Weiter- bzw. Fortbildung und Schulung gesprochen wird.

Tabelle 46: Vorschlag für ein Ausbildungsprogramm

Stoffprogramm \ Funktion	Top-Management	Datenschutzausschuß	Datenschutzbeauftragter	Systemanalytiker	Anwendungsprogrammierer	Datenbank-Spezialist	Spezialist für Datenfernverarbeitung	Operator	Arbeitsvor- und -nachbereitung	Revisor	Mitarbeiter der Fachabteilungen	Mitarbeiter der Werksicherheit
1. Das Problem des Datenschutzes und der Datensicherung												
- Die gesetzl. Bestimmungen	x	x	x	x	x	x	x	x	x	x	x	x
- Das Sachproblem		x	x								x	
- Das Organisationsproblem		x	x	x	x	x	x	x	x	x	x	x
- Die Risiken und Wirkungen	x	x	x	x	x	x	x	x	x	x	x	x
- Das Sicherheitsbewußtsein	x	x	x	x	x	x	x	x	x	x	x	x
- Kosten- und Wirtschaftlichkeitsanalyse	x	x	x	x						x		
2. Ziele und Richtlinien												
- Die Ziele der Unternehmens- bzw. Verwaltungsleitung	x	x	x									
- Die Datensicherungskonzeption		x	x	x	x	x	x	x	x	x	x	x
- Richtlinien und Verhaltensregeln		x	x	x	x	x	x	x	x	x	x	x
- Verantwortung	x	x	x	x	x	x	x	x	x	x	x	x
3. Sicherheit in den Fachabteilungen												
- Ermittlung der Risiken			x		x						x	x
- Klassifizierung der zu schützenden Tatbestände			x		x						x	
- Dokumentationsmethoden					x	x					x	
- Quantifizierung der zu schützenden Tatbestände			x		x						x	
4. Sicherheit bei der Systementwicklung												
- Zuordnung von Aufgaben und Funktionen		x	x									
- Voruntersuchung			x	x						x	x	x
- Detailuntersuchung			x	x						x	x	x
- Systemrealisation			x	x	x	x	x	x	x	x	x	x
- Einführung und Kontrolle		x	x	x						x		
5. Organisatorische Sicherungen												
- Gebäudesicherung			x									x
- Funktionstrennung			x	x	x	x			x	x	x	
- Identifikation des Mitarb.			x	x	x	x	x	x	x	x	x	
- Kontrollen des Arbeitsabl.			x	x	x	x	x	x	x	x	x	
- Dokumentation				x	x	x	x		x	x		
- Katastrophenplan			x	x	x	x	x	x	x	x	x	x

Stoffprogramm \ Funktion	Top-Management	Datenschutzausschuß	Datenschutzbeauftragter	Systemanalytiker	Anwendungsprogrammierer	Datenbank-Spezialist	Spezialist für Datenfernverarbeitung	Operator	Arbeitsvor- und -nachbereitung	Revisor	Mitarbeiter der Fachabteilungen	Mitarbeiter der Werksicherheit
6. Hard- und Softwaresicherungen												
- Allgemeiner Überblick			x	x				x	x	x		
- Sicherungen in der Zentraleinheit					x	x				x		
- Sicherungen in Datenstationen					x	x	x					
- Sicherungen bei Übertragungsleitungen							x					
- Sicherungen in Betriebssyst.					x	x				x		
- Zugriff zu Dateien und Progr.					x	x	x					
7. Revision als Instrument der Datensicherung												
- Interdependenzen zwischen Organisation, Datensicherung und Revision		x	x							x		
- Die Systemprüfung bei EDV			x							x		
- Die Grundsätze ordnungsmäßiger Buchführung bei EDV			x							x		
- Anforderungen an das Sicherungssystem aus der Sicht der Revision										x		
8. Werksicherung als Instrument der Datensicherung												
- Interdependenzen zwischen Datensicherung und Werksicherg.		x	x									x
- Sicherungen gegenüber Mitarb.		x	x								x	x
- Sicherungen gegenüber Außenstehenden		x	x									x
- Stand der baul.Sicherungsmaßnahmen		x	x									x
9. Versicherung als Instrument der Datensicherung												
- Allgemeine Übersicht		x	x								x	
- Versicherungsformen			x									
- Bedeutung des Sicherungssystems für die Prämienrechnung			x	x	x	x	x	x	x	x	x	x

weise mit den Mitarbeitern der Fachabteilungen die Klassifikation der Daten nicht trainieren, dann kämen wahrscheinlich sämtliche subjektiven Vorstellungen, auch wenn Klassifizierungsrichtlinien vorhanden wären, in den Zuordnungsergebnissen zum Ausdruck.

Der Verfasser hat bei seiner Untersuchung auf die Frage nach den Ausbildungsaktivitäten folgende Antworten erhalten:

Tabelle 47: Stand der Ausbildungsaktivitäten

Ausbildungsaktivitäten (in Prozent) / Mitarbeiter	bereits durchgeführt	geplant	nicht vorgesehen	keine Angaben
Sachbearbeiter	3	20	54	23
Organisatoren	9	35	38	18
ADV-Spezialisten	19	43	28	10
Revisoren	4	30	42	24
Management	5	17	52	26

Aus diesen Ergebnissen geht hervor, daß insbesondere für das Management und die Sachbearbeiter relativ wenig Ausbildungsaktivitäten durchgeführt werden bzw. geplant sind. Wird jedoch dem Ausbildungsbedarf dieser beiden Gruppen nicht voll Rechnung getragen, dann dürften die Bemühungen zum Aufbau eines umfassenden Datensicherungssystems von vornherein zum Scheitern verurteilt sein. Das Management kann nur in der Verantwortung bleiben, wenn es in der Lage ist, die Arbeiten der Spezialisten zu verstehen und zu beurteilen.

3.6.4 Beurteilung der Bestimmungsfaktoren hinsichtlich ihrer Realisierungschance

Ziel dieser Arbeit war es, die wesentlichsten Einflußgrößen für den Bau von Datensicherungssystemen zu beschreiben. Es wurde dabei der Versuch gemacht, diese auch hinsichtlich der Praktikabilität zu analysieren und soweit es möglich war, Lösungsvorschläge für die Realisierung aufzuzeigen. Im folgenden sollen die Bestimmungsfaktoren hinsichtlich ihrer Realisierungschance kurz beurteilt werden.

Bei den externen Bestimmungsgründen für den Aufbau von Datensicherungssystemen ergeben sich aus den Gesetzesnormen heraus zwei Schwerpunkte:

- Datensicherung im Rahmen der Anforderungen des Datenschutzes,
- Datensicherung im Rahmen der Anforderungen der Ordnungsmäßigkeit.

In den nächsten Jahren dürften in den meisten industrialisierten Ländern Datenschutzgesetze eine Selbstverständlichkeit sein. Die Unternehmen und Verwaltungseinheiten haben dabei eine Reihe von organisatorischen und technischen Vorkehrungen zu treffen, um den gesetzlichen Vorschriften zu genügen. Je früher man mit der Untersuchung der Auswirkungen der jeweiligen neuen gesetzlichen Normen beginnt, um so leichter wird die Realisierung im eigenen Interesse und im Sinne des Gesetzes sein. Bezogen auf die deutschen Verhältnisse läßt sich feststellen, daß nach der Verabschiedung des Bundes-Datenschutzgesetzes in verstärktem Umfang damit begonnen wird, die Auswirkungen des Gesetzes zu analysieren. In der klaren Erkenntnis, daß nur ein Teil des gesamten Datensicherungsproblems von der Datenschutzgesetzgebung abhängig ist, der größte Teil dagegen aus dem eigenen Sicherheitsbedürfnis heraus gelöst werden muß, ist man in der deutschen Wirtschaft und Verwaltung aus der Abwartestellung herausgetreten und beschäftigt sich ganz konkret mit dem Aufbau von Datensicherungssystemen. Hinsichtlich der gesetzlichen Auswirkungen steht dabei die Person des Datenschutzbeauftragten im Mittelpunkt der Diskussion. Bis Ende 1976 haben bereits zahlreiche deutsche Firmen Datenschutzbeauftragte ernannt.

Auch hinsichtlich der Normen zur Rechnungslegung ist international eine verstärkte Anpassung der Gesetzestexte an die Entwicklung in der Praxis festzustellen. In den westlichen Ländern mit freier Wirtschafts- und Gesellschaftsform herrscht dabei eindeutig die Tendenz vor, in den Gesetzen Generalnormen zu setzen. Hier hat man klar erkannt, daß der Versuch, die jeweils neuen Tatbestände in Katalogform zu erfassen und gesetzlich zu regeln, ein laufendes Ändern mit sich bringen würde. In der Bundesrepublik Deutschland wurde durch das Inkrafttreten der Änderungen des HGB und der AO zum 1.1.1977 die Anpassung der gesetzlichen Normen an die Erfordernisse der Praxis voll realisiert. Unternehmen und Verwaltungseinheiten können heute die Chancen, die die Speicherbuchführung ihnen hinsichtlich der Nachweisführung bietet, wahrnehmen, wenn sie über die entsprechenden organisatorischen und technischen Sicherungen verfügen. In den sozialistischen Ländern sieht man dies anders. Hier werden ins Detail gehende, geschlossene Ordnungsmäßigkeitsanforderungen gestellt, die keinen Interpretationsspielraum lassen[1]. Dem Gesetzgeber scheint es

---

1) So schreibt z.B. Goll: "Die kapitalistischen Staaten verzichten angeblich auf eine ins einzelne gehende Kodifizierung von Grundsätzen, da sie die technische Entwicklung hemmen könnten und nicht genügend anpassungsfähig wären. Maßstab und Ausgangspunkt der Ordnungsmäßigkeit soll deshalb ganz allgemein das Verhalten "ordentlicher und ehrenwerter Kaufleute" sein. Die in allen kapitalistischen Ländern geübte Praxis der Bilanzfälschung und Profitmanipulation sind ein Ausdruck der sich aus dem ordentlich und ehrenwert deklarierten Verhalten der Kapitalisten ergebenden Möglichkeiten. Das Fehlen von klaren, geschlossenen, fixierten Ordnungsmäßigkeitsanforderungen ist kein Zufall, sondern eine systemimmanente Absicht." Goll, Günter: a.a.O., S. 43.

in diesen Ländern undenkbar, daß sich die Grundsätze der Ordnungsmäßigkeit im wirtschaftlichen Handlungsraum entwickeln und die formale Kodifizierung, wenn überhaupt, der Entwicklung in der Praxis folgt.

Hinsichtlich der internen Bestimmungsfaktoren verlangen der Aufbau und die praktische Durchführung eines guten Datensicherungssystems ein ausgeprägtes Sicherheitsbewußtsein aller Mitarbeiter. Wir haben festgestellt, daß das Sicherheitsbewußtsein des Mitarbeiters wesentlich bestimmt wird von dessen Entfernung zum Datenverarbeitungssystem und von dessen Wissen um die Gefährdung der zu schützenden Tatbestände. Durch den immer stärkeren Einsatz von Datenstationen am Arbeitsplatz werden in der Zukunft mehr Mitarbeiter direkt mit dem Datenverarbeitungssystem konfrontiert. Der Einsatz solcher Systeme setzt eine entsprechende Schulung voraus. Seit Anfang 1975 betreibt man daher in der Bundesrepublik in Seminaren bei Herstellern von ADV-Systemen, Unternehmen, Behörden und Instituten verstärkt diese Ausbildung. Deshalb ist damit zu rechnen, daß das Sicherheitsbewußtsein sich bei breiten Mitarbeiterschichten verbessern wird. Der Aufbau eines Sicherungssystems setzt weiter voraus, daß man die Risiken und ihre Wirkungen kennt. Nur wenn man die Risiken und Wirkungen der zu schützenden Tatbestände analysiert, ist man in der Lage, die adäquaten Sicherungsmethoden auszuwählen. Hinsichtlich dieses Bestimmungsfaktors gibt es in der Praxis bis heute noch relativ wenig Erfahrungen.

Bei den Methoden der Datensicherung liegt die eigentliche Schwachstelle immer noch im organisatorischen Bereich. Während sich insbesondere die Hersteller von Computern verstärkt um eine Verbesserung der Hard- und Software-Sicherungen bemühen, werden die Orgware-Sicherungen in der Praxis sehr vernachlässigt. Im allgemeinen sind diese um so besser, je höher der Organisationsgrad einer Unternehmung bzw. Verwaltung ist.

Für die Bestimmung der kostengünstigsten Sicherungsmethode bzw. Kombination von Methoden zur Sicherung der schutzbedürftigen Tatbestände gibt es in der Theorie bereits verschiedene Vorschläge, die durchaus realisierbar sind. Alle Modelle zur Wirtschaftlichkeitsanalyse setzen jedoch voraus, daß sowohl die Risiken und Wirkungen als auch die Sicherungsmethoden quantifiziert werden. Hier wiederum gibt es bis heute in der Praxis nur relativ wenig Unternehmen, die diese Voraussetzungen geschaffen haben.

Die Versicherungswirtschaft hat für die Restrisiken, die auch bei guten Datensicherungssystemen unvermeidlich sind, die notwendigen Versicherungsformen entwickelt. In all den Fällen, in denen mit technischen und organisatorischen Maßnahmen keine genügende Sicherheit erreicht werden kann, ist es heute möglich, das finanzielle Risiko, das durch die vielfältigen Erscheinungsformen von Sach-, Informations- und Personengefährdungen entsteht, mittels einer Versicherung zu decken.

Die meisten Unternehmen und Verwaltungseinheiten kennen die organisatorischen Grundlagen nicht, die zur Planung und zum Aufbau eines wirksamen Datensicherungssystems unbedingt notwendig sind. Man hat in der Praxis bis heute nur in Einzelfällen den Versuch unternommen, die Aktivitäten für die Systemplanung und -entwicklung genau festzulegen und jeder Aktivität die jeweiligen Kompetenzen detailliert zuzuordnen. Auch hat sich die Erkenntnis, daß umfassende Sicherungssysteme nur mit bewußter Mitwirkung des Managements optimal realisiert werden können, noch nicht durchgesetzt. Der nutzbringende Umgang mit Sicherungssystemen verlangt von den meisten Mitarbeitern zusätzliches Wissen und neue Fähigkeiten.

Literaturverzeichnis

Adler, Hans, Düring, Walther und Schmaltz, Kurt: Rechnungslegung und Prüfung der Aktiengesellschaft. 4. Aufl. Stuttgart 1968.

AEG-Telefunken (Hrsg.): Datenverarbeitung, Datensicherung und Datenschutz. Backnang 1974.

Albert, Hans: Einführende Bemerkungen zur deutschen Ausgabe (Vorwort). In: Malewski, Andrzej: Verhalten und Interaktion. Tübingen 1967, S. V-IX.

Alexander, Tom: Waiting for the Great Computer Rip-Off. In: Fortune, Vol. 90, No. 1, 1974, S. 143-150.

Allen, Brandt R.: Computer Fraud. In: Financial Executive, May 1971, S. 38-42.

Allen, Brandt R.: Danger Ahead! Safeguard your Computer. In: Harvard Business Review, Vol. 46, No. 6, 1968, S. 97-101.

American Data Processing Inc. (Hrsg.): Management Information Systems. Detroit 1968.

Anderson, Viktor: Grundsätze ordnungsmäßiger Bilanzierung in der Rechtsprechung der Finanzgerichte. Heidelberg 1965.

Angermann, Adolf und Thome, Rainer: Ansätze für eine Kosten Nutzen-Analyse des Datenschutzes. In: Siemens Data Report, 8. Jg., Heft 4, 1973, S. 18-22.

Angermeyer, Hans Christoph: Datensicherung und IMS, hrsg. von der IBM Deutschland, IBM-Form F12-1594. Stuttgart 1974.

Arbeitskreis Grundsätze ordnungsmäßiger Datenverarbeitung und ihrer Prüfung: Grundsätze ordnungsmäßiger Datenverarbeitung. Düsseldorf 1973.

Arbeitskreis "Revision bei elektronischer Datenverarbeitung in Kreditinstituten" des Deutschen Instituts für Interne Revision: Revision der elektronischen Daten verarbeitung in Kreditinstituten. In: Zeitschrift Interne Revision, 8. Jg., Heft 3, 1973, S. 131-175.

Auernhammer, Herbert: Datenschutzgesetzgebung - Magna Chart des Bürgers von heute. In: Erfassungsschutz, hrsg. von H. Krauch. Stuttgart 1975, S. 57-71.

Auernhammer, Herbert: Der Regierungsentwurf eines Datenschutzgesetzes. In: Öffentliche Verwaltung und Datenverarbeitung, 4. Jg., Heft 2, 1974, S. 51-59.

Auernhammer, Herbert: Die gesetzliche Regelung der Verarbeitung personenbezogener Daten im Dienste des Datenschutzes. In: IBM-Nachrichten, 24. Jg., Heft 221, 1974, S. 167-174.

Auernhammer, Herbert: Schutz der Privatsphäre - Aufgabe für den Juristen. Veröffentlichtes Vortragsmanuskript im Rahmen des IBM-Seminars "Informationssysteme in Regierung und Verwaltung - Datenverarbeitung und Recht" vom 3.-5.11.1971 in Bad Liebenzell.

Bächler, H.G.: Einführung eines Personalinformationssystems bei der IBM Schweiz. In: Datenverarbeitung in Steuer, Wirtschaft und Recht, 3. Jg., Heft 7, 1974, S. 194-200 und Heft 8, S. 234-241.

Bain, Harry: Privacy: What's Happening to a Fundamental Right? In: SDC Magazine, Vol. 7/8, 1967, S. 1-25.

Baker, Kenneth: A Bill to Prevent the Invasion of Privacy Through the Misuse of Computer Information. In: Computers and Automation, Vol. 18, No. 8, 1969, S. 13-14.

Bartels, Hildegard: Diskussionsbeitrag in der öffentlichen Anhörung des Innenausschusses des Deutschen Bundestages vom 6. Mai 1974. In: Datenschutz/ Meldegesetz. Bd. 5 der Reihe "Zur Sache", hrsg. vom Presse- und Informationszentrum des Deutschen Bundestages. Bonn 1974, S. 51.

Baus, Georg: Die formelle Ordnungsmäßigkeit des Jahresabschlusses nach Handelsrecht und Steuerrecht. Diss. Frankfurt 1957.

Beardsley, Charles W.: Is your Computer Insecure? In: Security and Privacy in Computer Systems, hrsg. von L. J. Hoffman. Los Angeles 1973, S. 45-72.

von Berg, Busch und Rustemeyer: Die ADV-Organisationsgesetze und Vereinbarungen der Bundesländer. In: Öffentliche Verwaltung und Datenverarbeitung, 2. Jg., Heft 8, 1972, S. 319-329 und Heft 9, S. 380-385.

Berzheim, Hansbernd: "Fernwirkungsfreie" Strukturierte Programmierung. In: Online, Zeitschrift für Datenverarbeitung, 13. Jg., Heft 3, 1975, S. 118-121, Heft 4, S. 234-240 und Heft 5, S. 335-342.

Betzl, Karl Michael: Computerkriminalität - Bemerkungen zu einer Richtigstellung. In: Datenverarbeitung in Steuer, Wirtschaft und Recht, 2. Jg., Heft 23, 1973, S. 254-256.

Betzl, Karl Michael: Computerkriminalität - Dichtung und Wahrheit. In: Datenverarbeitung in Steuer, Wirtschaft und Recht, 1. Jg., Heft 11, 1972, S. 317-320.

Betzl, Karl Michael: Computerkriminalität - Viel Lärm um Nichts. In: Datenverarbeitung in Steuer, Wirtschaft und Recht, 1. Jg., Heft 15, 1972, S. 475-476.

Betzl, Karl Michael: Sicherung des Rechnungswesens. Köln-Marienburg 1974.

Biederbick, Karl-Heinz: Fragen des Datenschutzes. In: Bürotechnik und Automation, 12. Jg., Heft 9, 1971, S. 546-549.

Bigelow, Robert P.: Legal and Security Issues Posed by Computer Utilities. In: Harvard Business Review, Vol. 45, No. 5, 1967, S. 150-161.

Birkelbach, Willi: Das hessische Modell des Datenschutzes. Erfahrungen aus dreijähriger Praxis. In: IBM-Nachrichten, 24. Jg., Heft 223, 1974, S. 338-343.

Birkelbach, Willi: Dritter Tätigkeitsbericht des hessischen Datenschutzbeauftragten. o.O. 1974.

Birkelbach, Willi: Überlegungen nach dreijähriger Datenschutzpraxis. In: Erfassungsschutz, hrsg. von H. Krauch. Stuttgart 1975, S. 10-27.

Bloom, Allan M.: The "Else" Must Go, Too. In: Datamation, Vol. 21, No. 5, 1975, S. 123-128.

Bloor, Judith: Data Bank Control Begins in Sweden. In: New Scientist, Vol. 63, No. 915, 1974, S. 718-720.

Bode, Gottfried: Neue Methoden und Techniken der Programmierung. Dialog-Programmierung auf IBM-Systemen. In: IBM-Nachrichten, 24. Jg., Heft 223, 1974, S. 405-411.

Boner, Andreas: Speichertechnik. In: Computer-Magazin, 3/4. März 1974, S. 5-24.

Brennan, Jean F.: Computer "reparieren" sich selbst. In: IBM-Nachrichten, 20. Jg., Heft 199, 1970, S. 7-13.

Brenton, Myron: The Privacy Invaders. New York 1964.

Broermann, Bernard: Computerüberwachung und Computersicherung. In: Output, 1. Jg., Heft 1, 1972, S. 20-27.

Brown, Harry L.: EDP for Auditors. New York, London und Sydney 1968.

Browne, Peter S.: Taxonomy of Security and Integrity. In: Security and Privacy in Computer Systems, hrsg. von L. J. Hoffman. Los Angeles 1973, S. 369-378.

Bühnemann: Bernt: Datenschutz im nicht-öffentlichen Bereich. In: Betriebs-Berater, Beilage 1, 29. Jg., Heft 3, 1974, S. 1-12.

Bussmann, Karl F.: Externe Revision und automatisierte Datenverarbeitung. In: Der Steuerberater, 21. Jg., Heft 6, 1970, S. 102-106.

Campbell, Alan und Woods, Alan: Computers and Freedom. In: Law and Computer Technology, Vol. 2, No. 6, 1969, S. 3-14.

Chadler, E. W. und Mazzawi, A. N.: Toward Integrated MIS. In: Information Processing 74. Proceedings of IFIP Congress 74, hrsg. von J. R. Rosenfeld. New York 1974, S. 952-956.

Chang, HSU: Capabilities of the Bubble Technology. In: AFIPS Conference Proceedings. Chicago 1974, S. 847-855.

Christoffers, Rudi: Die Grundlagen der Grundsätze ordnungsmäßiger Bilanzierung. In: Betriebswirtschaftliche Forschung und Praxis, 22. Jg., Heft 2, 1970, S. 78-94.

Curtis, David A.: Magnetic Bubble Technology and Applications in Computer and Telecommunications Memories. London 1973.

Dahl, O. J., Dijkstra, E. W. und Hoare, C. A. R.: Structured Programming. New York 1972.

Danner, Lee: Management Aspects of the IBM Data Security Study. In: Data Management, Vol. 12, No. 9, 1974, 39-42.

David, Heather M.: Computers, Privacy and Security. In: Computer Decisions, Vol. 6, No. 5, 1974, S. 46-48.

Davis, Ruth M.: Privacy and Security in Data Systems. In: Computers and People, Vol. 23, No. 3, 1974, S. 20-27.

Derlin, Gerald W.: EDP Security Control. In: The Internal Auditor, Vol. 31, No. 4, 1974, S. 16-25.

Deutscher Normenausschuß e.V. (Hrsg.): Normen über Informationsverarbeitung. Frankfurt 1975.

Döllerer, Georg: Grundsätze ordnungsmäßiger Bilanzierung, deren Entstehung und Ermittlung. In: Die Wirtschaftsprüfung, 12. Jg., Heft 24, 1959, S. 653-658.

Dörner, Wolfgang: Ordnungsmäßigkeit der externen Rechnungslegung beim Einsatz automatisierter Datenverarbeitungsanlagen. In: Der Betrieb, 20. Jg., Heft 7, 1967, S. 253-255.

Dörner, Wolfgang, Göbel, Horst und Minz, Günter: Ordnungsmäßigkeit der Buchführung bei Einsatz von EDV-Anlagen. In: Die Wirtschaftsprüfung, 21. Jg., Heft 14, 1968, S. 368-369.

Dohr, Walter: Datenschutz in Österreich. In: Öffentliche Verwaltung und Datenverarbeitung, 4. Jg., Heft 11, 1974, S. 513-518.

DV-Programmausschuß des Verbandes der Chemischen Industrie e.V.: Datensicherung. Ein Leitfaden für die Praxis. Frankfurt 1974.

Dworatschek, Sebastian: Management-Informations-Systeme. Berlin und New York 1971.

Ebel, Peter und Klingler, Hans: Prüfung elektronischer Datenverarbeitung. In: Innenrevision bei Einsatz elektronischer Datenverarbeitungsanlagen. IBM-Form 78147. Sindelfingen 1965, S. 2-7.

Einsele, T.: Tendenzen der technologischen Entwicklung in den siebziger Jahren. Veröffentlichtes Vortragsmanuskript, IBM-Seminar vom 4.-6. April 1973 in Bad Liebenzell.

Elbaek-Jörgensen, K. und Lassen, B.: Datenschutz in Dänemark. Veröffentlichtes Manuskript im Rahmen der vom ADL-Verband für Informationsverarbeitung e.V. veranstalteten Tagung "Datenschutz in Theorie und Praxis - Beispiele aus Europa". Kiel, 28.-30.6.1973.

Enticknap, Nicholas: Memories are Made of Bubbles. In: Data Processing, Vol. 16, No. 6, 1974, S. 367-372.

Esser, Josef: Grundsatz und Norm in der richterlichen Fortbildung des Privatrechts. Tübingen 1956.

Faßbinder, Elmar: Datensicherung mit IMS beim Aufbau computerorientierter Informationssysteme in der Medizin, hrsg. von der IBM Deutschland, IBM-Form F12-1595. Stuttgart 1974.

Fischbach, Franz, Groß, Jürgen und Ott, Winfried: Entscheidungstabellen. Köln-Braunsfeld 1975.

Fischer, Ulrich E.: Neue Methoden und Techniken der Programmierung. Überblick und Entwicklungstendenzen. In: IBM-Nachrichten, 24. Jg., Heft 222, 1974, S. 320-326.

Fischgräbe, Horst und Bönig, Michael: Datenschutz und Datensicherung. In: Wirtschaftswissenschaftliches Studium, 3. Jg., Heft 9, 1974, S. 441-444.

Flynn, Michael J.: Trends and Problems in Computer Organizations. In: Information Processing 74. Proceedings of IFIP Congress 74, hrsg. von J. L. Rosenfeld. New York 1974, S. 3-10.

Ganske, Herbert: Ordnungsmäßigkeit der Rechnungslegung bei elektronischer Datenverarbeitung. In: Datascope, 3. Jg., Heft 7, 1972, S. 37-46.

Ganzhorn, Karl: Mikroelektronik in Computern. In: IBM-Nachrichten, 24. Jg., Heft 222, 1974, S. 241-247 und Heft 223, S. 344-347.

Garbe, Helmut: Inhalt und Wirkungen von materiellen Risiken betrieblicher Datenbestände. In: BIFOA Arbeitsbericht Nr. 73/4 "Datenschutz und Datensicherung bei automatisierter Datenverarbeitung", hrsg. von E. Grochla und N. Szyperski. Köln 1974, S. 19-39.

Garstka, Hansjürgen: Grundbegriffe für den Datenschutz. In: Datenschutz, hrsg. von W. Kilian, K. Lenk und W. Steinmüller. Frankfurt 1973, S. 209-222.

Georgen, W. Donald: Rating Internal Controls. In: Financial Executive, Vol. XLIII, No. 4, 1975, S. 42-50.

Gesell, Rudolf: Brauchen wir einen Bundesdatenschutzbeauftragten? In: Öffentliche Verwaltung und Datenverarbeitung, 4. Jg., Heft 4, 1974, S. 147-151.

Gildersleeve, Thomas R.: Data Processing Project Management. New York, Cincinnati, Toronto, London und Melbourne 1974.

Giloi, Wolfgang: Der Computer und die Rechte des einzelnen. In: Datascope, 1. Jg., Heft 2, 1970, S. 1-10.

Görke, Winfried: Fehlerdiagnose digitaler Schaltungen. Stuttgart 1973.

Goldstein, Robert C. und Nolan, Richard L.: Personal Privacy Versus the Corporate Computer. In: Harvard Business Review, Vol. 53, No. 2, 1975, S. 62-70.

Goll, Günter: Veränderungen der Ordnungsmäßigkeitsanforderungen an die Buchführung. In: Sozialistische Finanzwirtschaft, Heft 10, 1971, S. 41-43.

Graus, Werner, Schneider, Jochen, Schoenberger, Josef und Weigand, Karl Heinz: Menschliche Kommunikation in technischen Kommunikationssystemen. In: Öffentliche Verwaltung und Datenverarbeitung, 5. Jg., Heft 1, 1975, S. 5-14.

Greenlee, Blake M.: Secure Data Transmission. In: Computer and Software Security, hrsg. von F. Brown. New York 1971, S. 54-59.

Grieser, G.: Technisch-organisatorische Probleme und Entwicklungstendenzen in der medizinischen Datenverarbeitung. Veröffentlichtes Vortragsmanuskript, IBM-Seminar vom 13.-15. März 1974 in Bad Liebenzell.

Grochla, Erwin: Computer-gestützte Gestaltung von Informationssystemen. In: Angewandte Informatik, 15. Jg., Heft 12, 1973, S. 507-519.

Grochla, Erwin: Datenschutz und Datensicherung in ADV-Systemen. In: BIFOA-Arbeitsbericht Nr. 73/4 "Datenschutz und Datensicherung bei automatisierter Datenverarbeitung", hrsg. von E. Grochla und N. Szyperski. Köln 1974, S. 7-18.

Grochla, Erwin: Datensicherung und Datenschutz als organisatorisches Problem. In: Betriebsseminar "Datenschutz und Datensicherung", veranstaltet vom Betriebswirtschaftlichen Institut für Organisation und Automation an der Universität zu Köln (BIFOA). Köln 1974 (17.12.), S. 1-11.

Grochla, Erwin: Gestaltung und Überwachung computergestützter Informationssysteme zur Unterstützung des Managements im Entscheidungsprozeß. In: Zeitschrift Interne Revision, 8. Jg., Heft 1, 1973, S. 1-17.

Groeben, Wolfgang von der: Informationsrecht der Parlamente im Rahmen der Neuorganisation der ADV. In: Öffentliche Verwaltung und Datenverarbeitung, 4. Jg., Heft 1, 1974, S. 38-40.

Groh, Gunther: Holographie. Stuttgart, Berlin, Köln und Mainz 1973.

Grønning, Torben, G.: Data Security and the Financial Community. In: Sloan Management Review, Vol. 15, No. 3, 1974, S. 69-82.

Gross, Ursula und Edlinger Werner: Simulationstechnik in Theorie und Praxis. In: Computerunterstützte Planungsverfahren und Entscheidungshilfen. Heft 5 der IBM-Beiträge zur Datenverarbeitung, Methoden und Techniken, IBM-Form F12-0005. Stuttgart 1974, S. 22-54.

Günther, Hans-Ulrich: Interne Revision und Datenverarbeitung. Diss. Göttingen 1968.

Haas, R. S.: Controlling Computer Operations. In: Datamation, Vol. 12, No. 2, 1966, S. 53-58.

Haberlandt, Karlheinz: Zur Planung automatisierter Management-Informationssysteme. In: Probleme der Unternehmensführung. Festschrift zum 70. Geburtstag von Eugen Hermann Sieber, hrsg. von H. Koller und H.-P. Kicherer. München 1971, S. 102-120.

Hack, Hans: Betriebsprüfungen bei Unternehmen mit ADV. In: Die steuerliche Betriebsprüfung, 14. Jg., Heft 1, 1974, S. 14-21.

Hamann, Volker: Die Sparten der kommerziellen Versicherung im ADV-Bereich. In: Arbeitsunterlagen zum Fachseminar "Datensicherung in ADV-Systemen", veranstaltet vom Betriebswirtschaftlichen Institut für Organisation und Automation an der Universität zu Köln (BIFOA), 28./29.3.1974, S. 1-16.

Hamann, Volker: Sicherung und Versicherung von Datenverarbeitungs-Systemen. In: Praxis des Rechnungswesens, Heft 3, Gruppe 12, 1973, S. 31-44.

Hamann, Volker: Versicherungsschutz gegen Computerkriminalität in der öffentlichen Verwaltung. In: Öffentliche Verwaltung und Datenverarbeitung, 2. Jg., Heft 7, 1972, S. 281-286.

Hammerstein, A. W. von: Die Versicherung von Datenverarbeitungsanlagen. In: Der Betrieb, 24. Jg., Heft 9, 1971, S. 3-7.

Hanlon, Joseph: Privacy Impact Statements in US? In: New Scientist, Vol. 63, No. 915, 1974, S. 720.

Hartmann, Bernhard: Die Ordnungsmäßigkeit der Buchführung beim Einsatz elektronischer Datenverarbeitungsanlagen. In: Die Wirtschaftsprüfung, 18. Jg., Heft 15/16, 1965, S. 397-410.

Hauter, Adolf: Datenschutz - Datensicherung. Teil II: Was kann der Informationsgefährdung entgegengesetzt werden? In: Datascope, 3. Jg., Heft 8, 1972, S. 3-14.

Hauter, Adolf: Datensicherung: Eine Bestandsaufnahme der praktischen Möglichkeiten zum Schutze und zur Sicherung von Informationen, hrsg. vom Ausschuß für wirtschaftliche Verwaltung e.V. (AWV). Frankfurt 1972.

Hauter, Adolf: Datensicherung. Ein Weg zum EDV-Sicherheitsbericht. In: Online, Zeitschrift für Datenverarbeitung, 11. Jg., Heft 7/8, 1973, S. 513-520.

Healy, Richard J.: Design for Security. New York, London und Sydney 1968.

Hefner, Rolf und Weideneder, Franz: Realisierung eines EDV-Kontroll- und Sicherheitssystems. In: IBM-Nachrichten, 24. Jg., Heft 219, 1974, S. 27-32.

Helfrich, Christian: Kontrollierbarkeit von EDV-Abteilungen. In: Output, 3. Jg. Heft 7, 1974, S. 24-28.

Hellfors, Sven: Datenschutz und Datensicherung. In: Praxis des Rechnungswesens. Heft 4, 1973, Gruppe 12, S. 45-62.

Hemphill, Charles F.: Security for Business and Industry. Homewood 1974.

Henderson, Peter und Snowdon, Robert A.: A Tool for Structured Programm Development. In: Information Processing 74. Proceedings of IFIP Congress 74, hrsg. von J. L. Rosenfeld. New York 1974, S. 204-207.

Hentschel, Bernd, Gliss, Hans, Bayer, Rudolf und Dierstein, Rüdiger: Datenschutzfibel - unter besonderer Berücksichtigung des Personalwesens. Köln 1974.

Herrmann, Günter, Kraus, Wolfgang, Lindemann, Peter und Nagel, Kurt: Checkliste zur Datensicherung. In: Datenschutz und Datensicherung. Organisationsprobleme, hrsg. von G. Herrmann, P. Lindemann und K. Nagel. IBM-Form F12-0007. Stuttgart 1975, S. 53-71.

Höfer, Wilhelm und Lehnert, Paul: Erfassung, Aufbereitung und Eingabe der Daten buchungspflichtiger Geschäftsvorfälle. In: Die Wirtschaftsprüfung, 19. Jg., Heft 13, 1966, S. 344-348.

Hoffman, Lance J.: Computers and Privacy: A Survey. In: Computing Surveys, Vol. 1, No. 2, 1969, S. 85-103.

Hofmann, Kurt: Kontrolle einer Finanzbuchhaltung. In: Das Rechnungswesen bei automatisierter Datenverarbeitung. Bd. 9 der Schriftenreihe "Betriebswirtschaftliche Beiträge zur Organisation und Automation", hrsg. von E. Grochla. Wiesbaden 1971, S. 81-99.

Horn, Günter: Datensicherung. In: Öffentliche Verwaltung und Datenverarbeitung, 1. Jg., Heft 3, 1971, S. 99-103.

Horvâth, Péter: Prüfung bei automatisierter Datenverarbeitung. Herne und Berlin 1972.

Hundegger, Gerd: Die Grundsätze ordnungsmäßiger Buchführung und die moderne Datenverarbeitung. Diss. München 1962.

Hutt, Arthur E.: Management's Role in Computer Security. In: Computer Security Handbook, hrsg. von B. Hoyt. New York und London 1973, S. 1-14.

IBM Corp. (Hrsg.): Data Security and Data Processing, Vol. 1: Introduction and Overview. IBM-Form G320-1370. White Plains 1974.

IBM Corp. (Hrsg.): Data Security and Data Processing, Vol. 2: Study Summary. IBM-Form G320-1371. White Plains 1974.

IBM Corp. (Hrsg.): Data Security and Data Processing, Vol. 3, Part 1: State of Illinois: Executive Overview. IBM-Form G320-1372. White Plains 1974.

IBM Corp. (Hrsg.): Data Security and Data Processing, Vol. 3, Part 2: Study Results: State of Illinois. IBM-Form G320-1373. White Plains 1974.

IBM Corp. (Hrsg.): Data Security and Data Processing, Vol. 4: Study Results: Massachusetts Institute of Technology. IBM-Form G320-1374. White Plains 1974.

IBM Corp. (Hrsg.): Data Security and Data Processing, Vol. 5: Study Results: TRW Systems, Inc. IBM-Form G320-1375. White Plains 1974.

IBM Corp. (Hrsg.): Data Security and Data Processing, Vol. 6: Evaluations and Study Experiences: Resource Security System. IBM-Form G320-1376. White Plains 1974.

IBM Corp. (Hrsg.): Data Security-Instructor's Guide. White Plains 1974.

IBM Deutschland GmbH (Hrsg.): Betrachtungen zur Datensicherheit in Datenverarbeitungssystemen. IBM-Form X12-1005. Stuttgart 1970.

IBM Deutschland GmbH (Hrsg.): Betrachtungen zur physischen Sicherheit in der Datenverarbeitung. IBM-Form GH12-1181-0. Stuttgart 1973.

IBM Deutschland GmbH (Hrsg.): Der Brand beim PID ... und was dann geschah. IBM-Form GE12-1244-0. Stuttgart 1973.

IBM Deutschland GmbH (Hrsg.): System Design Handbuch, Teil X, Kapitel 2: Betriebsablaufsicherung. IBM-Form GA12-1035-0. Sindelfingen 1973.

Institut der Wirtschaftsprüfer e.V. (Hrsg.): Wirtschaftsprüfer-Handbuch 1973. Düsseldorf 1973.

Isterling, Fritz: Betrieblicher Brandschutz auf schwachen Füßen. In: Vorbeugender Brandschutz - Brandverhütung und Brandbekämpfung. Gratenau 1974, S. 13-65.

Jacobs, O.H.: Das Bilanzierungsproblem in der Ertragssteuerbilanz. Stuttgart 1971.

Jacobson, R. V.: Contingency Planning. In: Computer and Software Security, hrsg. von F. Brown. New York 1971, S. 95-116.

Jancura, Elise G.: Audit and Control of Computer Systems. New York 1974.

Jelinek, Walter: Verwaltungsrecht. 3. Aufl., Offenburg 1948.

Jörger, Günther: Versicherungsschutz beim Einsatz von EDV-Anlagen. In: Die Wirtschaftsprüfung, 27. Jg., Heft 10, 1974, S. 263-269.

John, Richard C. und Nissen, Thomas J.: Evaluating Internal Control in EDP Audits. In: The Journal of Accountancy, Vol. 129, No. 2, 1970, S. 31-38.

Joseph, Earl C.: Zukunftstrends der Zuverlässigkeit von Computer-Hardware. In: Datascope, 4. Jg., Heft 11, 1973, S. 3-11.

Kalveram, Wilhelm: Die steuerliche Buchführung der Betriebe. Frankfurt 1948.

Karhausen, Mark O.: Datenschutz bei Datenbanken für Umfragen. In: Datenbanken und Datenschutz, hrsg. von A. Bellebaum. Frankfurt und New York 1974, S. 91-110.

Katzan, Harry: Computer Data Security. New York, Cincinnati, Toronto, London und Melbourne 1973.

Kethers, Friedhelm: Computer-Mißbrauch-Versicherung - eine neue Versicherungsart? In: Die Computer-Zeitung vom 14.7.1971, S. 10.

Kicherer, Hans-Peter: Grundsätze ordnungsmäßiger Abschlußprüfung. Berlin 1970.

Kicherer, Hans-Peter: Zur Abschlußprüfung bei automatischer Datenverarbeitung. In: Automatisierte Datenverarbeitung in Forschung und Praxis, hrsg. von K. Haberlandt. Ludwigshafen 1970, S. 145-164.

Klander, Peter: Organisation Kommunaler Datenverarbeitungszentralen. In: Öffentliche Verwaltung und Datenverarbeitung, 5. Jg., Heft 3, 1975, S. 100-105.

Klemenc, Hans, Lochner, Hans und Schönherr, Hans-Joachim: VM/370=CP+CMS. Systemsteuerprogramm für den Simultanbetrieb virtueller Maschinen im Dialog auf IBM Systemen/370. IBM-Form F12-1045. Stuttgart 1972.

Klingebiel, Horst: System- und Programmrevision - Methode zur Untersuchung von EDV-Verfahren. In: Zeitschrift Interne Revision, 4. Jg., Heft 4, 1969, S. 193-225.

Koch, Karl: Abgabenordnung. In: Handwörterbuch des Steuerrechts unter Einschluß von betriebswirtschaftlicher Steuerlehre, Finanzrecht, Finanzwissenschaft. Bd. 1, hrsg. von W. Hártz, G. Strickrodt, G. Wöhe, G. Felix und H. Sebiger. München 1971, S. 4-6.

Kölbel, Peter und Mrachacz, Hans Peter: Revision und Wirtschaftsprüfung bei elektronischer Datenverarbeitung. München o.J.

Körner, Werner: Wesen und Funktion der Grundsätze ordnungsmäßiger Buchführung. In: Die Wirtschaftsprüfung, 26. Jg., Heft 12, 1973, S. 309-318.

Körner, Werner: Wesen und System der Grundsätze ordnungsmäßiger Buchführung. In: Betriebswirtschaftliche Forschung und Praxis, 3. Jg., Heft 1, 1971, S. 21-26.

Köster, Heinrich: Computer-gestützte Prüfungsmethoden. Düsseldorf 1974.

Kohlscheen, Peter: Versicherungsschutz in der EDV. In: Öffentliche Verwaltung und Datenverarbeitung, 4. Jg., Heft 10, 1974, S. 483-489.

Koller, Horst: Simulation und Planspieltechnik. Wiesbaden 1969.

Kopetz, Hermann: Software Redundancy in Real Time Systems. In: Information Processing 74. Proceedings of IFIP Congress, hrsg. von J. L. Rosenfeld. New York 1974, S. 182-186.

Kormann, Helmut und Borrmann, Werner A.: Management-orientierte Vorgehensweise beim Aufbau von Informationssystemen. In: Management-Informationssysteme. Beiträge aus der Praxis, hrsg. von P. Lindemann und K. Nagel. Neuwied und Berlin 1972, S. 125-171.

Kraus, Wolfgang: Organisatorische und technische Maßnahmen zur Realisierung des Datenschutzes. In: Datenverarbeitung in Steuer, Wirtschaft und Recht, 2. Jg., Heft 26, 1973, S. 328-333.

Kraus, Wolfgang: Software-Beiträge zur Datensicherung. Veröffentlichtes Vortragsmanuskript im Rahmen des IBM-Seminars "Datenschutz und Datensicherheit" vom 16.-18.4.1975 in Bad Liebenzell.

Kraus, Wolfgang und Nagel, Kurt: IBM-Studie zur Datensicherung. In: IBM-Nachrichten, 25. Jg., Heft 225, 1975, S. 122-126.

Kraus-Weysser, Folker: Orwell schon da? In: Erfassungsschutz, hrsg. von H. Krauch. Stuttgart 1975, S. 28-37.

Krause, Jürgen: Die Sicherungsmöglichkeiten durch Hardware- und Softwareorientierte Maßnahmen. In: BIFOA-Arbeitsbericht Nr. 73/4 "Datenschutz und Datensicherung bei automatisierter Datenverarbeitung", hrsg. von E. Grochla und N. Szyperski. Köln 1974, S. 41-54.

Krauss, Leonard J.: SAFE - Sicherheit in der Datenverarbeitung. München 1973.

Kruse, Heinrich Wilhelm: Grundsätze ordnungsmäßiger Buchführung. Köln 1970.

Küting, Karlheinz: Zur Frage der Ermittlung von Grundsätzen ordnungsmäßiger Buchführung. In: Die Unternehmung, 28. Jg., Heft 4, 1974, S. 297-311.

Kunz, Edwin: Versicherungsmöglichkeiten in der EDV. In: Output, 4. Jg., Heft 3, 1975, S. 14-18.

Kwiatkowski, Jürgen: EDV-Projektmanagement. Frankfurt und New York 1974.

Larenz, Karl: Wegweiser zu richterlicher Rechtsschöpfung. In: Festschrift für Arthur Nikisch. Tübingen 1958, S. 275-305.

Leffson, Ulrich: Die Grundsätze ordnungsmäßiger Buchführung. 2. Aufl., Düsseldorf 1970.

Lehmann, Jörg und Müller, Klaus Peter: Aufbau- und Ablauforganisation eines Rechenzentrums. Ludwigshafen 1972.

Lehmberg, Jürgen: Die Grundsätze ordnungsmäßiger Buchführung und die Kostenrechnung mit elektronischen Datenverarbeitungsanlagen. In: Kostenrechnungs-Praxis, Heft 3, 1969, S. 107-113.

Leibrock, Dieter und Gutmann, Wilhelm: Maßnahmen zur Datensicherung in der Praxis. In: IBM-Nachrichten, 24. Jg., Heft 220, 1974, S. 103-107.

Lenk, Klaus: Datenschutzprobleme im Hochschulbereich. In: Öffentliche Verwaltung und Datenverarbeitung, 4. Jg., Heft 7, 1974, S. 312-318.

Leonhard, Heinrich: Datenschutz in den USA. In: Siemens Data Report, 8. Jg., Heft 5, 1973, S. 20-23.

Lidin, Karl Olaf: Das schwedische Datengesetz. Veröffentlichtes Manuskript im Rahmen der vom ADL-Verband für Informationsverarbeitung e.V. veranstalteten Tagung "Datenschutz in Theorie und Praxis - Beispiele aus Europa". Kiel, 28.-30.6.1973.

Lindauer, Hermann: Die Finanzbuchhaltung im Rahmen einer integrierten EDV-Organisation. In: Die steuerliche Betriebsprüfung, 10. Jg., Heft 5, 1970, S. 109-120.

Lindemann, Peter: Betriebswirtschaftliche Funktionsmodelle. In: Fortschritte der Kybernetik, hrsg. von W. Kroebel. München und Wien 1967, S. 431-444.

Lindemann, Peter: Datenschutz-Organisation-Revision. In: Datenschutz und Datensicherung - Organisationsprobleme. Heft 6 der IBM-Beiträge zur Datenverarbeitung, Methoden und Techniken, hrsg. von G. Herrmann, P. Lindemann und K. Nagel. IBM-Form F12-0007. Stuttgart 1975, S. 22-25.

Lindemann, Peter: Die Organisation des Rechnungswesens bei automatisierter Datenverarbeitung. In: IBM-Nachrichten, 18. Jg., Heft 189, 1968, S. 177-183.

Lindemann, Peter: Revision als Instrument der Datensicherung bei computergestützten Informationssystemen. In: Der Einfluß der EDV auf die Rechnungslegung. Heft 3 der IBM-Beiträge zur Datenverarbeitung, Methoden und Techniken, hrsg. von P. Lindemann und K. Nagel. IBM-Form F12-0004. Stuttgart 1973, S. 20-28.

Lindemann, Peter: Unternehmensführung und Wirtschaftskybernetik. Neuwied und Berlin 1970.

Lindemann, Peter und Nagel, Kurt: Revision und Kontrolle bei automatisierter Datenverarbeitung. 2. Aufl., Neuwied und Berlin 1970.

Lindemann, Peter, Nagel, Kurt und Herrmann, Günter: Organisation des Datenschutzes. Neuwied und Berlin 1973.

Lindenblatt, Heinz: Ordnungsmäßigkeit der Buchführung beim Einsatz von automatisierten Datenverarbeitungsanlagen (ADV). In: Die steuerliche Betriebsprüfung, 11. Jg., Heft 7, 1971, S. 160-162.

Loy, Arno: Grundsätze und Regeln ordnungsmäßiger Buchführung - ihre Rechtsnatur. In: Der Betriebs-Berater, 25. Jg., Heft 28, 1970, S. 1210-1213.

Lüscher, Fritz: Sicherstellung und Geheimhaltung in bezug auf Datenbanken. In: Output, 4. Jg., Heft 1, 1975, S. 18-21.

Madgwick, Donald und Smythe, Tony: The Invasion of Privacy. London 1974.

Mallmann, Christoph: Das Problem der Privatsphäre innerhalb des Datenschutzes. In: Datenschutz - Datensicherung. Heft 5 der Beiträge zur integrierten Datenverarbeitung in der öffentlichen Verwaltung, hrsg. von der Siemens AG. München 1971, S. 19-26.

Mallmann, Otto: Datenschutz in Schweden: Das neue Datengesetz. In: Öffentliche Verwaltung und Datenverarbeitung, 4. Jg., Heft 1, 1974, S. 31-33.

Mallmann, Otto: Kreditauskunfteien und Datenschutz in den Vereinigten Staaten. In: Datenschutz, hrsg. von W. Kilian, K. Lenk und W. Steinmüller. Frankfurt 1973, S. 311-330.

Marcus, M. J.: On Attaining the Availability Required in Future Information Processing Systems. In: Information Processing 74. Proceedings of IFIP Congress 74, hrsg. von J. L. Rosenfeld. New York 1974, S. 141-146.

Marketing Research Department Datamation (Hrsg.): Trends in Computer Room Security. Greenwich, Connecticut 1974.

Marmetschke, Christoph und Minz, Günter: EDV-Buchführung aus der Sicht des Wirtschaftsprüfers. In: Der Einfluß der EDV auf die Rechnungslegung. Heft 3 der IBM-Beiträge zur Datenverarbeitung, Methoden und Techniken, hrsg. von P. Lindemann und K. Nagel. IBM-Form F12-0005. Stuttgart 1973, S. 36-40.

Marschner, Peter und Schwaderer, Jörg: Interne Revision und EDV bei der Standard Elektrik Lorenz (SEL) AG. In: Der Einfluß der EDV auf die Rechnungslegung. Heft 3 der IBM-Beiträge zur Datenverarbeitung, Methoden und Techniken, hrsg. von P. Lindemann und K. Nagel. IBM-Form F12-0004. Stuttgart 1973, S. 44-48.

Martin, James: Security, Accuracy, and Privacy in Computer Systems. Englewood Cliffs 1973.

Martin, Johannes I.: Generalized Structured Programming. In: AFIPS Conference Proceedings. Chicago 1974, S. 665-669.

Maul, Karl-Heinz: Offene Probleme der Ermittlung von Grundsätzen ordnungsmäßiger Buchführung. In: Zeitschrift für betriebswirtschaftliche Forschung, 26. Jg., Heft 11, 1974, S. 726-745.

Meyer, Carl W.: Belegbuchhaltung. In: Handwörterbuch des Rechnungswesens, hrsg. von E. Kosiol. Stuttgart 1970, Sp.114-116.

Meyer, Carl W.: EDV als Mittel des Marketing. Herne und Berlin 1972.

Meyer, Carl W. und Nagel, Kurt: Systemprüfung bei automatisierter Datenverarbeitung. Neuwied und Berlin 1974.

Migliaccio, Guy R.: Computer Risk Insurance. In: Computer Security Handbook, hrsg. von B. Hoyt. New York und London 1973, S. 138-153.

Miller, Arthur R.: Der Einbruch in die Privatsphäre - Datenbanken und Dossiers. Neuwied und Berlin 1973.

Miller, Kasimir: Ordnungsmäßige Buchführung und Betriebsführung bei automatisierter Datenverarbeitung. Düsseldorf 1970.

Minz, Günter: Besprechung des Buches von Lindemann, Peter, Nagel, Kurt und Herrmann, Günter: Organisation des Datenschutzes. In: Die Wirtschaftsprüfung, 28. Jg., Heft 9, 1975, S. 252-253.

Minz, Günter: Grundsätze ordnungsmäßiger Buchführung bei elektronischer Datenverarbeitung. In: Buchhaltungs-Briefe, Heft 7, 1972, Fach 8, S. 769-784.

Minz, Günter: Podiumsdiskussion zu den Themen "Revision und Ordnungsmäßigkeit bei computergestützten Informationssystemen". Broschüre einer audiovisuellen Aufzeichnung des Instituts für moderne Lehrmethoden (MEDITHEK). Meersburg und München 1974.

Molho, Lee M.: Hardware Aspects of Secure Computing. In: Security and Privacy in Computer Systems. Los Angeles 1973, S. 351-365.

Montalbano, Michael: Decision Tables. Chicago, Palo Alto, Toronto, Henley-on Thames, Sydney und Paris 1974.

Moxter, Adolf: Die Grundsätze ordnungsmäßiger Bilanzierung und der Stand der Bilanztheorie. In: Zeitschrift für betriebswirtschaftliche Forschung, 18. Jg., Heft 1, 1966, S. 28-59.

Mühlen, Rainer A. H. von zur: Computer-Kriminalität. In: Management heute, Heft 6, 1973, S. 17-20.

Mühlen, Rainer A. H. von zur: Computer-Kriminalität - Gefahren und Abwehrmaßnahmen. Neuwied und Berlin 1973.

Mühlen, Rainer A. H. von zur: Der Computer als Komplize. In: Die Welt, Nr. 142, 22.6.1974, S. III (Die geistige Welt).

Mühlen, Rainer A. H. von zur: Sicherheit im Unternehmen - Kampfansage an die Computer-Kriminalität. In: Marktforscher, 16. Jg., Heft 98/99, 1972, S. 3-4.

Müller, Christa: Inhalt und Funktion der Privatsphäre - eine kritische Darstellung. In: Datenverarbeitung in Steuer, Wirtschaft und Recht, 2. Jg., Heft 17, 1973, S. 50-57.

Müller, Paul J.: Die Gefährdung der Privatsphäre durch Datenbanken. In: Datenbanken und Datenschutz, hrsg. von A. Bellebaum. Frankfurt und New York 1974, S. 63-90.

Müller, Werner: Großintegration elektronischer Bauelemente - Revolution in Wirtschaft und Technik? In: Siemens-Zeitschrift, 48. Jg., Heft 12, 1974, S. 878-881.

Müller, Wolfgang: Schadenverhütung und Versicherung für Datenverarbeitungsanlagen, Datenträger und Programmierungsunterlagen. In: IBM-Nachrichten, 19. Jg., Heft 195, 1969, S. 710-713.

Muschalla, Heinz: Diskussionsbeitrag in der öffentlichen Anhörung des Innenausschusses des Deutschen Bundestages vom 6. Mai 1974. In: Datenschutz/Meldegesetz. Bd. 5 der Reihe "Zur Sache", hrsg. vom Presse- und Informationszentrum des Deutschen Bundestages. Bonn 1974, S. 178.

Mutze, Otto: Die Wandlung der Grundsätze ordnungsmäßiger Buchführung durch die Weiterentwicklung des Buchführungs- und Bilanzwesens. In: Der Betriebs-Berater, 24. Jg., Heft 2, 1969, S. 56-63.

Nagel, Kurt: Bibliographie zum Fachgebiet Datenschutz und Datensicherung. Neuwied und Berlin 1974.

Nagel, Kurt: Bibliographie zum Fachgebiet Revision und Kontrolle bei EDV. Neuwied und Berlin 1970 (Nachtrag 1973, vervielfältigtes Manuskript).

Nagel, Kurt: Grundlagen und Aufbau eines Management-Informationssystems. In: Zeitschrift für Organisation, 39. Jg., Heft 3, 1970, S. 104-110.

Nagel, Kurt: Interne Revision und Systemprüfung bei EDV-Organisationen. In: Zeitschrift Interne Revision, 8. Jg., Heft 2, 1973, S. 67-81.

Nagel, Kurt: Literaturwegweiser zum Thema 'Datensicherung': In: Datenverarbeitung in Steuer, Wirtschaft und Recht, 3. Jg., Heft 1, 1974, S. 13-15.

Nagel, Kurt: Praktische Hinweise zur Planung und Einführung eines Sicherungssystems. In: Datenverarbeitung in Steuer, Wirtschaft und Recht, 2. Jg., Heft 27, 1973, S. 374-379.

Nagel, Kurt: Systemprüfung als Revisionstechnik bei computergestützten Informationssystemen. In: Der Einfluß der EDV auf die Rechnungslegung. Heft 3 der IBM-Beiträge zur Datenverarbeitung, Methoden und Techniken, hrsg. von P. Lindemann und K. Nagel. IBM-Form F12-0004. Stuttgart 1973, S. 29-35.

Nagel, Kurt und Zimmermann, Siegfried: Grundsätze ordnungsmäßiger Buchführung (GoB) - heutiger Stand und Entwicklungstendenzen. In: Der Einfluß der EDV auf die Rechnungslegung. Heft 3 der IBM-Beiträge zur Datenverarbeitung, Methoden und Techniken, hrsg. von P. Lindemann und K. Nagel. IBM-Form F12-004. Stuttgart 1973, S. 5-19.

Nagel, Kurt, Herzog, Reinhart und Schiro, Helmut: Lexikon EDV und Rechnungswesen. Ludwigshafen 1971.

Nakamura, Akira, Nose, Junro und Yamakawa, Shuzo: High Speed Generation of Fault Location Data for Logic Circuits. In: Information Processing 74. Proceedings of IFIP Congress 74, hrsg. von J. L. Rosenfeld. New York 1974, S. 112-116.

Neidhardt, M.: Verfügbarkeit komplexer Systeme. Veröffentlichtes Vortragsmanuskript, IBM-Seminar vom 2.-3. Dezember 1970 in Stuttgart.

Neuy, Erich: Datenverarbeitung im steuer- und wirtschaftsberatenden Beruf. 3. Aufl., Ludwigshafen 1970.

Nürck, Robert: Informationsverarbeitung in der Wirtschaft. In: Zeitschrift für Betriebswirtschaft, 33. Jg., Heft 1, 1963, S. 1-17.

Obelode, Günter und Windfuhr, Manfred: Methoden zum Datenschutz und zur Datensicherheit - vorgestellt an einem praktischen Beispiel. In: IBM-Nachrichten, 24. Jg., Heft 221, 1974, S. 232-236.

Österreichische Gesellschaft für Politik: Der Bürger in der Informationsgesellschaft. Materialien zum Datenschutz in Österreich. Wien o.J.

o.V.: Computer Fraud and Embezzlement. In: EDP-Analyser, Vol. 11, No. 9, 1973, S. 1-14.

o.V.: Datensicherung mit kalkuliertem Risiko. In: Diebold Management Report, August 1971, S. 6-7.

o.V.: Grundbuchaufzeichnungen. In: Die steuerliche Betriebsprüfung, 8. Jg., Heft 11, 1968, S. 259-262.

o.V.: Lord Halsbury Speaks on Computer Privacy. In: Computers and Automation, Vol. 19, No. 7, 1970, S. 42-43.

o.V.: Nobody's Going to Get Excited About Privacy. In: Computing Europe, 24.5.1974, S. 13-15.

o.V.: Protecting Valuable Data. In: EDP-Analyzer, Vol. 11, No. 12, 1973, S. 1-13.

o.V.: Spracheingabe in EDV-Systeme. In: Blick durch die Wirtschaft, 14.1.1975, S. 1.

o.V.: Versicherungs-Studie für EDV-Anlagen. In: Die Computer-Zeitung, Heft 6, 1974, S. 6.

o.V.: Wirtschaftsspionage. In: Sicherheits-Berater, 1. Jg., Heft 4, 1974, S. 54-55.

Pagenkemper, K. und Heitz, B.: Entscheidungstabellen in Organisation und Datenverarbeitung. Neuwied 1975.

Parker, Donn B.: Reported Cases of Computer Abuse, by Year and Type (Veröffentlichtes Manuskript), hrsg. vom Stanford Research Institute. Washington, 4.6.1974.

Parker, Donn B., Nycum, Susan und Oüra, S. Stephen: Computer Abuse, hrsg. vom Stanford Research Institute. Washington 1973.

Peck, Paul L.: Data Processing Safeguards. In: Journal of Systems Management, Vol. 23, No. 10, 1972, S. 11-17.

Peter, Karl: Ordnungsmäßigkeit der Buchführung. 5. Aufl., Ludwigshafen 1964.

Petersen, H. E. und Turn, R.: System Implications of Information Privacy. In: Security and Privacy in Computer Systems, hrsg. von L. J. Hoffman. Los Angeles 1973, S. 76-95.

Peupelmann, Hans W.: Grundsätze ordnungsmäßiger Bilanzierung beim Konzernabschluß. In: Der Betrieb, 26. Jg., Heft 50/51, 1973, S. 2457-2460.

Pfersich, Hans-Peter: Fallstudie "Brand im Rechenzentrum". In: Code, 1. Jg., Heft 1, 1974, S. 10-12.

Plambeck, Peter: Die ordnungsmäßige Buchführung bei automatisierter Datenverarbeitung. Stuttgart 1971.

Plesch, M. und Griese, J.: Eigenschaften von Datenbanksystemen - ein Vergleich. In: Angewandte Informatik, 14. Jg., Heft 11, 1972, S. 489-498.

Podlech, Adalbert: Datenschutz im Bereich der öffentlichen Verwaltung. Berlin 1973.

Podlech, Adalbert: Prinzipien des Datenschutzes in der öffentlichen Verwaltung. In: Datenschutz, hrsg. von W. Kilian, K. Lenk und W. Steinmüller. Frankfurt 1973, S. 3-13.

Podlech, Adalbert: Verfassungsrechtliche Probleme öffentlicher Informationssysteme. In: Datenverarbeitung im Recht, 1. Jg., Heft 2/3, 1972, S. 149-169.

Podlech, Adalbert: Verfassung und Datenschutz. In: Erfassungsschutz, hrsg. von H. Krauch. Stuttgart 1975, S. 72-77.

Pomeranz, Felix: Securing the Computer. In: The CPA-Journal, Vol. XLIV, No. 6, 1974, S. 23-26, 50.

Porsche, Ernst: Zur Ordnungsmäßigkeit der Buchführung bei automatisierter Datenverarbeitung nach Abschnitt 29 (6) EStR 1967. In: Die steuerliche Betriebsprüfung, 9. Jg., Heft 1, 1969, S. 21-22.

Post, Kurt und Post, Manfred: Die Unterschlagung im Betrieb und ihre Bekämpfung unter Berücksichtigung der elektronischen Datenverarbeitung. 3. Aufl., Köln 1971.

Presse- und Informationszentrum des Deutschen Bundestages (Hrsg.): Datenschutz/Meldegesetz. Aus der öffentlichen Anhörung des Innenausschusses des Deutschen Bundestages vom 6. Mai 1974. Bd. 5 der Reihe "Zur Sache". Bonn 1974.

Prüßmann, Otto: Datenverarbeitung und steuerliche Prüfungspraxis. Berlin 1975.

Prüßmann, Otto: Programmdokumentation und Aufbewahrung von Programmunterlagen. In: Die steuerliche Betriebsprüfung, 15. Jg., Heft 5, 1975, S. 110-115.

Prüßmann, Otto: Speicherbuchführung in Gegenwart und Zukunft. In: Zeitschrift Interne Revision, 8. Jg., Heft 4, 1973, S. 200-201.

Rau, Hans-Gerd: Die Ordnungsmäßigkeit der Buchführung nach den Einkommensteuer-Richtlinien 1967. In: Die steuerliche Betriebsprüfung, 8. Jg., Heft 5, 1968, S. 115-120.

Rau, Hans-Gerd: Die Ordnungsmäßigkeit nach den Einkommensteuer-Richtlinien 1969. In: Die steuerliche Betriebsprüfung, 10. Jg., Heft 5, 1970, S. 121-125.

Rau, Hans-Gerd: Grundbuchmäßige Erfassung der unbaren Geschäftsvorfälle. In: Steuerliche Betriebsprüfung, 9. Jg., Heft 3, 1969, S. 67-70.

Rave, Dieter: Datenschutzprobleme am Beispiel des Gesundheitswesens. In: Datenschutz, hrsg. von W. Kilian, K. Lenk und W. Steinmüller. Frankfurt 1973, S. 279-288.

Reblin, Erhard: Elektronische Datenverarbeitung in der Finanzbuchhaltung. Stuttgart 1971.

Renz, Helmut und Weiß, Edwin: Versicherungsschutz bei Verwendung von elektronischen Datenverarbeitungsanlagen. In: Handbuch der maschinellen Datenverarbeitung, Lieferung 29, September 1969, 13/6, S. 1-6.

Rölle, Harald: Das interne Kontrollsystem im Rechnungswesen. In: Das Rechnungswesen bei automatisierter Datenverarbeitung. Bd. 9 der Schriftenreihe "Betriebswirtschaftliche Beiträge zur Organisation und Automation", hrsg. von E. Grochla. Wiesbaden 1971, S. 41-59.

Schanz, Günther: Zwei Arten des Empirismus. In: Zeitschrift für betriebswirtschaftliche Forschung, 27. Jg., Heft 5, 1975, S. 307-331.

Schimmel, Wolfgang und Steinmüller, Wilhelm: Rechtspolitische Problemstellung des Datenschutzes. In: Datenbanken und Datenschutz, hrsg. von A. Bellebaum. Frankfurt und New York 1974, S. 111-169.

Schindel, Jost: Das amerikanische Datenschutzgesetz von 1974. Heft 3 der Beiträge zum Datenschutzgesetz, hrsg. von W. Birkelbach. Wiesbaden 1975.

Schipporeit, Georg: Internal Control im Datenverarbeitungssystem als Grundlage der externen Revision. In: Zeitschrift für Betriebswirtschaft, 36. Jg., Heft 3, 1966, S. 171-185.

Schmalenbach, Eugen: Grundsätze ordnungsmäßiger Bilanzierung. In: Zeitschrift für handelswissenschaftliche Forschung, 27. Jg., Heft 5, 1933, S. 226-232.

Schmidtmann, Friedrich: Automatisierte Datenverarbeitung (ADV) und steuerliche Betriebsprüfung. In: Der Einfluß der EDV auf die Rechnungslegung. Heft 3 der IBM-Beiträge zur Datenverarbeitung, Methoden und Techniken, hrsg. von P. Lindemann und K. Nagel. IBM-Form F12-0004. Stuttgart 1973, S. 54-60.

Schmidtmann, Friedrich: Die steuerliche Betriebsprüfung bei automatisierter Datenverarbeitung. In: Die steuerliche Betriebsprüfung, 12. Jg., Heft 7, 1972, S. 162-167.

Schmidtmann, Friedrich: Dokumentation und Systemprüfung bei computergestützten Buchführungssystemen. In: Die steuerliche Betriebsprüfung, 15. Jg., Heft 3, 1975, S. 61-67.

Schmidtmann, Friedrich und Zimmermann, Siegfried: Automatisierte Datenverarbeitung und steuerliche Betriebsprüfung. In: Die steuerliche Betriebsprüfung, 13. Jg., Heft 6, 1973, S. 133-140.

Schmitz, Paul und Seibt, Dietrich: Einführung in die anwendungsorientierte Informatik. München 1975.

Schmütz, Horst: Zum Thema Computer-Mißbrauch-Versicherung. In: Die Computer-Zeitung vom 8.9.1971, S. 6.

Schneider, Jochen: Datenschutz - Datensicherung. Beiträge zur integrierten Datenverarbeitung in der öffentlichen Verwaltung, hrsg. von der Siemens AG. Heft 5. München 1971.

Schneller, Herbert: Revisionsprobleme bei elektronischer Datenverarbeitung. In: Datenverarbeitung in Steuer, Wirtschaft und Recht, 1. Jg., Heft 4, 1972, S. 104-107.

Scholz, Einar: Firmenpleite durch Datenverlust. In: Blick durch die Wirtschaft, 2.9.1974, S. 1.

Schomerus, Rudolf: Neue Überlegungen zum Datenschutz in den Vereinigten Staaten. In: Öffentliche Verwaltung und Datenverarbeitung, 4. Jg., Heft 6, 1974, S. 264-266.

Schreiner, Adalbert und Zeeb, Gerhard: Interne Revision und EDV bei der Burda GmbH. In: Der Einfluß der EDV auf die Rechnungslegung. Heft 3 der IBM-Beiträge zur Datenverarbeitung, Methoden und Techniken, hrsg. von P. Lindemann und K. Nagel. IBM-Form F12-0004. Stuttgart 1973, S. 41-44.

Schröder, Johannes: Ordnungsmäßigkeit der Buchführung bei automatisierter Datenverarbeitung. In: Bürotechnik, 13. Jg., Heft 7, 1972, S. 915-920.

Schröder, Johannes: Podiumsdiskussion zu den Themen "Revision und Ordnungsmäßigkeit bei computergestützten Informationssystemen". Broschüre einer audiovisuellen Aufzeichnung des Instituts für moderne Lehrmethoden (MEDITHEK). Meersburg und München 1974.

Schröder, Johannes: Probleme ordnungsmäßiger Buchführung bei automatisierter Datenverarbeitung. In: Das Rechnungswesen bei automatisierter Datenverarbeitung (Studienkreis Finanzpräsident Schröder). Wiesbaden 1971, S. 197-215.

Schulze, Jürgen H.: Datenschutz in der Datenverarbeitung. In: IBM-Nachrichten, 21. Jg., Heft 205, 1971, S. 640-645.

Schwedisches Institut (Hrsg.): Das schwedische Datengesetz. In: Aktuelle Informationen aus Schweden, Nr. 4, Juli 1973, S. 1-6.

Segert, Paul: International problematischer Datenschutz. In: VDI-Nachrichten, 27. Jg., 8.8.1973, S. 1-2.

Seidel, Ulrich: Das aktuelle Thema: Datenschutz. Teil I: Rechtsgrundlagen und thematischer Aufriß. In: Online, Zeitschrift für Datenverarbeitung, 11. Jg., Heft 3, 1973, S. 143-153.

Seidel, Ulrich: Datenbanken und Persönlichkeitsrecht. Köln 1972.

Seipel, Peter: Legal Controlls of the Storage and Use of Personal Data. In: Data, No. 5, 1974, S. 43-46.

Seymour, Richard: Data Security Doesn't Just Happen. In: Data Processor, Vol. 17, No. 4, 1974, S. 12.

Sieben, Günter und Mühlen, Rainer A. H. von zur: Computerkriminalität - nicht Dichtung, sondern Wahrheit. In: Datenverarbeitung in Steuer, Wirtschaft und Recht, 1. Jg., Heft 13, 1972, S. 397-401.

Sieben, Günter und Mühlen, Rainer A. H. von zur: Zur Diskussion: Computerkriminalität. In: Datenverarbeitung in Steuer, Wirtschaft und Recht, 2. Jg., Heft 23, 1973, S. 252-254.

Siemens AG (Hrsg.): Richtlinien zur Datensicherheit (Bereich Nachrichtentechnik). München 1973.

Simitis, Spiros: Datenschutz - Notwendigkeit und Voraussetzungen einer gesetzlichen Regelung. In: Datenverarbeitung im Recht, 2. Jg., Heft 2/3, 1973, S. 138-189.

Simitis, Spiros: Diskussionsbeitrag in der öffentlichen Anhörung des Innenausschusses des Deutschen Bundestages vom 6. Mai 1974. In: Datenschutz/ Meldegesetz. Bd. 5 der Reihe "Zur Sache", hrsg. vom Presse- und Informationszentrum des Deutschen Bundestages. Bonn 1974, S. 48.

Skole, Robert: Sweden Enacts Privacy Law. In: Electronics, Vol. 46, No. 15, 1973, S. 73-74.

Sokolovsky, Zbynek und Varignon, Andre: Sicherheit durch Software im computerunterstützten Informationssystem. In: Öffentliche Verwaltung und Datenverarbeitung, 5. Jg., Heft 7, 1975, S. 313-322.

Stadler, Gerhard: Datenschutz - Resolution des Europarates. In: Öffentliche Verwaltung und Datenverarbeitung, 5. Jg., Heft 3, 1975, S. 114-115.

Stadler, Gerhard: Die Regierungsvorlage des österreichischen Datenschutzgesetzes. In: Öffentliche Verwaltung und Datenverarbeitung, 5. Jg., Heft 2, 1975, S. 81-87.

Stadler, Gerhard: Zum Entwurf eines österreichischen Bundes-Datenschutzgesetzes. In: Öffentliche Verwaltung und Datenverarbeitung, 4. Jg., Heft 9, 1974, S. 439-442.

Stadler, Norbert: Organisatorische Vorkehrungen zu Datenschutz und Datensicherung. In: Öffentliche Verwaltung und Datenverarbeitung, 5. Jg., Heft 6, 1975, S. 271-276.

Staub, Hermann: Handelsgesetzbuch - Großkommentar der Praxis. 3. Aufl., Berlin 1967.

Steguweit, Hans-Dieter: Computermißbrauch-Versicherung. In: Bürotechnik, 23. Jg., Heft 1, 1975, S. 46-51.

Steguweit, Hans-Dieter: Computermißbrauch-Versicherung. In: Computer-Praxis, Heft 9, 1974, S. 261-264.

Steguweit, Hans-Dieter: Computermißbrauch-Versicherung. In: Datenverarbeitung in Steuer, Wirtschaft und Recht, 3. Jg., Heft 6, 1974, S. 170-173.

Steinbach, Adalbert: Gedanken zum gegenwärtigen Stand der Diskussion über Wesen, Rechtsnatur und Ermittlungsmethoden der GoB. In: Zeitschrift für betriebswirtschaftliche Forschung, 25. Jg., Heft 1, 1973, S. 1-15.

Steinbuch, K. und Wacker, H.: Überlegungen zu technischen Möglichkeiten des Datenschutzes im Hinblick auf das Bundesdatenschutzgesetz. In: Grundfragen des Datenschutzes, hrsg. vom Bundesministerium des Innern. Bonn 1972, Drucksache VI/3826, S. 213-224.

Steinebach, Willi: Die Prüfung des Rechnungswesens aus der Sicht des Abschlußprüfers. In: Das Rechnungswesen bei automatisierter Datenverarbeitung. Bd. 9 der Schriftenreihe "Betriebswirtschaftliche Beiträge zur Organisation und Automation". Wiesbaden 1971, S. 177-195.

Steinmüller, Wilhelm: Diskussionsbeitrag in der öffentlichen Anhörung des Innenausschusses des Deutschen Bundestages vom 6. Mai 1974. In: Datenschutz/Meldegesetz. Bd. 5 der Reihe "Zur Sache", hrsg. vom Presse- und Informationszentrum des Deutschen Bundestages. Bonn 1974, S. 48-49.

Steinmüller, Wilhelm: Objektbereich "Verwaltungsautomation und Prinzipien des Datenschutzes". In: Datenschutz, hrsg. von W. Kilian, K. Lenk und W. Steinmüller. Frankfurt 1973, S. 51-76.

Stockhausen, Josef: Die Speicherung medizinischer Daten - Gefahren und Schutzmaßnahmen. In: Deutsches Ärzteblatt, 70. Jg., Heft 40, 1973, S. 2597-2604.

Studienkreis "Rechnungswesen und automatische Datenverarbeitung": Ordnungsmäßigkeit der externen Rechnungslegung beim Einsatz automatischer Datenverarbeitungsanlagen. In: Der Betrieb, 19. Jg., Heft 39, 1966, S. 1485-1486.

Szyperski, Norbert: Gegenwärtiger Stand und Tendenzen der Entwicklung betrieblicher Informationssysteme. In: Probleme beim Aufbau betrieblicher Informationssysteme, hrsg. von H. R. Hansen und M. P. Wahl. München 1973, S. 25-48.

Tassel, Dennie van: Computer Security Management. Englewood Cliffs 1972.

Tassel, Dennie van: Program Style, Design, Efficiency, Debugging, and Testing. Englewood Cliffs 1974.

Thomas, Uwe: Computerized Data Banks in Public Administration. Paris 1971.

Tiedemann, Klaus und Sasse, Christoph: Delinquenzprophylaxe, Kreditsicherung und Datenschutz in der Wirtschaft. Köln 1973.

Trebesch, Karsten: Bekannte Täter. In: VDI-Nachrichten, Heft 37, 1974, S. 30.

Turn, Rein: Computer in the 1980s - Trends in Hardware Technology. In: Information Processing 74. Proceedings of IFIP Congress 74, hrsg. von J. L. Rosenfeld. New York 1974, S. 137-140.

Urschler, G.: Automatic Structuring of Programs. In: IBM Journal of Research and Development, Vol. 19, No. 2, 1975, S. 181-194.

Velde, van der: Zur Kritik an den Grundsätzen ordnungsmäßiger Bilanzierung. In: Der Betrieb, 9. Jg., Heft 35, 1956, S. 804-805.

Verband für Arbeitsstudien-REFA-e.V.: Methodenlehre der Planung und Steuerung. Teil 2: Planung. München 1974.

Verband für Sicherheit in der Wirtschaft e.V.: Sicherheitsvorkehrungen für elektronische Datenverarbeitungsanlagen. Essen 1973, Ausgabe März, S. 7.

Verein Deutscher Maschinenbau-Anstalten e.V. (VDMA): Diskussionsbeitrag in der öffentlichen Anhörung des Innenausschusses des Deutschen Bundestages vom 6. Mai 1974. In: Datenschutz/Meldegesetz. Bd. 5 der Reihe "Zur Sache", hrsg. vom Presse- und Informationszentrum des Deutschen Bundestages. Bonn 1974, S. 43-45 und S. 175-176.

Vieweg, Rolf: Buchhaltung mit mechanischen und automatischen Datenverarbeitungsverfahren. 4. Aufl., Herne und Berlin 1969.

Vieweg, Rolf: Revision und EDV. In: Aktuelle Probleme der Datenverarbeitung und Bilanzierung, hrsg. von W. Kresse. Stuttgart 1971, S. 49-63.

Vieweg, Wolfgang: Die Konstruktion von Entscheidungstabellen. Wiesbaden 1973.

Wagner, G.: Medizinische Datenbanken und ihre Problematik. In: Computer: Aufgaben im Gesundheitswesen, hrsg. von N. Hollberg, B. Pleuss und H. Rittersbacher. Berlin, Heidelberg und New York 1973, S. 22-31.

Wahl, Manfred P.: Grundlagen eines Management-Informationssystems. Neuwied und Berlin 1970.

Wakerly, John F. und McCluskey: Design of Low-Cost General-Purpose Self-Diagnosing Computers. In: Information Processing 74. Proceedings of IFIP Congress 74, hrsg. von J. L. Rosenfeld. New York 1974, S. 108-111.

Waldner, Wolfgang: Der Bundesgerichtshof und die Rechtsnatur der Grundsätze ordnungsmäßiger Buchführung. In: Der Betriebs-Berater, 16. Jg., Heft 29, 1961, S. 1108-1111.

Walsh, Dorothy A.: Anleitung zur Software-Dokumentation. München 1972.

Ware, Willis H.: Security and Privacy: Similarities and Differences. In: AFIPS Conference Proceedings. Chicago 1967, S. 287-290.

Weber, Ilse: Formelle Prüfung bei elektronischer Datenverarbeitung. Düsseldorf 1965.

Wenzel, Frank: Entscheidungsorientierte Informationsbewertung. Opladen 1975.

Westin, Alan: Der Mensch und seine Privatsphäre. In: IBM-Nachrichten, 20. Jg., Heft 201, 1970, S. 189-196 und Heft 202, S. 289-296.

Wiesel, Georg: Computerkriminalität - Tatbestände und ihre strafrechtliche Verfolgung. Teil 1. In: Siemens Data Report, 8. Jg., Heft 3, 1973, S. 24-27.

Wilhelms, Helmut: Automatisierungstechnik und wirtschaftlicher Fortschritt. In: Siemens-Zeitschrift, 48. Jg., Heft 12, 1974, S. 908-911.

Willmott, G. M. R.: Some Problems of Auditing Computerized Systems. In: The Accountant, Vol. 170, No. 5172, 1974, S. 187-188.

Winkelmann, Rolf: Wirtschaftlichkeitsüberlegungen zur DV-Systementwicklung. In: Praxis des Rechnungswesens, Heft 5, 1974, Gruppe 12, S. 137-150.

Winter, H.-J.: Einsatzmöglichkeiten von Datenbanken. Veröffentlichtes Vortragsmanuskript, IBM-Seminar vom 3.-5. Dezember 1974 in Bad Liebenzell.

Wissing, Wolfgang: Diskussionsbeitrag in der öffentlichen Anhörung des Deutschen Bundestages vom 6. Mai 1974. In: Datenschutz/Meldegesetz. Bd. 5 der Reihe "Zur Sache", hrsg. vom Presse- und Informationszentrum des Deutschen Bundestages. Bonn 1974, S. 170-175.

Withington, Frederick G.: Beyond 1984: A Technology Forecast. In: Datamation, Vol. 24, No. 1, 1975, S. 54-73.

Wittkämper, Gerhard W.: Datenschutz in der Bundesrepublik Deutschland - Das Systemkonzept des Gesetzgebers. Veröffentlichtes Vortragsmanuskript im Rahmen des IBM-Seminars "Datenschutz und Datensicherheit" vom 16.-18.4.1975 in Bad Liebenzell.

Wittkämper, Gerhard W.: Datenschutz in Deutschland. In: Neue Züricher Zeitung, 22.9.1974, S. 37.

Wittkämper, Gerhard W.: Diskussionsbeitrag in der öffentlichen Anhörung des Innenausschusses des Deutschen Bundestages vom 6. Mai 1974. In: Datenschutz/Meldegesetz. Bd. 5 der Reihe "Zur Sache", hrsg. vom Presse- und Informationszentrum des Deutschen Bundestages. Bonn 1974, S. 49-50.

Wittmann, Waldemar: Unternehmung und unvollkommene Information. Köln und Opladen 1959.

Wolf, Thomas: Datenschutz. In: Online, Zeitschrift für Datenverarbeitung, 12. Jg., Heft 10, 1974, S. 627-630.

Wolters, Hans-Georg: Datenverarbeitung und Vertraulichkeit medizinischer Informationen. In: Deutsches Ärzteblatt, 71. Jg., Heft 51, 1974, S. 3691-3696.

Wortmann, Heinrich: Datensicherung in der Datenverarbeitung. Kiel 1973.

Yourdan, Edward: Making the Move to Structured Programming. In: Datamation, Vol. 21, No. 6, 1975, S. 52-56.

Zangemeister, Christof: Nutzwertanalyse in der Systemtechnik. 2. Aufl., München 1971.

Zangemeister, Christof: Nutzwertanalyse von Projektalternativen. In: Produktplanung - Wertanalyse - Zuverlässigkeit. Zürich 1974, S. 75-98.

Zimmermann, Dieter: Ist die Protokollierung nach dem EBDSG für den Datenschutz notwendig und geeignet? In: Öffentliche Verwaltung und Datenverarbeitung, 5. Jg., Heft 5, 1975, S. 197-206.

Zimmermann, Dieter: Strukturgerechte Datenorganisation. Neuwied und Berlin 1971.

Zimmermann, Siegfried: Buchführungsbestandteile und ihre Funktionen bei automatisierter Datenverarbeitung. In: Die steuerliche Betriebsprüfung, 9. Jg., Heft 7, 1969, S. 161-164.

Organisation

Prof. Dr. H. Kreikebaum

Einführung in die Organisationslehre

100 Seiten br. 15,60 DM

Das Buch bietet einen Einblick in die Schwerpunkte der Organisationslehre und vermittelt das theoretische Rüstzeug, das zur Lösung von Organisationsaufgaben in der beruflichen Praxis notwendig erscheint. Aus diesem Grunde ist z. B. der Spartenorganisation und der Matrixorganisation ebenso wie den Management-Informationssystemen ein entsprechendes Gewicht beigelegt worden.

Prof. Dr. H. Kreikebaum

Die Anpassung der Betriebsorganisation

157 Seiten br. 19,50 DM

Der Verfasser entwickelt an Hand von Beispielen aus der Organisationspraxis Kriterien für die Überwachung des zeitlichen Verlaufs der Effizienz organisatorischer Regelungen und behandelt Maßnahmen zur Überwindung des Effizienzabbaus. Diese Maßnahmen haben zum Ziel, die Betriebsorganisation flexibel zu gestalten und rechtzeitig an veränderte Umweltbedingungen anzupassen.

Organisation als System

Herausgeber: Prof. Dr. K. Bleicher

375 Seiten Ln. 48,30 DM

Das Sammelwerk enthält Beiträge maßgebender Wissenschaftler, die das zur Zeit bestehende Wissen über die Anwendung der Systemtheorie auf die Organisation wiedergeben. Insbesondere handelt es sich um Beiträge aus der allgemeinen Systemtheorie, der Kybernetik, der Soziologie und der öffentlichen Verwaltung.

Prof. Dr. A. Scheibler

Unternehmungs-Organisation

295 Seiten br. 25,– DM

Dem Verfasser kommt es darauf an, die verschiedenen Methoden der Unternehmungsorganisation, d. h. die alternativen Verfahren der Aufgabenfindung, Stellenbildung, Führungs- und Leitungsgestaltung einerseits und des organisatorisch wirksamen Aufgaben-, Stellen- und Personenverbundes andererseits, lehrend und arbeitsanweisend vorzuführen und dabei die Informationsprozesse in das Unternehmungssystem zu integrieren.

Dr. E. A. Schmidt

Organisation des mittelständischen Betriebes

184 Seiten Ln. 27,30 DM

Das Werk stellt zur Betriebsorganisation einen Modellfall vor, der für die Gestaltung des inneren Betriebsgeschehens allgemein zugrunde gelegt werden kann.

Prof. Dr. F. Hoffmann

Entwicklung der Organisationsforschung

390 Seiten br. 42,80 DM, Ln. 49,40 DM

Das Buch stellt den Versuch dar, das vorhandene Wissen über die Organisation der Unternehmung — als Ergebnis der Organisationsforschung — zu ordnen, zu analysieren und kritisch auf seinen Anwendungsbezug zu untersuchen. Dabei werden vor allem auch die Ergebnisse empirischer Forschungsarbeit berücksichtigt.

Prof. Dr. F. Hoffmann

Betriebswirtschaftliche Organisationslehre in Frage und Antwort

185 Seiten br. 18,60 DM

Mit dem Arbeitsbuch zu dem Werk „Entwicklung der Organisationsforschung“ wird dem Studierenden und dem interessierten Leser eine Lernhilfe an die Hand gegeben, die ihnen den Zugang zu den Problemkreisen und Erkenntnissen einer anwendungsorientierten Organisationstheorie und -forschung erleichtern soll.

Prof. Dr. H. Böhrs

Organisation des Industriebetriebes

202 Seiten Ln. 21,70 DM

Aus dem Inhalt: Das System der Funktionen eines Betriebes — Die Ursachen und Wirkungen der Arbeitsteilung — Die Verteilung der Funktionen auf die Betriebsangehörigen — Der Funktionsbegriff in der bisherigen Organisationslehre — Die Organisation der Arbeitsabläufe.

Dr. A. Picot

Experimentelle Organisationsforschung

352 Seiten Ln. 29,80 DM

Die Arbeit unterzieht die klassische Methode der empirischen Forschung, die experimentelle Methode, einer eingehenden Analyse. Sie untersucht in detaillierter Form den von der Methodenliteratur bislang kaum beachteten Prozeß experimenteller Forschung, der für die Betriebswirtschaftslehre ein interpersoneller Vorgang besonderer Art ist.

Dr. H. Martens

Organisationsprüfung

111 Seiten br. 17,50 DM, Ln. 19,50 DM

Das Buch von Martens setzt sich zum Ziel, Grundsätze für Organisationsprüfungen zu entwickeln und das Prüfungsverfahren in einem geschlossenen System darzustellen: in seinen Phasen, seinen Stufen und seiner Technik. Besonders wertvoll ist ein empirisches Prüfungsbeispiel, das die Ausführungen veranschaulicht und erhärtet.

Betriebswirtschaftlicher Verlag Dr. Th. Gabler · 6200 Wiesbaden